Schriften zum Internationalen und
Europäischen Strafrecht

Herausgegeben von

Professor Dr. Martin Heger, Humboldt-Universität zu Berlin
Professor Dr. Florian Jeßberger, Humboldt-Universität zu Berlin
Professor Dr. Frank Neubacher, M.A., Universität zu Köln
Professor Dr. Helmut Satzger, LMU München
Professor Dr. Gerhard Werle, Humboldt-Universität zu Berlin

Band 47

Konstantin Mey

Die Anwendbarkeit des deutschen Strafrechts bei Straftaten via Internet

Nomos

Onlineversion
Nomos eLibrary

Die Deutsche Nationalbibliothek verzeichnet diese Publikation in der Deutschen Nationalbibliografie; detaillierte bibliografische Daten sind im Internet über http://dnb.d-nb.de abrufbar.

Zugl.: Regensburg, Univ., Diss., 2020

ISBN 978-3-8487-6797-7 (Print)
ISBN 978-3-7489-0901-9 (ePDF)

1. Auflage 2020

Für Sarah,
Luise und Magnus

Geleitwort zur Dissertation von Konstantin Mey

Was bedeutet das Territorialitätsprinzip der §§ 3, 9 StGB in einer digitalen Welt – im Internet? Darauf gibt die Dissertation von Konstantin Mey eine neue und mich überzeugende Antwort: ein *digitales Territorialitätsprinzip*. Ein solches Prinzip überträgt das territoriale Denken der gegenständlichen Welt auf die Virtualität des Internets. Tut man dies, so gibt es im Internet ein deutsches Gebiet, bestehend aus allen Orten, deren Kennzeichnung auf „de" endet. In diesem Teil des Internets ist es auch tatsächlich so – wie Konstantin Mey näher begründet –, dass die Inhalte der Kontrolle deutscher Behörden unterliegen und dass eine Sperrung oder Löschung der Inhalte von diesen Behörden verfügt werden kann. Und wer eine Internetadresse sieht, einen *Uniform Resource Locator* (URL), der auf „de" endet, der denkt und weiß, dass er es mit einer deutschen Seite zu tun hat. Warum also nicht annehmen, dass Inhalte, die auf einer solchen Seite stehen, gemäß §§ 3, 9 StGB dem deutschen Strafrecht unterliegen? Dass Inhalte, die auf einer anderen nationalen Top-Level-Domain (TLD) liegen, etwa auf „us", dem deutschen Strafrecht nur unter den Voraussetzungen der §§ 5–7 StGB unterfallen? Und dass Inhalte, die auf einer sogenannten generischen TLD zu finden sind, etwa „com" oder „org", so zu behandeln sind wie Taten an einem Ort, der keiner Strafgewalt unterliegt – entsprechend zum Beispiel einer Tat auf hoher See in der gegenständlichen Welt?

Aber gehen wir gedanklich noch einmal zwei Schritte zurück. Schriebe ein Neonazi auf der französischen Seite des Rheins die sogenannten SS-Runen auf ein Plakat, das man auch von der deutschen Seite aus lesen könnte: hätte er den § 86a StGB zumindest auch in Deutschland verwirklicht, so dass dieser Tatbestand, der einen inländischen Tatort bedingt, verwirklicht worden wäre? Und wäre dann auch folgerichtig – aufgrund des deutschen Vollendungsortes – deutsches Strafrecht nach §§ 3, 9 StGB anwendbar, obwohl der Täter im Ausland gehandelt hat? Die gleiche Frage ließe sich stellen, wenn der Neonazi eine antisemitische Parole auf das Plakat geschmiert hätte. Der dann einschlägige Tatbestand der Volksverhetzung, § 130 StGB, verlangt zwar keinen inländischen Tatort, gelangt aber auf Handlungen im Ausland nach §§ 3, 9 StGB wieder nur dann zur Anwendung, wenn es einen deutschen Vollendungsort gibt (§ 7 StGB bleibe außen vor; er scheitert in unserem Fall jedenfalls dann, wenn der Täter kein Deutscher ist).

Sowohl § 86a als auch § 130 StGB sind Delikte, die in der Regel eine *Äußerung* verlangen, meist eine öffentliche Äußerung (eine nonverbale Äußerung ist auch das Verwenden eines Kennzeichens, also die wichtigste Tathandlung des § 86a StGB). Wo wird eine Äußerung getätigt? Eigentlich ist die Antwort einfach: jedenfalls dort, wo sie *wahrnehmbar* ist. Denn nach zutreffender herrschender Ansicht vollendet die Wahrnehmbarkeit einer Äußerung das Äußerungsdelikt.[1] Sie ist die Mindestbedingung einer Äußerung, heißt einer erfolgreichen Äußerungshandlung. Folglich muss – oder müsste – der Tatort jedenfalls auch überall dort angenommen werden können, wo es zu einer solchen Wahrnehmbarkeit kommt.[2] Und sogar mit bloßem Auge wahrnehmbar sind die Äußerungen in unseren Beispielen auch in Deutschland. Daher gibt es in diesen Beispielen, wenn man dogmatisch konsequent bleibt, einen deutschen Vollendungs- und damit auch Tatort. Die völkerrechtliche Frage, ob dies auch zu einer Anwendbarkeit deutschen Strafrechts führen dürfe, bleibe noch einen Moment zurückgestellt.

Ändert sich an dem Ergebnis eines deutschen Vollendungsortes etwas, wenn die neonazistischen Schmierereien von Deutschland aus nicht mit bloßem Auge, sondern nur mit einem handelsüblichen Fernglas entziffert werden können? Die Beantwortung dieser scheinbar akademischen Frage wirkt sich auch darauf aus, wie derartige Taten rechtlich zu würdigen sein müssten, wenn sie nicht mit Stiften und Plakaten begangen werden, sondern – vom Ausland aus – über das Internet. Denn nimmt man einen Tatort in Deutschland auch an, wenn die Äußerungen nur mit einem Fernglas wahrgenommen werden können – dann liegt es zunächst einmal sehr nahe, dies auch zu tun, wenn sich jemand im Internet äußert. Schließlich sind das Internet und internetfähige Geräte heute noch wesentlich häufiger verfügbar als Ferngläser.

Hierfür spricht auch und sogar noch stärker, dass man bei rein inländischen Sachverhalten die Ausstrahlung einer (in Deutschland) strafbaren

---

1 Zum Begriff des „Verwendens" eines Kennzeichens im Sinne des § 86a StGB BGHSt 23, 267, 269. Ebenfalls zum Begriff des „Verwendens" eines Kennzeichens sowie zu dem seines „Verbreitens" *Laufhütte/Kuschel*, in: LK, Bd. 4, 12. Aufl. 2007, § 86a Rn. 11, 13; *Schäfer*, in: MüKo, Bd. 3, 3. Aufl. 2017, § 130 Rn. 83. Wieder zum Begriff des „Verwendens" eines Kennzeichens *Steinmetz*, in: MüKo, Bd. 3, 3. Aufl. 2017, § 86a Rn. 19.

2 So für § 86a StGB und grenzüberschreitende Sachverhalte schon *Heinrich*, Bernd, Anmerkung zu KG NJW 1999, 3500, NStZ 2000, 533, 534; *ders.*, Handlung und Erfolg bei Distanzdelikten, in: ders. u. a. (Hg.), Festschrift für Ulrich Weber zum 70. Geburtstag, 2004, S. 91–108, S. 104 mit Fn. 65 und weiteren Nachweisen.

Äußerung im Fernsehen oder im Hörfunk ohne weiteres hinreichen lässt, um eine Vollendung der §§ 86a, 130 StGB zu bejahen.[3] Denn auch fernsehen und radiohören kann nur, wer ein funktionierendes Endgerät und einen Anschluss oder eine Antenne plus Empfang hat.

Sieht man die Dinge so wie beschrieben, entspricht der visuellen Wahrnehmbarkeit einer Äußerung auf einem Plakat ihre virtuelle Abrufbarkeit im Internet. Ließe man aber schon diese Abrufbarkeit als Erfolg *im Sinne des § 9 StGB* genügen, wäre deutsches Strafrecht auf sämtliche Internetinhalte anwendbar und gälte für sämtliche Äußerungen im Netz im Ergebnis das Weltrechtsprinzip. Das jedoch wäre wohl völkerrechtswidrig, denn jenes Prinzip erlaubt die Anwendung nationalen Strafrechts nur mit Blick auf Delikte, die sich gegen gemeinsame Interessen der Völkergemeinschaft richten; Paradebeispiele sind die Völkerrechtsverbrechen, etwa Völkermord, und die Piraterie.[4] Das lässt sich nicht pauschal von sämtlichen Äußerungen im Internet behaupten, und selbst Äußerungen nach § 86a und § 130 StGB stehen weder in allen zivilisierten Staaten unter Strafe – mancherorts unterstellt man sie dem Schutz der Meinungsfreiheit – noch richten sie sich gegen kollektive Belange der Völkergemeinschaft.

> Dass eine Anwendbarkeit deutschen Strafrechts auf sämtliche Internetinhalte nur „wohl" völkerrechtswidrig wäre, liegt daran, dass man sich für sie nicht auf das Weltrechtsprinzip stützen müsste, sondern lediglich – aber immerhin – mit dem Territorialitätsprinzip und einem weiten Tatortbegriff zu einem Ergebnis gelangte, das einer Anwendung des Weltrechtsprinzips entspräche.

Gegen dieses Ergebnis einer universalen Anwendbarkeit deutschen Strafrechts auf Äußerungen im Internet spricht aber nicht nur das Völkerrecht. Vielmehr würden auch die deutschen Strafverfolgungsbehörden unter der Geltung des Legalitätsprinzips überfordert, wenn sie auf sämtliche Internetinhalte reagieren müssten, die einen deutschen Straftatbestand erfüllen.[5]

---

3 Zur Tatbegehung durch ein „Verbreiten" *Laufhütte/Kuschel* (Fn. 1), Rn. 11. Wenn auch unter Ausklammerung grenzüberschreitender Übertragung *Paeffgen*, in: NK, Bd. 2, 5. Aufl. 2017, § 86a Rn. 13; *Schäfer* (Fn. 1), Rn. 83.

4 Mit einer Unterscheidung zwischen einem echten und – bei der Piraterie – unechten Weltrechtsprinzip *Werle/Jeßberger*, in: LK, Bd. 1, 13. Aufl. 2020, Vorb. §§ 3 ff. Rn. 256 ff., 265.

5 *Kudlich*, Hans, und *Berberich*, Bernd, Abstrakte Gefährdungsdelikte im Internet und die Anwendbarkeit deutschen Strafrechts, NStZ 2019, 633–638, 633, 638; *Schäfer* (Fn. 1), Rn. 122; je mit weiteren Nachweisen.

Wie lassen sich nun das Völkerrecht und das Legalitätsprinzip auf der einen Seite mit dem Befund auf der anderen Seite zum Ausgleich bringen, dass volksverhetzende und neonazistische Inhalte im Netz ihre normverletzende Vollendungswirkung – unabhängig vom Handlungsort des Täters – ganz ebenso in Deutschland entfalten wie Plakate im Ausland, die von Deutschland aus erkennbar sind, oder Fernseh- und Hörfunksendungen aus dem Ausland, die man auch in Deutschland empfangen kann? Diese Frage beantwortet Konstantin Meys Dissertation mit dem digitalen Territorialitätsprinzip.

Ein solches Prinzip entspricht unserem Denken: Wenn wir fragen „*Wo* finde ich das?", und die Antwort ist „*Im* Internet!", so lautet die nächste Frage vielleicht „*Wo* genau?" – und die präziseste Antwort ist dann ein URL mit einer bestimmten Domain. Dabei spielt die Domain eine ähnliche Rolle wie ein territoriales Land, und der URL ist wie ein einzelner Ort in diesem Land. In der digitalen Welt des Internets gibt es aber auch Orte, die keine digitalisierten Nationalstaaten sind, heißt in der Begrifflichkeit des Internationalen Strafrechts: die keiner Strafgewalt unterliegen. Das sind die sogenannten generischen TLDs, also „.org", „.com", „.info" und ähnliche. Wer dort Inhalte veröffentlicht, die deutsche Straftatbestände erfüllen, unterliegt deutschem Strafrecht gemäß dem digitalen Territorialitätsprinzip zwar nicht nach §§ 3, 9 StGB, tut dies aber gemäß § 7 StGB, wenn er Deutscher ist oder die Tat – etwa Beleidigung oder Betrug – einen Deutschen zum Opfer hat. Und wenn diese Voraussetzungen nicht erfüllt sind, dann ist es nach den Wertungen unseres Internationalen Strafrechts auch in Ordnung, wenn der Handelnde nicht nach deutschem Strafrecht belangt werden kann. Gleiches gilt erst recht, wenn er in einem Teil des Internets agiert, der einem anderen Staat zugeordnet ist.

Kein Argument gegen dieses Konzept ist das Wort „Erfolg" in § 9 StGB in Verbindung mit der Ansicht, es gebe bei Delikten wie § 86a und § 130 StGB keinen Erfolg. Das macht auch Konstantin Meys Dissertation noch einmal deutlich.[6] Um das zu verstehen, ist es nicht nötig, erneut die Irrlehre von den Tätigkeitsdelikten zu sezieren oder sich mit dem nachgerade absurden Dogma zu befassen, abstrakte Gefährdungsdelikte wären meist

---

6 Siehe bereits *Hölzel*, Niki, Gibt es „Tätigkeitsdelikte"?, 2016; *B. Heinrich* (Fn. 2 – zweiter Eintrag), S. 108; *Rotsch*, Thomas, „Einheitstäterschaft" statt Tatherrschaft, 2009, S. 209 ff., 432 ff.; *ders.* Mythologie und Logos des § 298 StGB, ZIS 2014, 579, 583 ff.; mein Aufsatz: *Walter*, Tonio, Das Märchen von den Tätigkeitsdelikten, in: Christian Fahl u. a. (Hg.), Ein menschengerechtes Strafrecht als Lebensaufgabe. Festschrift für Werner Beulke zum 70. Geburtstag, 2015, S. 327–338.

oder gar stets derartige Tätigkeitsdelikte.[7] Es reicht erstens zu überlegen: wie das Wort „Erfolg" in § 9 StGB wohl auszulegen ist. Und zweitens: durch welche Umstände §§ 86a, 130 StGB vollendet werden. Die zweite Frage lässt sich bei Taten im Internet offensichtlich nicht so beantworten, dass diese Umstände schlicht in einer Person zu finden seien, die auf einer Tastatur herumtippe oder Sprachbefehle in einen Rechner spreche. Denn es kann doch gut sein, dass dies im Internet nicht die geringsten Erfolge, Verzeihung: Folgen hat, weil der Rechner im entscheidenden Moment versagt, die Datenübertragung zum Server nicht funktioniert, der Server kollabiert … Mit anderen Worten reicht auch für eine Vollendung der §§ 86a, 130 StGB im Internet die Tat*handlung* allein nicht aus. Vielmehr muss noch etwas passieren: Die fraglichen Inhalte müssen im Netz abrufbar sein.

Nun mag man sich auf den Standpunkt stellen, dieser Umstand entspreche der Existenz der Daten auf dem Server, und stehe der Server im Ausland, träten auch die deliktsvollendenden Umstände ausschließlich dort ein.[8] Aber das wäre so, als sagte man in dem Beispiel des Plakates am Rhein, die nazistischen und volksverhetzenden Umstände träten allein in Frankreich ein, und bei Fernseh- und Rundfunksendungen: es gebe sie allein am Ort des Fernseh- beziehungsweise Rundfunkstudios. Unbeachtet bliebe, dass auch die Wahrnehmbarkeit einer Botschaft ein Umstand ist, und dieser Umstand tritt in den besagten Fällen überall dort ein, wo man die nazistischen und volksverhetzenden Äußerungen erkennen kann; sei es mit bloßem Auge oder mit Hilfsmitteln, die wie etwa ein Fernseher oder Radiogerät ohne weiteres verfügbar sind. Der Umstand einer solchen Wahrnehmbarkeit ist auch die Abrufbarkeit eines Internetinhalts. Ob ich auf einen Fernseher schaue oder auf ein Smartphone, ist kein nennenswerter Unterschied.

Das Wort „Erfolg" in § 9 StGB kann auch problemlos so ausgelegt werden, dass es den deliktsvollendenden Umstand der Wahrnehmbarkeit einer Äußerung erfasst. Sicherstellen soll dieser Begriff, dass bei Handlungen im Ausland ein deutscher Tatort nur angenommen wird, wenn es zwischen der Tat und dem deutschen Gemeinwesen jenen „genuine link" gibt, den das Völkerrecht für die Anwendung des nationalen Strafrechts

---

7 Gegen dieses Dogma zuletzt zutreffend *Kudlich/Berberich* (Fn. 5), 634, 636; zuvor etwa schon meine Kommentierung: *T. Walter*, in: LK, Bd. 1, 12. Aufl. 2006, Vorb. §§ 13 ff. Rn. 66 (natürlich auch in der aktuellen 13. Aufl. 2020 am nämlichen Ort). Ebenso bereits in den in Fn. 6 angeführten Schriften.

8 So *Kudlich/Berberich* (Fn. 5), 636.

auf Sachverhalte mit Auslandsberührung verlangt.[9] Dabei geht es um einen sachlichen oder persönlichen Zusammenhang, der es plausibel erscheinen lässt, dass sich der strafende Staat von der Tat betroffen fühlt: dass sie ihn etwas angeht. Das ist aber ohne völkerrechtliches Problem der Fall, wenn die Tat dazu führt, dass in dem fraglichen Staat von nahezu jedermann, jedenfalls einer unbestimmten Vielzahl von Menschen, ohne anspruchsvolle Hilfsmittel Äußerungen wahrgenommen werden können, die nationale Straftatbestände verwirklichen; also Normen verletzen, die für ein gedeihliches bürgerschaftliches Miteinander vor Ort von wesentlicher Bedeutung sind. Völkerrechtlich problematisch wäre es lediglich, wenn eine solche Interpretation des § 9 StGB im Ergebnis darauf hinausliefe, das Weltrechtsprinzip gelten zu lassen (wiewohl auch das keineswegs zwingend als völkerrechtswidrig betrachtet werden müsste, siehe oben). Das digitale Territorialitätsprinzip von Konstantin Mey jedoch sorgt dafür, dass es dazu nicht kommt.

Ich habe von der Dissertation, die dieses Prinzip formuliert, einiges gelernt, wünsche ihr aber vor allem deshalb eine aufmerksame Rezeption, weil sie mich inhaltlich überzeugt. Ihrem Verfasser meinen Glückwunsch – und ihren Lesern[10] eine fruchtbare Lektüre!

Regensburg, im August 2020   *Tonio Walter*

---

9 Zu diesem Erfordernis *Satzger*, Internationales und Europäisches Strafrecht, 9. Aufl. 2020, § 4 Rn. 2; *Werle/Jeßberger* (Fn. 4), Rn. 20 ff., die zwar begrifflich, aber nicht im Ergebnis ein etwas anderes Konzept vertreten.

10 Warum ich generische Maskulina und Feminina (Koryphäe, Fachkraft, wissenschaftliche Kapazität ...) für die geschlechtergerechteste und vernünftigste Form halte, Ämter, Funktionen und Rollen zu bezeichnen, habe ich ausführlich begründet in meiner *Kleinen Stilkunde für Juristen*, 3. Auflage 2017, S. 231 ff. Darauf sei verwiesen.

Vorwort

Diese Arbeit wurde von der Fakultät für Rechtswissenschaft der Universität Regensburg als Dissertation angenommen.

Für die hervorragende Betreuung möchte ich meinem Doktorvater, Herrn Professor Dr. Tonio Walter, herzlich danken. Herrn Professor Dr. Friedrich-Christian Schroeder bin ich dankbar, dass er das Zweitgutachten besonders zügig erstellt hat.

Außerdem danke ich meiner Schwiegermutter, Frau Sabine Wolf, und meinem Vater, Herrn Dr. med. Bruno Mey, dafür, dass sie die Arbeit korrekturgelesen haben.

Besonderer Dank gilt meiner Frau Sarah Mey. Sie hat mein Promotionsvorhaben unermüdlich unterstützt.

Kusterdingen, im August 2020   *Konstantin Mey*

Inhaltsverzeichnis

Einleitung

Das Internet hat sich zu einem die Lebensgestaltung eines Großteils der Bevölkerung entscheidend mitprägenden Medium entwickelt.[1] Seine Erfindung und flächendeckende Verbreitung führte zu einer grundlegenden Veränderung unseres Lebens und wird daher gerne mit der Erfindung des modernen Buchdrucks verglichen.[2] Während der Buchdruck die Herstellung von Büchern und Zeitungen in großen Stückzahlen ermöglichte und dadurch Wissen für eine breite Gesellschaftsschicht zugänglich machte, gehen die mit dem Internet verbundenen Möglichkeiten weit über die Reproduktion von Wissen hinaus. Neben der beinahe unendlichen Informationsvielfalt gehören die globale Kommunikation und der weltweite Datenaustausch zu den wesentlichen Vorzügen des Internets.

Auch Kriminelle haben die Vorzüge des Internets längst für sich entdeckt. So werden massenhaft betrügerische E-Mails versandt, Hacker versuchen durch Cyberangriffe an sensible Daten zu gelangen, und das Internet wird als Plattform für den Handel mit Kinderpornografie genutzt.[3] In „sozialen" Netzwerken werden Einträge verbreitet, die Flüchtlinge und Politiker verunglimpfen oder gar zu deren Tötung aufrufen.[4]

Je vielseitiger die Nutzungsmöglichkeiten des Internets werden, desto größer wird die Bandbreite klassischer Straftaten, die via Internet begehbar sind. Sofern das Internet nur als *Kanal* für eine Datenübermittlung dient, entstehen für die Anwendbarkeit des deutschen Strafrechts in der Regel keine Besonderheiten im Vergleich zu anderen Distanzdelikten.[5] So macht es im Hinblick auf die Anwendbarkeit des deutschen Strafrechts keinen Unterschied, ob der Täter einen Verkehrsunfall in Deutschland verursacht, indem er via Internet von Frankreich aus auf das Steuersystem eines (teil-)autonom fahrenden Fahrzeugs einwirkt, oder ob er das Fahrzeug durch eine zuvor in Frankreich angebrachte Bombe von dort aus per Fernzünder explodieren lässt.

---

1 BGHZ 196, 101, 109, zur Einordnung eines ausgefallenen Internetanschlusses als Vermögensschaden.
2 Vgl. *Baecker*, S. 7 ff.; *Schumacher*, in: Geschichte der Medien, S. 255 ff.
3 Zu den verschiedenen Erscheinungsformen der Internetkriminalität BKA, Cybercrime Bundeslagebild 2018, S. 11 ff.
4 Siehe jugendschutz.net, Rechtsextremismus im Netz, S. 10 f.
5 Vgl. *Eser*, in: Rechtsfragen, S. 303, 304.

Bei der Bestimmung des anzuwendenden Strafrechts bereiten dagegen via Internet begangene Verbreitungs- und Äußerungsdelikte[6] Schwierigkeiten. Bei ihnen dient das Internet als *Träger* krimineller Inhalte. Solche Delikte sind der Gegenstand dieser Arbeit und werden im Folgenden als „Internetdelikte" bezeichnet. Dazu gehören beispielsweise: das Verbreiten von Propagandamitteln verfassungswidriger Organisationen (§ 86 StGB), das Verwenden von Kennzeichen verfassungswidriger Organisationen (§ 86a StGB), die Anleitung zur Begehung einer schweren staatsgefährdenden Gewalttat (§ 91 StGB), die öffentliche Aufforderung zu Straftaten (§ 111 StGB), die Volksverhetzung (§ 130 StGB), die Anleitung zu Straftaten (§ 130a), die Gewaltdarstellung (§ 131 StGB), die Billigung von Straftaten (§ 140 Nr. 2 StGB), die Verbreitung pornografischer Schriften (§ 184 StGB), die Verbreitung kinderpornografischer Schriften (§ 184b StGB), die Beleidigungsdelikte (§§ 185 ff. StGB) sowie die Werbung für den Abbruch der Schwangerschaft (§ 219a StGB).

Die im Internet bereitgestellten Inhalte können von einem nahezu unbegrenzten Adressatenkreis weltweit zur Kenntnis genommen werden und durch digitales Teilen und Verknüpfen von Beiträgen in kurzer Zeit einen enormen Verbreitungsgrad erreichen. Da Internetdelikte von verschiedenen Rechtsordnungen unterschiedlich beurteilt werden, kann die Entscheidung über die Anwendbarkeit einer nationalen Rechtsordnung zugleich die Entscheidung darüber sein, ob bestimmte im Internet verfügbaren Inhalte überhaupt strafrechtlich relevant sind. Das gilt insbesondere im Hinblick auf ganz verschiedene Kulturkreise. Aber auch zwischen den Strafrechtsordnungen politisch und kulturell vergleichbarer westlicher Demokratien bestehen zum Teil erhebliche Unterschiede.[7] So kann etwa nationalistische Propaganda in Deutschland strafbar sein, in den USA dagegen unter dem Schutz der Meinungsfreiheit stehen.[8] Auch die Verbreitung von Kinderpornografie wird in westlichen Rechtsordnungen zum Teil unterschiedlich bewertet (etwa im Hinblick auf das Alter des Kindes).[9]

---

6 Zur Bezeichnung *Kienle*, S. 61, und *Satzger*, § 5 Rn. 47. *Busching*, MMR 2015, 295 (ebd.), und *Hilgendorf/Valerius*, Rn. 263, verwenden für dieselben Delikte nur den Begriff „Äußerungsdelikte".

7 *Sieber*, NJW 1999, 2065 (ebd.).

8 Vgl. *Heldt*, NJOZ 2017, 1458 ff.; *Hilgendorf/Valerius*, Rn. 368 ff.; *Sieber*, NJW 1999, 2065 (ebd.). In Bezug auf die Rechtslage in Deutschland, Russland, den USA und Australien *Paramonova*, S. 244 ff. Ausführlich zu der in den USA weitgehend erlaubten „hate speech" *Körber*, S. 186 ff.

9 *Sieber*, NJW 1999, 2065, 2066. Zu den weltweiten Strafbarkeitsunterschieden in Bezug auf Kinderpornografie ICMEC, S. 36 ff. Zur Strafrechtsharmonisierung in der

Die Anwendbarkeit des deutschen Strafrechts ergibt sich aus dem (deutschen) Internationalen Strafrecht. Zentrales Prinzip des Internationalen Strafrechts ist das in § 3 StGB normierte Territorialitätsprinzip.[10] Gemäß § 3 StGB gilt das deutsche Strafrecht für Taten, die im Inland begangen werden. § 3 StGB knüpft also an den Tatort im eigenen Staatsgebiet an – unabhängig von der Staatsangehörigkeit von Opfer und Täter. Der damit maßgebende Begriff des Tatorts wird in § 9 StGB näher bestimmt. § 9 StGB stellt zur Bestimmung des Tatorts sowohl auf den Handlungsort als auch auf den Erfolgsort ab. Bei Distanzdelikten kann es daher mehrere Tatorte als Anknüpfungspunkte geben. Sofern ein Täter etwa mit einem Gewehr über eine Landesgrenze hinweg einen tödlichen Schuss auf sein Opfer abgibt, ist die Tat gemäß § 9 I StGB sowohl an dem Ort begangen, an dem der Täter den Schuss abgibt (Handlungsort), als auch dort, wo sein Opfer stirbt (Erfolgsort).[11] Internetdelikte unterscheiden sich von klassischen Distanzdelikten dadurch, dass die ins Internet eingespeisten Inhalte in fast allen Staaten der Welt abrufbar sind und daher alle diese Staaten als potentielle Anknüpfungspunkte in Betracht kommen.

Ziel dieser Arbeit ist es, die Globalität des Internets und die Gebietsbezogenheit des Internationalen Strafrechts miteinander in Einklang zu bringen. Es geht dabei im Wesentlichen um folgende Frage: Wo liegen Handlungs- und Erfolgsort im Sinne des § 9 StGB bei Delikten, deren Tatgeschehen hauptsächlich im virtuellen Raum des Internets stattfindet?

Die Beantwortung dieser Frage ist von hoher praktischer Bedeutung. Beispielsweise dann, wenn über *facebook* vom Ausland aus Inhalte verbreitet werden, die nach deutschem Recht strafbar sind. Bezeichnet etwa eine Amerikanerin auf *facebook* Muslime als „minderwertig" und ruft dazu auf, sie „alle zu töten", ist zu prüfen, ob sie nach deutschem Strafrecht wegen Volksverhetzung gemäß § 130 StGB bestraft werden kann. Aus kriminalistischer Sicht sind solche Fälle besonders brisant, in denen sich deutsche Täter gezielt in andere Länder begeben, um nach dem dort geltenden Recht solche Inhalte straflos ins Internet zu stellen, deren Verbreitung nach deutschem Recht strafbar wäre. Folgt man in diesen Fällen der aktuellen Rechtsprechung des BGH[12] und lehnt die Anwendbarkeit des deut-

---

EU und auf Ebene des Europarats *R. Esser*, in: Rechtshandbuch Social Media, Kap. 7 Rn. 16 ff.

10   Ausführlich zum Territorialitätsprinzip *Oehler*, Rn. 152 ff.

11   Zu diesem in der Literatur häufig genannten Beispiel bereits *Binding*, Handbuch 1. Bd., S. 420.

12   BGH NStZ 2015, 81 ff.; vgl. BGH NStZ 2017, 146 ff. Beide Beschlüsse stammen vom Dritten Strafsenat.

schen Strafrechts ab, können die Täter bei ihrer Rückkehr nach Deutschland nicht strafrechtlich belangt werden.

1. Kapitel: Das Internationale Strafrecht

I. Grundlagen

1.) Begriff

Der Begriff „Internationales Strafrecht" kann verschiedene Bedeutungen haben. Im weitesten Sinne werden darunter alle Teilgebiete des Strafrechts verstanden, die einen Auslandsbezug rechtlicher oder tatsächlicher Art aufweisen, wie etwa das Völkerstrafrecht und das Europäische Strafrecht.[13] Herkömmlich bezeichnet der Begriff die Regeln, nach denen auf Sachverhalte mit Auslandsbezug deutsches Strafrecht anwendbar ist.[14] Dabei handelt es sich um rein nationale Normen, die kein Kollisionsrecht sind – im Gegensatz zu den Normen des Internationalen Privatrechts.[15] Die Bezeichnung „Internationales Strafrecht" wird für diese Normen zunehmend abgelehnt und durch den Begriff „Strafanwendungsrecht" ersetzt.[16] Das wird damit begründet, dass die Bezeichnung „Internationales Strafrecht" verfehlt sei, da es sich nicht um originär internationale oder supranationale Normen handle und die Bezeichnung eine Verwandtschaft zum Internationalen Privatrecht suggeriere.[17] Der Zusatz „international" bezieht sich jedoch nicht auf das Wesen oder den Ursprung der Normen, sondern ist ein Hinweis darauf, dass es um Sachverhalte mit Auslandsberührung geht.[18] „Strafanwendungsrecht" ist eine begrifflich zweifelhafte Verkürzung des von *Mezger*[19] verwendeten Wortes „Strafrechtsanwendungsrecht". Der Begriff kennzeichnet seinen Gegenstand zudem nicht vollständig.[20] Denn bevor die Anwendbarkeit nationalen Strafrechts geprüft werden

---

13 Vgl. *Jeßberger*, in: Transnationales Recht, S. 527, 531 f.; *Oehler*, Rn. 1, 7; *Satzger*, § 2 Rn. 1.
14 Siehe *Meili*, Internationales Strafrecht, S. 1 ff.; vgl. *Jescheck/Weigend*, S. 163; *Oehler*, Rn. 1.
15 *Ambos*, § 1 Rn. 2; *Satzger*, § 3 Rn. 4.
16 Vgl. *Jeßberger*, S. 21 ff.; *Rengier*, AT, § 6 Rn. 1; *Satzger*, § 3 Rn. 4. Kritisch zum Begriff „Internationales Strafrecht" bereits *v. Liszt*, S. 94 f.
17 Vgl. *Jeßberger*, S. 22; *Satzger*, § 3 Rn. 4; *Zieher*, S. 25 f.
18 *Bergmann*, S. 3; *Neumann*, in: FS-Müller-Dietz, S. 594 f.
19 *Mezger*, Grundriss, S. 34.
20 *Werle/Jeßberger*, in: LK, Vorb. § 3 Rn. 3.

kann, muss geklärt werden, ob der Staat Strafgewalt besitzt, das heißt, ob er gegenüber anderen Staaten und dem Täter befugt ist, in Bezug auf eine bestimmte Handlung strafrechtlich vorzugehen.[21] Daher wird in dieser Arbeit an dem Begriff „Internationales Strafrecht" festgehalten. Er wird im Folgenden verwendet, wenn es um die Reichweite nationaler Strafgewalt und die Anwendbarkeit von nationalem Strafrecht geht.

2.) Internationales Strafrecht und staatliche Souveränität

Es gehört zu den Kernaufgaben eines Staates, für sein Gebiet eine Rechtsordnung zu schaffen und durchzusetzen.[22] Jeder Staat kann aufgrund seiner Souveränität grundsätzlich selbst festlegen, wie weit seine Strafgewalt reichen und auf welche Taten sein Strafrecht anwendbar sein soll.[23] Während früher noch die Auffassung vertreten wurde, der nationale Gesetzgeber müsse aufgrund seiner Souveränität bei der Ausübung dieser Kompetenz-Kompetenz die Interessen anderer Staaten nicht berücksichtigen,[24] ist inzwischen allgemein anerkannt, dass eine rücksichtslose Ausdehnung der staatlichen Strafgewalt gegen das völkerrechtliche Nichteinmischungsprinzip verstößt.[25]

Art. 25 GG öffnet den innerstaatlichen Rechtsraum für die „allgemeinen Regeln des Völkerrechts" und erklärt sie zum Bestandteil des deutschen Bundesrechts. Mit den „allgemeinen Regeln" im Sinne des Art. 25 S. 1 GG sind das völkerrechtliche Gewohnheitsrecht und „die von den Kulturvölkern anerkannten allgemeinen Rechtsgrundsätze" im Sinne des Art. 38 I Buchst. c des IGH-Statuts gemeint.[26] Art. 25 S. 1 GG ist das offene Tor, durch das die allgemeinen Regeln des Völkerrechts in den innerstaatlichen Rechtsraum einströmen, und verschafft diesen Regeln Geltung in Deutschland.[27] Eines der tragenden Prinzipien des Völkerrechts ist der in Art. 2 Nr. 1 UN-Charta verankerte Grundsatz der souveränen Gleichheit der Staaten. Danach darf jeder Staat seine Hoheitsgewalt grundsätzlich unabhän-

---

21 Vgl. *Jescheck/Weigend*, S. 163 f.; *Werle/Jeßberger*, in: LK, Vorb. § 3 Rn. 3.
22 *Jescheck/Weigend*, S. 11; *Kohler*, S. 92.
23 *Satzger*, § 4 Rn. 2; *T. Walter*, JuS 2006, 870 f. Zur staatlichen Souveränität *Stein/ v. Buttlar/Kotzur*, Rn. 511 ff.
24 Siehe *v. Beling*, ZStW 17 (1897), 303, 322 f.; *Binding*, Handbuch 1. Bd., S. 372 ff. *Oehler*, Rn. 111, zur Auffassung *Bindings*.
25 Stellvertretend *Ambos*, § 2 Rn. 2; *Satzger*, § 4 Rn. 2.
26 *Streinz*, in: Sachs, Art. 25 Rn. 32 ff.; vgl. *Herdegen*, § 22 Rn. 12.
27 *Herdegen*, § 22 Rn. 12; vgl. *Stein/v. Buttlar/Kotzur*, Rn. 195 ff.

gig von den übrigen Staaten ausüben, hat dabei aber zu berücksichtigen, dass die übrigen Staaten in gleicher Weise über ihren Jurisdiktionsbereich herrschen dürfen.[28] Das Recht eines Staates auf souveräne Ausübung seiner Strafgewalt ist daher untrennbar mit der Pflicht verbunden, auch den anderen Staaten dieses Recht einzuräumen.[29] Das Prinzip staatlicher Souveränität begründet also die Ausübung von Strafgewalt und beschränkt sie gleichzeitig.[30] Ein Staat darf auf dem Territorium eines anderen Staates nur dann Hoheitsakte vornehmen, wenn ihm das ausdrücklich gestattet wurde.[31] Aus dem Völkerrecht ergibt sich dagegen kein allgemeines Verbot, nationale Regeln auch auf Auslandssachverhalte zu erstrecken.[32] Die Regelungsbefugnis des Staates ist grundsätzlich nicht auf Ereignisse beschränkt, die auf seinem Staatsgebiet stattfinden.[33] Die Ausübung nationaler Strafgewalt über exterritoriale Sachverhalte kann allerdings eine Einmischung in die inneren Angelegenheiten des Hoheitsstaates sein, denn sie stellt dessen Zuständigkeit zur Bestrafung von Taten auf seinem Hoheitsgebiet in Frage, zwingt ihn, die fremde Strafgewaltausübung zu dulden und impliziert, dass der strafende Staat befugt sei, auch für das Gebiet des Tatortstaates geltende Rechtsnormen (Verhaltensnormen) aufzustellen.[34] Der darin liegende Souveränitätskonflikt könnte zu Auseinandersetzungen führen, denn was für den einen Staat die souveräne Ausübung seiner Strafgewalt ist, kann aus Sicht eines anderen Staates eine Einmischung in seine inneren Angelegenheiten sein.[35]

Da es eine der Aufgaben des Völkerrechts ist, zwischenstaatliche Konflikte zu verhindern, ist nach dem völkerrechtlichen Nichteinmischungsprinzip ein sinnvoller Anknüpfungspunkt (*„genuine link"*) erforderlich, der einen unmittelbaren Bezug zwischen der Tat und dem Inland herstellt.[36] Typische völkerrechtlich zulässige Anknüpfungspunkte des Internationalen Strafrechts sind: das Territorialitätsprinzip, das Flaggenprinzip, das ak-

---

28 *Stein/v. Buttlar/Kotzur*, Rn. 522; vgl. *Herdegen*, § 33 Rn. 1.
29 *Jeßberger*, S. 192 f.; vgl. *Stein/v. Buttlar/Kotzur*, Rn. 522 ff. In diesem Sinne bereits *Köstlin*, System AT, S. 28.
30 *Jeßberger*, S. 193; vgl. *Dahm/Delbrück/Wolfrum*, S. 214 ff.
31 StIGH, PCIJ Reports 1927 Series A. No. 10, 18 f. (Lotus); *Dahm/Delbrück/Wolfrum*, S. 326. Zur Lotus-Entscheidung *Papathanasiou*, JM 2018, 80 ff.
32 *Stein/v. Buttlar/Kotzur*, Rn. 602; vgl. *Dahm/Delbrück/Wolfrum*, S. 321 f.
33 *Dahm/Delbrück/Wolfrum*, S. 321; *Zieher*, S. 66.
34 Vgl. *Ambos*, § 2 Rn. 3.
35 *Ambos*, § 2 Rn. 4; vgl. *Roegele*, S. 45 ff.
36 Siehe BGHSt 45, 64, 66; *Herdegen*, § 26 Rn. 1; *Jescheck/Weiged*, S. 167; *T. Walter*, JuS 2006, 870, 871. Ausführlich zum *„genuine link"*-Erfordernis *Ziegenhain*, S. 1 ff. und passim.

tive und passive Personalitätsprinzip sowie das Schutzprinzip und das Weltrechtsprinzip.[37] Dabei ist zu berücksichtigen, dass für die Internationalen Strafrechte der einzelnen Staaten nicht ein Anknüpfungspunkt, sondern eine Kombination der verschiedenen Anknüpfungspunkte maßgebend ist.[38] Wird die Tat an einem Ort begangen, der keiner Strafgewalt unterliegt, ist die Gebietshoheit eines anderen Staates nicht betroffen, so dass unter diesem Aspekt keine Einmischung in die inneren Angelegenheiten eines anderen Staates in Betracht kommt.[39]

II. Historische Entwicklung im Ausland und in Deutschland

Erst mit dem Nebeneinander unabhängiger und gleichrangiger Rechtsordnungen entstand das Bedürfnis, diese voneinander abzugrenzen.[40] Daher finden sich Regeln über den Geltungs- und Anwendungsbereich von Strafrechtsnormen weder im römischen Recht, das sich als Weltrecht verstand, noch im Recht des frühen Mittelalters, das auf dem römischen Recht und einer einheitlichen christlichen Rechtsauffassung beruhte.[41] Regelungsbedürftig war allein die prozessuale Zuständigkeit, nicht dagegen das anwendbare Recht.[42] Das Entstehen norditalienischer Stadtstaaten mit eigenständigen Rechtsordnungen im späten Mittelalter führte zu einer Rechtszersplitterung und kann als Geburtsstunde des Internationalen Strafrechts betrachtet werden.[43] Französische und italienische Juristen entwickelten erstmals ein System des Internationalen Strafrechts.[44] Besonders hervorzuheben sind dabei *Bartolus* und sein Schüler *Baldus*, die einen starken Einfluss auf die spätere Entwicklung des Internationalen Strafrechts hatten.[45] Die beiden stellten maßgeblich auf das Tatortprinzip ab, waren damit aber

---

37 *Satzger*, § 4 Rn. 4; vgl. *Ambos*, § 2 Rn. 7.
38 *Jescheck/Weigend*, S. 167; vgl. *Ambos*, § 3 Rn. 5.
39 *Jeßberger*, S. 197; *Werle/Jeßberger*, in: LK, Vorb. § 3 Rn. 21.
40 *Zieher*, S. 97.
41 *Granitza*, S. 20; *Zieher*, S. 97; vgl. *Wegner*, in: FG-Frank, S. 98, 106 ff.
42 *Jeßberger*, S. 42; *Wegner*, in: FG-Frank, S. 98, 108 f.
43 *Jeßberger*, S. 42; *Zieher*, S. 97. Die historische Entwicklung des Internationalen Strafrechts wird ausführlich beschrieben von *Kohler*, S. 19 ff., *Meili*, Internationales Strafrecht, S. 27 ff., *Oehler*, Rn. 48 ff., und *Wegner*, in: FG-Frank, S. 104 ff. Zur historischen Entwicklung des Internationalen Strafrecht seit Beginn des 19. Jahrhunderts *Granitza*, S. 26 und passim.
44 *Meili*, Internationales Strafrecht, S. 30 f.
45 *Meili*, Bartolus, S. 5 ff.; *ders.*, Internationales Strafrecht, S. 37 ff.; vgl. *Kohler*, S. 20 ff.

ihrer Zeit voraus.[46] Bis in das 18. Jahrhundert galt das Stammesrecht und das Heimatprinzip als Vorläufer des modernen aktiven Personalitätsprinzips.[47] Der Mensch war und blieb dem Recht unterworfen, in das er geboren war.

Unter dem Einfluss der Aufklärung, namentlich der Philosophen *Montesquieu* und *Rousseau*, und mit der Bildung der Territorialstaaten in der zweiten Hälfte des 18. Jahrhunderts begann sich die Vorstellung von der Gebietsbezogenheit des Strafrechts durchzusetzen.[48] In Deutschland setzte sich *Abegg* für die ausschließliche Geltung des Territorialitätsprinzips ein.[49] Der entscheidende Gedanke *Abeggs* war, dass ein Staat nur den bestrafen könne, der seinen Gesetzen verpflichtet sei, und jemand, der sich außerhalb des Staatsgebiets befinde, den Gesetzen des Staates nicht unterliege – unabhängig davon, ob es sich um einen Staatsbürger oder um einen Ausländer handle.[50] Auch *Köstlin* sprach sich für das Territorialitätsprinzip aus.[51] Das Internationale Strafrecht blieb bis ins 19. Jahrhundert von der Diskussion um das richtige Prinzip bestimmt. Denn die verschiedenen Anknüpfungsmöglichkeiten wurden als gegensätzliche, einander ausschließende Positionen verstanden.[52] Seit Mitte des 19. Jahrhunderts setzte sich die Auffassung durch, dass sich die verschiedenen Geltungsgrundsätze gegenseitig ergänzen.[53] Dieses Kombinationsmodell ist die Grundlage des modernen Internationalen Strafrechts, dessen Herausforderung darin besteht, die verschiedenen Grundsätze in ein Rang- und Ordnungsverhältnis zu bringen.[54]

Das Reichsstrafgesetzbuch von 1871[55] regelte in seinen §§ 3 ff. das Territorialitätsprinzip als maßgebendes Prinzip des deutschen Internationalen Strafrechts. Vorbild dafür waren die Bestimmungen zum Internationalen Strafrecht des preußischen Strafgesetzbuchs von 1851.[56] Die Geltungsbe-

---

46 *Meili*, Bartolus, S. 24 f.
47 *Jeßberger*, S. 43; vgl. *Oehler*, Rn. 78; dort auch zum folgenden Satz.
48 *Jeßberger*, S. 43. Ausführlich zu *Montesquieu* und *Rousseau Oehler*, Rn. 101 ff.
49 Siehe *Abegg*, S. 16 ff.
50 *Oehler*, Rn. 109; vgl. *Abegg*, S. 32 ff.
51 Siehe *Köstlin*, System AT, S. 28 ff.; *ders.*, Revision, S. 736 ff.
52 *Granitza*, S. 153; *Zieher*, S. 99.
53 *Jeßberger*, S. 44 f.; vgl. *Granitza*, S. 153 f.
54 Wegweisend dazu *Kohler*, S. 89 ff., und *Mendelssohn Bartholdy*, in: Vergleichende Darstellung, AT 6. Bd., S. 294 ff. Ausführlich zum Verhältnis der völkerrechtlichen Anknüpfungspunkte zueinander auch *Bochmann*, S. 93 ff.
55 RGBl. 1871, S. 127 ff. Das RStGB von 1871 ist abgedruckt bei *Jeßberger*, 304 f., und *Vormbaum/Welp*, S. 1 ff.
56 *Oehler*, Rn. 110. Ausführlich zum RStGB von 1871 *Jeßberger*, S. 46 ff.

reichsverordnung vom 6. Mai 1940[57] bedeutete eine Hinwendung zum aktiven Personalitätsprinzip.[58] Nach der überarbeiteten Fassung des § 3 RStGB beanspruchte das deutsche Strafrecht Geltung für alle Taten, die deutsche Staatsangehörige im Inland und im Ausland begingen.[59] Gemäß dem neuen § 4 I RStGB galt deutsches Strafrecht weiterhin auch für die im Inland begangenen Taten von Ausländern. Mit dem Zweiten Strafrechtsreformgesetz von 1969, das zum 1. Januar 1975 in Kraft getreten ist, wurde das Territorialprinzip wieder zum zentralen Prinzip des deutschen Internationalen Strafrechts.[60] Seitdem wurden die Regeln über die Anwendbarkeit des deutschen Strafrechts nur punktuell geändert.[61] Das Ergebnis dieser Entwicklung ist, dass die Regeln des heutigen deutschen Internationalen Strafrechts im Wesentlichen auf das Reichstrafgesetzbuch von 1871 zurückzuführen sind.[62] Deutsches Strafrecht gilt seit 1871 für alle Inlandstaten, unabhängig davon, ob sie von einem Deutschen oder einem Ausländer begangen werden.

III. Das deutsche Internationale Strafrecht

Das (deutsche) Internationale Strafrecht ist in den §§ 3–7, § 9 StGB sowie in Spezialvorschriften[63] geregelt. Es orientiert sich an den völkerrechtlich anerkannten Anknüpfungsprinzipien.[64] Das Internationale Strafrecht ist nationales Recht, das den räumlichen Geltungsbereich des deutschen Strafrechts einseitig definiert, ohne darauf Rücksicht zu nehmen, ob auf den betreffenden Sachverhalt ein oder mehrere nationale Strafrechte anwendbar sind.[65] Die wohl herrschende Meinung versteht die Regeln des Internationalen Strafrechts als *Ausdehnung* des Geltungsbereichs deutschen

---

57 RGBl. 1940 I, S. 754 f.
58 *Zieher*, S. 100. Ausführlich zur Geltungsbereichsverordnung von 1940 *Jeßberger*, S. 58 ff., und *Werle*, S. 308 ff. Zu den nationalsozialistischen Motiven *Granitza*, S. 133 ff.
59 Die §§ 3 ff. RStGB in der Fassung der Geltungsbereichsverordnung von 1940 sind abgedruckt bei *Jeßberger*, S. 306 ff., und *Vormbaum/Welp*, S. 331 ff.
60 *Zieher*, S. 101. Umfassend dazu *Jeßberger*, S. 65 ff.
61 Zu diesen Änderungen *Jeßberger*, S. 75 f.
62 *Jeßberger*, S. 80 ff.; dort auch zum folgenden Satz.
63 Zu den Spezialvorschriften gehören: § 370 AO, § 35 AWG, § 148 BBergG, § 18 CWÜAG, Art. 3 EuRFVerhÜbkG, § 17 FlaggRG, § 3 IntBestG, § 21 KrWaffKontrG, § 131a SeemG, Art. 12 SeeRÜbkAG, § 1 VStGB und § 1a WStGB.
64 *Rengier*, AT, § 6 Rn. 7; vgl. *Dahm/Delbrück/Wolfrum*, S. 322.
65 Vgl. *Ambos*, in: MüKo, Vorb. § 3 Rn. 1; *Jeßberger*, S. 126 f.; *Oehler*, Rn. 1.

Strafrechts.[66] Nach minderheitlich vertretener Ansicht handelt es sich dagegen um eine *Einschränkung* des Geltungsbereichs.[67] Tatsächlich führen die Regeln des Internationalen Strafrechts zu einer (Mit-)Begründung der Strafbarkeit, denn sie verschaffen den Straftatbeständen überhaupt erst Geltung, indem sie diese für anwendbar erklären.[68]

In Fällen mit Auslandsberührung ist nach herrschender Meinung zuerst zu fragen, ob überhaupt der Schutzbereich eines deutschen Straftatbestandes berührt ist.[69] Anschließend ist zu prüfen, ob die §§ 3–7, § 9 StGB oder Spezialvorschriften die Anwendung des deutschen Strafrechts zulassen. Ist das nicht der Fall, liegt ein Prozesshindernis für ein Strafverfahren in Deutschland vor.[70] Geltungsbereich und Anwendungsbereich der Strafgesetze sowie Zuständigkeitsbereich der Strafgerichte sind im Internationalen Strafrecht deckungsgleich.[71] Deutsche Strafgerichte sind also zuständig, wenn und soweit deutsches Strafrecht gilt, und wenden ausschließlich deutsches Strafrecht an; in dem Sinne, dass sie nur auf der Grundlage eines deutschen Strafgesetzes schuldig sprechen können.

1.) Territorialitätsprinzip

Nach dem Territorialitätsprinzip gilt das Strafrecht eines Staates für alle Taten, die auf seinem Staatsgebiet begangen werden, unabhängig davon, wer sie begeht und gegen wen sie sich richten. Das Territorialprinzip ist das grundlegende Anknüpfungsprinzip des Internationalen Strafrechts weltweit.[72] Die territoriale Abgrenzung entspricht den völkerrechtlichen Grundsätzen der Gebietshoheit, Unabhängigkeit und Gleichheit der souveränen Staaten.[73] Dem Territorialitätsprinzip liegt die Überlegung zu Grunde, dass sich die innerstaatliche Rechtsordnung gegenüber jedem

---

66 Vgl. *Ambos*, in: MüKo, Vorb. § 3 Rn. 1; *Safferling*, § 3 Rn. 4; *Satzger*, JURA 2010, 108, 109; *Werle/Jeßberger*, in: LK, § 9 Rn. 5.

67 *Heger*, in: Lackner/Kühl, Vorb. §§ 3–7 Rn. 1; *Vogler*, in: FS-Grützner, S. 149, 153.

68 *Jeßberger*, S. 126 f.; *Neumann*, in: FS-Müller-Dietz, S. 589, 600 ff.; vgl. *v. Beling*, Verbrechen, S. 99; *Zieher*, S. 37 ff.

69 *Eser/Weißer*, in: S/S, Vorb. §§ 3–9 Rn. 38; *Rengier*, AT, § 6 Rn. 4; *T. Walter*, JuS 2006, 870 (ebd.). Für eine umgekehrte Prüfungsreihenfolge *Satzger*, § 6 Rn. 1.

70 Vgl. BGHSt 34, 1, 3.

71 *Jeßberger*, in: Transnationales Recht, S. 527, 534 f.; vgl. *Satzger*, § 3 Rn. 1 ff.; dort auch zum folgenden Satz.

72 *Jeßberger*, S. 227 f.; *Oehler*, Rn. 153.

73 *O. Germann*, SchwZStrR 69 (1954), 237 (ebd.); *Jescheck/Weigend*, S. 167; *Werle/Jeßberger*, in: LK, Vorb. § 3 Rn. 241.

durchsetzen muss, der sich im Inland aufhält.[74] Die zentrale Stellung des Territorialprinzips im Internationalen Strafrecht der einzelnen Staaten ergibt sich daraus, dass es in der Anwendung generell einfach, zuverlässig und kriminalpolitisch sinnvoll ist.[75] Das Territorialitätsprinzip ermöglicht grundsätzlich eine klare Abgrenzung der Geltungsbereiche, da der Verlauf von Staatsgrenzen meistens eindeutig erkennbar ist.[76] Die in der Regel enge Verbindung des Täters mit den sozialen und rechtlichen Verhältnissen am Tatort erlaubt im Allgemeinen eine gerechte Bewertung seines Verhaltens.[77]

Für das deutsche Strafrecht ist das Territorialitätsprinzip in § 3 StGB geregelt. Gemäß § 3 StGB gilt deutsches Strafrecht für Taten, die im Inland begangen werden. Das Inland umfasst das gesamte Staatsgebiet, also das Land- und Meeresgebiet sowie den darüber liegenden Luftraum.[78] Der Ort, an dem die Tat begangen wurde (Tatort), wird in § 9 I bestimmt. Für die täterschaftliche Begehungsweise werden in § 9 I StGB vier Anknüpfungspunkte genannt: der Ort, an dem der Täter gehandelt hat (§ 9 I 1. Var. StGB), der Ort, an dem er bei einer Unterlassenstat hätte handeln müssen (§ 9 I 2. Var. StGB), der Ort, an dem „der zum Tatbestand gehörende" Erfolg eingetreten ist (§ 9 I 3. Var. StGB), und der Ort, an dem der Erfolg nach der Vorstellung des Täters eintreten sollte (§ 9 I 4. Var. StGB). § 9 I StGB lässt also zur Begründung des Tatorts sowohl den Handlungsort als auch den Erfolgsort genügen und folgt damit dem sogenannten Ubiquitätsprinzip.[79] Dies führt dazu, dass bei Distanzdelikten an mehrere Tatorte angeknüpft werden kann.

2.) Sonstige Anknüpfungsprinzipien

Bei dem in § 7 I StGB geregelten *passiven* Personalitätsprinzip wird unabhängig vom Tatort an die deutsche Staatsangehörigkeit des *Opfers* angeknüpft.[80] Anknüpfungspunkt des *aktiven* Personalitätsprinzips ist dagegen

---

74 *Satzger*, § 4 Rn. 6; *Werle/Jeßberger*, in: LK, Vorb. § 3 Rn. 241. In diesem Sinne bereits *Abegg*, S. 16 ff.; *Köstlin*, System AT, S. 27 f.
75 *Jeßberger*, S. 229; *Oehler*, Rn. 153.
76 *Jeßberger*, S. 229; vgl. *Oehler*, Rn. 125.
77 *Zieher*, S. 76; vgl. *Oehler*, Rn. 125.
78 *Ambos*, in: MüKo, § 3 Rn. 8; *Eser/Weißer*, in: S/S, Vorb. §§ 3–9 Rn. 60.
79 *Satzger*, § 5 Rn. 13; *T. Walter*, JuS 2006, 870, 872.
80 *Safferling*, § 3 Rn. 40. Ausführlich zum *passiven* Personalitätsprinzip *A. Henrich*, S. 25 ff. und passim, sowie *Oehler*, Rn. 632 ff.

die deutsche Staatsangehörigkeit des *Täters*, vgl. § 7 II Nr. 1 StGB.[81] Sowohl das passive als auch das aktive Personalitätsprinzip gelten nach deutschem Strafrecht nur eingeschränkt: erforderlich ist jeweils, dass die Tat entweder auch am ausländischen Tatort strafbar ist oder dass der Tatort keiner Strafgewalt unterliegt.[82] Durch das Erfordernis der identischen Tatortnorm wird dem Nichteinmischungsprinzip Rechnung getragen.[83] Um prüfen zu können, ob die Tat auch am Tatort strafbar ist oder keiner Strafgewalt unterliegt, muss auch bei § 7 StGB geklärt werden, wo sich der Tatort bei Internetdelikten befindet.

In § 5 StGB kommt das *Schutzprinzip* zum Ausdruck. Danach ist deutsches Strafrecht auch auf Taten anwendbar, die zwar im Ausland begangen werden, aber dennoch besondere inländische Rechtsgüter gefährden.[84] Die in § 5 Nr. 3–5 und Nr. 7 StGB genannten Delikte können überwiegend auch als Internetdelikte verwirklicht werden, was folgende Beispiele zeigen: Veröffentlicht ein Journalist Fotos im Internet, auf denen ein laufendes Manöver der Bundeswehr in einer Krisenregion zu sehen ist, und gefährdet dadurch wissentlich die Schlagkraft der Bundeswehr, verwirklicht er den Tatbestand des sicherheitsgefährdenden Abbildens (§ 109g StGB),[85] bei dem gemäß § 5 Nr. 5 Buchst. a StGB deutsches Strafrecht anwendbar ist. Wenn der deutsche Bundespräsident über Twitter als „Vaterlandsverräter" beschimpft wird, ist das eine Verunglimpfung des Bundespräsidenten (§ 90 StGB),[86] bei der nach § 5 Nr. 3 Buchst. b StGB deutsches Strafrecht gilt. Werden auf einer Enthüllungsplattform im Internet Lageberichte des Bundesnachrichtendienstes veröffentlich, ist das als Offenbaren von Staatsgeheimnissen (§ 95 StGB)[87] strafbar, und deutsches Strafrecht kommt gemäß § 5 Nr. 4 StGB zur Anwendung.

Nach dem in § 6 StGB geregelten *Weltrechtsprinzip* erstreckt sich deutsches Strafrecht auch auf reine Auslandstaten, die sich gegen solche übernationale Kulturwerte und Rechtsgüter richten, an deren Schutz ein ge-

---

81 *Rengier*, AT, § 6 Rn. 20. Ausführlich zum *aktiven* Personalitätsprinzip *Oehler*, Rn. 702 ff., sowie *Schmitz*, S. 175 ff. und passim.

82 Vgl. *Ambos*, § 3 Rn. 45, 73; *B. Heinrich*, Rn. 67, 69.

83 Vgl. *Ambos*, § 3 Rn. 45, 73.

84 *B. Heinrich*, Rn. 70; vgl. *Satzger*, JURA 2010, 190 (ebd.). Zu den völkerrechtlichen Bedenken gegen § 5 StGB *Ambos*, § 3 Rn. 57, und *ders.*, in: MüKo, § 5 Rn. 11.

85 Vgl. *Kargl*, in: NK, § 109g, Rn. 4 ff.

86 Vgl. *Paeffgen*, in: NK, § 90 Rn. 4 ff.

87 Vgl. BGHSt 24, 75 f. Zur strafrechtlichen Verantwortlichkeit der *WikiLeaks*-Betreiber *Franck/Steigert*, CR 2011, 380 ff.

meinsames Interesse aller Staaten besteht.[88] Dabei kommt es nicht darauf an, ob ein Deutscher an der Tat beteiligt ist oder nicht. Für Internetdelikte ist § 6 Nr. 6 StGB relevant. Danach gilt deutsches Strafrecht – unabhängig vom Tatort – für die Verbreitung harter Pornografie. Dazu gehören folgende Inhalte: sexualbezogene Gewalttätigkeiten, der sexuelle Missbrauch von Kindern oder Jugendlichen sowie der sexuelle Umgang zwischen Mensch und Tier.[89]

Da der Großteil der Internetdelikte nicht unter die §§ 5, 6 StGB fällt, richtet sich die Anwendbarkeit des deutschen Strafrechts bei ihnen meistens nach dem Territorialitätsprinzip sowie dem aktiven und passiven Personalitätsprinzip. Diese Arbeit klammert daher die §§ 5, 6 StGB aus der weiteren Betrachtung aus.

---

88 *B. Heinrich*, Rn. 73; vgl. *Jeßberger*, S. 277 ff.; *T. Walter*, JuS 2006, 967, 968.
89 *Weigend*, ZUM 1994, 133 (ebd.).

2. Kapitel: Der Wille des Gesetzgebers als Auslegungsziel

Grundlage der Auslegung ist der klassische Auslegungskanon, der von *Savigny* entwickelt wurde.[90] *Savigny* verwendete allerdings nicht genau jene vier Schlagwörter, die heute üblich sind.[91] Vor allem deutete er die teleologische Auslegung lediglich an. Heute gehören zum Auslegungskanon folgende vier Auslegungsmethoden: die grammatische, systematische, historische und die teleologische.[92] Führen die klassischen Auslegungsmethoden zu unterschiedlichen Ergebnissen, besteht häufig Unsicherheit darüber, welche von ihnen Vorrang habe.[93] Oft wird in diesen Fällen die Methode bevorzugt, die aus Sicht des Rechtsanwenders zu „sinnvollen" Ergebnissen führt.[94] *Koziol* verspottet die Methodenlehre daher als „Callgirl", das alle Wünsche erfülle.[95] Nach Auffassung *Hassemers* bestehen für die Auslegungsmethoden keine klaren Anwendungsregeln.[96] Der Richter sei in der Wahl der Methode frei und wähle mit ihr zugleich das Ergebnis seiner Auslegung.

Ein derart weiter Spielraum bei der Rechtsanwendung verletzt aber den Vorrang des Gesetzes (Art. 20 III GG), das Demokratieprinzip (Art. 20 I, II GG) und die rechtsstaatlich gebotene Gewaltenteilung (Art. 20 II S. 2 GG).[97] Das Bundeverfassungsgericht nennt als Ziel der Auslegung den objektivierten Willen des Gesetzgebers, der aus dem Wortlaut und dem Sinnzusammenhang einer Norm zu ermitteln sei.[98] Es hat damit eine vermittelnde Lösung der alten Streitfrage gefunden, ob es auf den subjektiven Willen des historischen Gesetzgebers ankomme (subjektive Theorie) oder auf den objektiven Sinn des Gesetzes (objektive Theorie).[99] Die Auffassung

---

90 Siehe *v. Savigny*, S. 206 ff.
91 *T. Walter*, Rhetorikschule, S. 215; vgl. *v. Savigny*, S. 206 ff.; dort auch zum folgenden Satz.
92 *Rengier*, AT, § 5 Rn. 4 ff.
93 Vgl. *J. Esser*, S. 7; *Hassemer*, ZRP 2007, 213, 216; *Kramer*, 201 ff.
94 Vgl. *J. Esser*, S. 7, 125 f.; *Hassemer*, ZRP 2007, 213, 215 f.
95 *Koziol*, AcP 212 (2012), 1, 55.
96 *Hassemer*, ZRP 2007, 213, 216; dort auch zum folgenden Satz.
97 *Rüthers/C. Fischer/Birk*, Rn. 706 ff.; vgl. *H. Koch/Rüßmann*, S. 254 ff.
98 BVerfGE 1, 299, 312, ständige Rechtsprechung.
99 *T. Walter*, Rhetorikschule, S. 228; vgl. *H. Koch/Rüßmann*, S. 177 ff. Zu den beiden Theorien *Jescheck/Weigend*, S. 157 f.

des Bundesverfassungsgerichts dürfte zwischenzeitlich die herrschende Meinung sein.[100]

Ich werde bei der Auslegung den Ansatz *T. Walters* berücksichtigen, der eine Weiterentwicklung der Rechtsprechung des Bundesverfassungsgerichts ist. Nach diesem Ansatz ist das höchste Auslegungsziel der – ausdrücklich erklärte oder mutmaßliche – Wille des *gegenwärtigen* Gesetzgebers.[101] Er ist ähnlich zu ermitteln wie der Wille des Geschäftsherrn bei der Geschäftsführung ohne Auftrag und der Wille des Rechtsgutinhabers bei der mutmaßlichen Einwilligung. Zunächst ist nach ausdrücklichen Willensbekundungen des Gesetzgebers zu suchen. Sofern die Suche erfolglos bleibt, können die klassischen Auslegungsmethoden Hinweise geben auf den mutmaßlichen Willen des Gesetzgebers. Dieser Ansatz entspricht dem Demokratieprinzip und dem Grundsatz der Gewaltenteilung, da er ein möglichst hohes Maß an Gesetzesbindung für den Rechtsanwender bedeutet.

---

100 Vgl. *Jescheck/Weigend*, S. 157; *Vogel*, S. 113; *T. Walter*, Rhetorikschule, S. 228 f.
101 *T. Walter*, ZIS 2016, 747 f.; *ders.*, Rhetorikschule, S. 217 f.; dort auch zum restlichen Absatz.

3. Kapitel: Der Handlungsort bei Internetdelikten

I. Zum Ergebnis

In diesem Kapitel komme ich zu dem Ergebnis, dass sich der Handlungsort bei Internetdelikten ausschließlich dort befindet, wo der Täter körperlich anwesend ist, während er die strafbaren Inhalte via Internet verbreitet. Auf die Wirkung der Handlung oder den Standort des Servers kann zur Bestimmung des Handlungsorts nicht abgestellt werden.

II. Handlungsort am Aufenthaltsort des Täters

Die herrschende Auffassung in Literatur[102] und Rechtsprechung[103] nimmt an, dass bei der Bestimmung des Handlungsorts ausschließlich der Ort der körperlichen Anwesenheit des Täters maßgeblich sei. An welchem Ort sich die Handlung auswirke, spiele dagegen für die Bestimmung des Handlungsorts keine Rolle.[104] Bei Internetdelikten liege der Handlungsort daher allein dort, wo der Täter die verbotenen Inhalte in ein internetfähiges Gerät eingebe und die Datenübertragung veranlasse.[105]

---

102 *Ambos*, in: MüKo, § 9 Rn. 8; *Böse*, in: NK, § 3 Rn. 3; *Busching*, MMR 2015, 295, 298; *Dombrowski*, S. 24 ff., 38; *Duesberg*, S. 114 ff., 126; *Eser/Weißer*, in: S/S, § 9 Rn. 7d; *Fischer*, § 9 Rn. 3; *Handel*, MMR 2017, 227 f.; *Hecker*, JuS 2015, 274, 275; *B. Heinrich*, in: FS-Weber, S. 91, 108; *Klengel/Heckler*, CR 2001, 243, 244; *Leupold/Bachmann/Pelz*, MMR 2000, 648, 652 f.; *Sieber*, NJW 1999, 2065, 2070.

103 BGH NStZ 2015, 81, 82 Rn. 9; BGHSt 34, 101, 106; vgl. BGHSt 46, 212, 224 f.; BGH NJW 1975, 1610, 1611; OLG Stuttgart NStZ-RR 2000, 25, 26.

104 *Böse*, in: NK, § 3 Rn. 4; *Duesberg*, S. 123.

105 *Busching*, MMR 2015, 295, 298; *Hilgendorf/Valerius*, Rn. 145 ff.; vgl. *Handel*, MMR 2017, 227.

1.) BGH-Urteil vom 12.12.2000 (Töben)

Im sogenannten Töben-Fall[106] ging es um einen Australier, der von Australien aus auf der Internetseite des von ihm gegründeten Adelaide Instituts den Holocaust leugnete. Der BGH bejahte die Verwirklichung des Tatbestands der Volksverhetzung (§ 130 I, III StGB). Das deutsche Strafrecht sei anwendbar, da ein Erfolg im Sinne des § 9 I 3. Var. StGB in Deutschland eingetreten sei.[107] Weil es aus Sicht des BGH nicht mehr auf den Handlungsort ankam, ließ er ausdrücklich offen, ob der Angeklagte auch im Inland gehandelt haben könnte. Der BGH äußerte aber Bedenken, die Verwendung von Servern, Datenleitungen und Übertragungssoftware zur Handlung des Täters zu rechnen.[108] Die Übertragung des im Zusammenhang mit der Versendung von Briefen entwickelten Handlungsbegriffs auf Datenübertragungen im Internet liege eher fern.

2.) BGH-Beschluss vom 19.08.2014

Gegenstand des BGH-Beschlusses vom 19.08.2014[109] war unter anderem folgender Sachverhalt: Der deutsche Angeklagte hatte von Tschechien aus den *YouTube*-Kanal „Arische Musikfraktion" gegründet und dort Abbildungen von Hakenkreuzen hochgeladen. Nach Auffassung des BGH verwendete der Angeklagte durch das Hochladen der Hakenkreuz-Abbildungen bei *YouTube* zwar öffentlich Kennzeichen verfassungswidriger Organisationen. Da er die Abbildungen von Tschechien aus hochlud, habe es jedoch am Tatbestandsmerkmal der Inlandstat im Sinne des § 86a I Nr. 1 StGB gefehlt. Der Handlungsort werde bei aktivem Tun allein durch den Aufenthaltsort des Täters und nicht durch die Wirkung seiner Handlung bestimmt.[110] Der Radius der Wahrnehmbarkeit einer Handlung gehöre nicht zur Handlung. Daher könne auch der Standort des vom Täter ausge-

---

106 BGHSt 46, 212 ff. Anmerkungen *Clauß*, MMR 2001, 232 f.; *Heghmanns*, JA 2001, 276 ff.; *Hörnle*, NStZ 2001, 309 ff.; *Jeßberger*, JR 2001, 432 ff.; *A. Koch*, JuS 2002, 123 ff.; *Kudlich*, StV 2001, 397 ff.; *Lagodny*, JZ 2001, 1198 ff. Ausführlich zum Töben-Fall *Körber*, S. 113 ff. und passim.

107 Ausführlich dazu 4. Kap. IV 1.

108 BGHSt 46, 212, 224 f.; dort auch zum folgenden Satz.

109 BGH NStZ 2015, 81 ff. Anmerkungen *Becker*, NStZ 2015, 83 f.; *Hecker*, JuS 2015, 274 ff.; *Satzger*, JURA (JK) 2015, 1011 (ebd.); *Valerius*, HRRS 2016, 186 ff.; *Zimmermann*, HRRS 2015, 441 ff.

110 BGH NStZ 2015, 81, 82 Rn. 9 f.; dort auch zum restlichen Absatz.

wählten Servers nicht maßgeblich sein. Anders als bei der Beförderung durch andere Personen fehle es bei der rein technischen Übertragung im Internet an der Möglichkeit, das Handeln Dritter und deren Handlungsort dem Täter gemäß § 25 I 2. Var. StGB oder gemäß § 25 II StGB zuzurechnen.

III. „Virtuelle Anwesenheit" als Handlungsort

Kuner[111] und *Mintas*[112] halten bei Internetdelikten den Ort der körperlichen Anwesenheit des Täters zur Bestimmung des Handlungsorts für unbeachtlich. *Kuner* meint, dass ein Internet-Nutzer weltweit „virtuell" präsent sei, sobald er Inhalte ins Internet stelle, die auf der ganzen Welt abrufbar seien.[113] Diese „virtuelle Anwesenheit" im Internet ersetze die körperliche Anwesenheit und führe zu einer weltweiten deutschen Strafrechtszuständigkeit bei Internetdelikten.

Mintas ist der Auffassung, die virtuelle Welt des Internets müsse so behandelt werden wie die reale Welt, da anderenfalls Wertungswidersprüche bestünden.[114] Der Handlungsbegriff sei der Entwicklung des Internets dahingehend anzupassen, dass die körperliche Anwesenheit des Täters am Handlungsort nicht mehr erforderlich sei. Im Gegensatz zu *Kuner* meint *Mintas*, dass der Täter eines Internetdelikts nur auf der von ihm besuchten Internetseite handle. *Mintas* stützt ihre Ansicht auf die (unzutreffende) Annahme, dass ein Internetnutzer nicht mehrere Internetseiten gleichzeitig betrachten könne.

IV. Räumliches Auseinanderfallen der Handlung

Zum Teil wird angenommen, dass sich der Handlungsort zwar aufgrund der körperlichen Anwesenheit des Täters bestimmen lasse, dies aber nicht der einzige Anknüpfungspunkt sei.[115] Die Handlung des Täters könne

---

111 *Kuner*, CR 1996, 453, 454 ff.
112 *Mintas*, S. 174 ff.
113 *Kuner*, CR 1996, 453, 454 ff.; dort auch zum folgenden Satz.
114 Siehe *Mintas*, S. 175 ff.; dort auch zum restlichen Absatz.
115 KG NJW 1999, 3500, 3502; RGSt 23, 155, 156 f.; 20, 146, 148; 13, 337, 339; 10, 420, 422 f.; 3, 316, 318; 1, 274, 276; *Cornils*, JZ 1999, 394, 396 f.; *Eser*, in: S/S²⁹, § 9 Rn. 4; *ders.*, in: 50 Jahre BGH, S. 3, 24; *Heghmanns*, in: Achenbach/Ransiek/Rönnau, 6. Teil Rn. 18; *Klam*, S. 51 f.; *Kuner*, CR 1996, 453, 454; *Schmitt*, in: FS-

räumlich auseinanderfallen, so dass ein inländischer Handlungsort unter bestimmten Voraussetzungen auch vorliege, wenn sich der Täter bei der tatbestandsmäßigen Ausführungshandlung im Ausland befinde.[116]

1.) Rechtsprechung des Reichsgerichts

Schon im ersten Band der Entscheidungen des Reichsgerichts in Strafsachen ist ein Urteil aus dem Jahr 1880 abgedruckt, in dem das Reichsgericht von einem inländischen Handlungsort ausging, obwohl der Täter sich während der Tatbegehung im Ausland aufhielt.[117] Ein in Preußen nicht zugelassener Losanbieter hatte von Hamburg aus Werbung für seine Lose an mehrere Personen in preußische Städte per Post gesendet. Nach preußischem Recht war es strafbar, für ein in Preußen nicht zugelassenes Glücksspiel zu werben. Das Reichsgericht ordnete Hamburg zwar als Ausland im Verhältnis zu Preußen ein, begründete den inländischen Handlungsort aber damit, dass die vom Täter verursachte Wirkung zur Handlung gehöre.[118] Der Täter handle auch an dem Ort, an dem die von ihm verursachte Wirkung eintrete. In ähnlich gelagerten Fällen bestätigte das Reichsgericht sein weites Verständnis des Handlungsorts[119] – etwa bezüglich der grenzüberschreitenden Versendung geheimer Informationen,[120] verbotener Zeitschriften[121] und beleidigender Schriften[122] sowie dem Ruf „Vive La France"[123] über die deutsch-französische Grenze. Zur Begründung stützte sich das Reichsgericht auf die „Theorie der langen Hand".[124] Die Handlung des Täters setze sich fort in der Wirkung der von ihm in Bewegung gesetzten natürlichen, mechanischen, tierischen oder menschlichen Kraft.[125]

Würzbürger Juristenfakultät, S. 357, 366; *Stegbauer*, JR 2002, 182, 188; *Weigend*, ZUM 1994, 133, 134; *Werle/Jeßberger*, JuS 2001, 35, 39; vgl. für Österreich *Plöckinger*, ÖJZ 2001, 798, 802.

116 Vgl. *Cornils*, JZ 1999, 394, 396 f.; *Eser*, in: 50 Jahre BGH, S. 3, 24.
117 Siehe RGSt 1, 274 ff.
118 RGSt 1, 274, 276; dort auch zum folgenden Satz.
119 Zur Rechtsprechung des Reichsgerichts *Kitzinger*, S. 42 ff.
120 RGSt 13, 337, 338 f. (dem Angeklagten wurde Landesverrat vorgeworfen).
121 RGSt 3, 316, 318.
122 RGSt 23, 155, 156 f.
123 RGSt 20, 146, 147 f.
124 Vgl. RGSt 13, 337, 339.
125 RGSt 23, 155, 156 f.; vgl. RGSt 10, 420, 422 f.

2.) Kammergerichts-Urteil vom 16.03.1999

In seinem Urteil vom 16.03.1999[126] begründete das Kammergericht das Vorliegen eines deutschen Handlungsorts ähnlich wie das Reichsgericht. Der Entscheidung lag folgender Sachverhalt zu Grunde: Während eines in Polen stattfindenden Fußballspiels zwischen den Nationalmannschaften Polens und Deutschlands zeigten mehrere Personen den sogenannten Hitlergruß. Filmaufnahmen davon waren sowohl direkt als auch zeitversetzt im deutschen Fernsehen zu sehen. Das Kammergericht war der Ansicht, dass bei abstrakten Gefährdungsdelikten wie § 86a I Nr. 1 StGB kein Erfolgsort im Sinne des § 9 I 3. Var. StGB vorliege.[127] Der Begriff der Handlung in § 9 I 1. Var. StGB sei tatbestandsbezogen als auf die Tatbestandsverwirklichung gerichtete Tätigkeit zu verstehen. Die Kundgabehandlung sei nicht auf den Aufenthaltsort des Täters beschränkt, sondern beziehe den Bereich mit ein, in dem eine Wahrnehmung möglich sei. Die Handlung sei teilweise im Inland verwirklicht, wenn die Wirkungen des Verhaltens im Inland einträten. Ein inländischer Handlungsort liege auch dann vor, wenn Kennzeichen im Sinne von § 86a StGB vom Ausland aus beispielsweise mittels Rundfunk- oder Fernsehübertragung im Inland wahrnehmbar gemacht würden. Für Internetdelikte bedeutet die Auffassung des Kammergerichts, dass überall dort Handlungsorte anzunehmen wären, wo Internetseiten mit strafbaren Inhalten abrufbar sind, also nahezu weltweit.[128]

3.) Auffassungen in der Literatur

Mehrere Autoren übertragen die Argumente des Reichsgerichts und des Kammergerichts auf Internetdelikte und gehen davon aus, dass ein inländischer Handlungsort auch dann entstehen könne, wenn die Inhalte von Deutschland aus abrufbar seien.[129] Um eine grenzenlose Anwendbarkeit des deutschen Strafrechts zu verhindern, müsse zusätzlich allerdings ein sinnvoller Anknüpfungspunkt vorliegen, der einen ausreichenden Inlands-

---

126 KG NJW 1999, 3500 ff. Anmerkung *B. Heinrich*, NStZ 2000, 533 f.
127 KG NJW 1999, 3500, 3502; dort auch zum restlichen Absatz.
128 *Mintas*, S. 131.
129 *Stegbauer*, JR 2002, 182, 188; *Werle/Jeßberger*, JuS 2001, 35, 39; vgl. *Schmitt*, in: FS-Würzburger Juristen Fakultät, S. 357, 366; *Weigend*, ZUM, 1994, 133, 134.

bezug begründe.[130] Sinnvolle Anknüpfungspunkte seien insbesondere die Verwendung der deutschen Sprache oder wenn der Täter auf die Wahrnehmbarkeit der Inhalte in Deutschland abziele.[131]

Zum Teil wird zur Bestimmung des Handlungsorts an den Standort des Servers angeknüpft, auf dem die strafbaren Inhalte gespeichert werden.[132] Der Begriff „Server" hat in der Informatik zwei Bedeutungen: Er bezeichnet sowohl einen Computer, der Ressourcen über ein Netzwerk zur Verfügung stellt (physischer Server), als auch das Programm, das auf diesem Computer läuft (softwarebasierter Server).[133] Sofern zur Bestimmung des Handlungsorts auf den Standort des Servers abgestellt wird, ist der physische Server gemeint.

Cornils ist der Ansicht, die technischen Besonderheiten des Internets führten dazu, dass der Täter eines Internetdelikts nicht nur dort handle, wo er sich körperlich aufhalte, sondern auch am Standort des Servers, auf dem er gezielt und kontrolliert Daten speichere.[134]Dass eine Handlung im Sinne des Strafrechts an verschiedenen Orten begangen werden könne, sei bei mehraktigen Delikten allgemein anerkannt und müsse auch bei Internetdelikten gelten. Würden vom Ausland aus gezielt und kontrolliert rechtswidrige Inhalte auf einem Server in Deutschland abgelegt, so liege ein inländischer Handlungsort vor und deutsches Strafrecht sei anwendbar.

Auch *Heghmanns* sieht in dem Server, auf dem die strafbaren Inhalte gespeichert werden, einen zusätzlichen Anknüpfungspunkt für den Handlungsort des Täters.[135] In Anlehnung an die „Theorie der langen Hand" des Reichsgerichts[136] stellt er zur Begründung auf die Rechtsfigur der mittelbaren Täterschaft ab. Die Unrechtsverwirklichung erfolge bei Internetdelikten vornehmlich durch den vom Täter veranlassten und beherrschten Einsatz des jeweiligen Servers. Damit manifestiere sich die Handlung des

---

130 *Stegbauer*, JR 2002, 182, 188; *Werle/Jeßberger*, JuS 2001, 35, 39.
131 *Stegbauer*, JR 2002, 182, 188; vgl. *Collardin*, CR 1995, 618, 621; *Werle/Jeßberger*, JuS 2001, 35, 39.
132 Siehe *Cornils*, JZ 1999, 394, 396 f.; *Heghmanns*, in: Achenbach/Ransiek/Rönnau, 6. Teil Rn. 18.
133 Vgl. *Kappel*, S. 32 f.; *Sieber*, S. 11 ff.
134 *Cornils*, JZ 1999, 394, 396 f.; *dies.*, in: Recht und Internet, S. 71, 79 ff.; dort auch zum restlichen Absatz. Zustimmend *Eser*, in: S/S²⁹, § 9 Rn. 4, *ders.*, in: 50 Jahre BGH, S. 3, 24, und *Klam*, S. 52; vgl. für Österreich *Plöckinger*, ÖJZ 2001, 798, 802.
135 *Heghmanns*, in: Achenbach/Ransiek/Rönnau, 6. Teil Rn. 18; dort auch zum restlichen Absatz.
136 Vgl. RGSt 13, 337, 339.

Täters auch am Serverstandort. Wer strafbare Inhalte über einen Server verbreite, bediene sich daher des vorsatzlos handelnden Serverbetreibers als Tatwerkzeug. Da es sich bei den Regeln des Internationalen Strafrecht um objektive Strafbarkeitsbedingungen handle, müsse der Täter den Handlungsort nicht kennen, es genüge, wenn er wisse, dass die Daten aufgrund seiner final gesteuerten Eingabehandlung auf irgendeinem Server abgelegt würden.

Werle und *Jeßberger* sind der Auffassung, dass der Handlungsort grundsätzlich nur dort sei, wo sich der Täter zum Zeitpunkt der Datenspeicherung aufhalte.[137] Ergebe sich aber aus der gesetzlichen Unrechtsbeschreibung, dass auch bestimmte Wirkungen des Verhaltens als Bestandteil der Tathandlung zu betrachten seien, sei der Ort, an dem die Wirkung eintrete, für die Bestimmung des Handlungsorts maßgeblich.[138] Insoweit gehen die beiden Autoren wie das Kammergericht von einem tatbestandsbezogenen Handlungsbegriff aus.[139] Beispielsweise sei eine Schrift erst „verbreitet" (etwa bei § 86 I oder § 130 II Nr. 1 StGB), wenn die Datei auf dem Computer des Internetnutzers im Arbeitsspeicher oder der Festplatte angekommen sei.[140]

V. Stellungnahme und eigener Ansatz

Aus den dokumentierten Äußerungen des Gesetzgebers ergibt sich kein eindeutiger Wille, wie der Handlungsort zu bestimmen sei.[141] Daher ist der tatsächliche oder mutmaßliche Wille des Gesetzgebers durch Auslegung zu ermitteln.[142]

1.) Wortlaut

Aufgrund des in Art. 103 II GG und § 1 StGB verankerten Analogieverbots markiert der mögliche Wortsinn des Gesetzes im Strafrecht die Grenze der

---

137 *Werle/Jeßberger*, in: LK, § 9 Rn. 79.
138 *Werle/Jeßberger*, in: LK, § 9 Rn. 82; vgl. *dieselben*, JuS 2001, 35, 39.
139 Vgl. *Werle/Jeßberger*, in: LK, § 9 Rn. 82 Fn. 90.
140 *Werle/Jeßberger*, in: LK, § 9 Rn. 83.
141 Vgl. BT-Drs. III/2150, S. 99 ff.; BT-Drs. IV/650, S. 105 ff.
142 Siehe 2. Kap.

zulässigen Auslegung.[143] Bevor die eigentliche Auslegung vorgenommen werden kann, ist daher zunächst zu prüfen, was der Begriff „handeln" im Sinne des § 9 I 1. Var. StGB hergibt.[144] Der mögliche Wortsinn bestimmt sich nach dem allgemeinen Sprachgebrauch der Gegenwart.[145] Im heutigem Sprachgebrauch wird „handeln" unter anderem gebraucht als Synonym für „bewusst etwas tun" oder für „sich in einer bestimmten Weise verhalten".[146] In der Alltagssprache wird nicht immer zwischen Handlung und Wirkung unterschieden. Tötet etwa ein Täter sein Opfer mit einer Schusswaffe, wird im Anschluss an die Tat in der Berichterstattung für gewöhnlich nicht genau beschrieben, wie der Täter den Abzug der Waffe bediente (Handlung) und die Kugel in den Körper des Opfers eindrang (Wirkung). Unabhängig davon, ob der Täter die Waffe direkt am Körper des Opfers ansetzte oder aus einer Distanz auf sein Opfer schoss, wird man häufig nur verkürzt davon sprechen, dass der Täter sein Opfer „erschossen", „getötet" oder „ermordet" habe. Ebenso wird bei Internetdelikten im allgemeinen Sprachgebrauch häufig nicht unterschieden zwischen dem Ort, an dem die körperliche Tätigkeit ausgeübt wird, und dem Ort, an dem die Wirkung eintritt. Wenn beispielsweise berichtet wird, dass ein Täter kinderpornografische Filme auf eine Internetseite hochgeladen habe, ist damit in der Regel nicht nur gemeint, dass der Täter die Filme von einem internetfähigen Gerät aus ins Internet eingestellt hat, sondern gleichzeitig auch, dass die Inhalte im Internet weltweit abrufbar waren. Damit wird deutlich, dass im allgemeinen Sprachgebrauch sowohl bei klassischen Distanzdelikten als auch bei Internetdelikten nicht immer zwischen Handlung und Wirkung unterschieden wird. Daraus folgt, dass es grundsätzlich möglich ist, das gesamte deliktische Geschehen mit dem Oberbegriff „Handlung" zu beschreiben.[147] Die Ansicht, die annimmt, dass der Täter sowohl an seinem Aufenthaltsort handle als auch dort, wo die Wirkung seines Verhaltens eingetreten sei, überschreitet somit nicht die Grenze des möglichen Wortsinns des § 9 I 1. Var. StGB.[148]

Soweit zur Bestimmung des Handlungsorts bei Internetdelikten ausschließlich auf den Ort der „virtuellen Anwesenheit" des Täters abgestellt wird, werden die Grenzen des Wortlauts überschritten, wenn der Täter –

---

143 BVerfGE 92, 1, 12; BVerfG NJW 2007, 1193 (ebd.); *Roxin/Greco*, AT I, § 5 Rn. 26 ff.

144 Vgl. *T. Walter*, Rhetorikschule, S. 218 f.

145 *Fischer*, § 1 Rn. 21; vgl. BVerfG NJW 2007, 1193 (ebd.).

146 Vgl. Duden, Stichwort „handeln".

147 Vgl. *Namavicius*, S. 48.

148 So bereits *Dombrowski*, S. 26 f. Anders dagegen *Duesberg*, S. 116, 125.

wie bislang üblich – das internetfähige Gerät durch eine Körperbewegung steuert (etwa per Tastatureingabe, Gestensteuerung oder Sprachbefehl). Nach allgemeinem Sprachgebrauch handelt, wer sich bewusst bewegt.[149] Es wäre daher falsch zu sagen, der Täter handle nur im Internet und nicht an dem Ort, an dem er das internetfähige Gerät durch eine gezielte Körperbewegung steuert. Der Handlungsbegriff kann also nicht losgelöst von der körperlichen Tätigkeit betrachtet werden.[150]

Bei der Wortlautauslegung ist entsprechend der herrschenden Meinung[151] maßgebend, welche Bedeutung der Handlungsbegriff in der juristischen Fachsprache hat. Wann eine Handlung vorliegt, ist in der Strafrechtslehre seit Langem umstritten.[152] Gestritten wird um die Voraussetzungen des verbrechenssystematischen Handlungsbegriffs, dem Bezugspunkt für Tatbestandsmäßigkeit, Rechtswidrigkeit und Schuld.[153] Da dasselbe Wort im selben Gesetz unterschiedliche Bedeutungen haben kann,[154] muss der verbrechenssystematische Handlungsbegriff nicht zwingend deckungsgleich sein mit dem Handlungsbegriff des § 9 I StGB.

Herzberg,[155] *Jakobs*[156] und *Welzel*[157] sehen die Aufgabe des verbrechenssystematischen Handlungsbegriffs darin, etwas Allgemeingültiges und Wesentliches über das Verbrechen auszusagen, was dieses als soziales Phänomen und als Grund der Strafe erklärt.[158] In Anknüpfung an die Hegelianer (*Abegg, Berner, Hälschner und Köstlin*)[159] schließt *Jakobs* Unrecht und Schuld in den Handlungsbegriff ein und darüber hinaus auch die kommunikative und gesellschaftliche Bedeutung des Verbrechens.[160] Nach seiner Auffassung umfasst der Handlungsbegriff das gesamte Programm des Strafrechts.[161] *Welzel* entwickelte die finale Handlungslehre, welche die

---

149 Vgl. Duden, Stichwort „handeln".
150 So aber *Mintas*, S. 175 f.
151 *Simon*, S. 82 ff.; *Vogel*, S. 114 f. Kritisch dazu *T. Walter*, Rhetorikschule, S. 221 f.
152 Vgl. *Roxin/Greco*, AT I, § 8 Rn. 7 ff.
153 *Jescheck/Weigend*, S. 218.
154 Vgl. *T. Walter*, Rhetorikschule, S. 222; *Wank*, S. 111 ff.
155 Vgl. *Herzberg*, GA 1996, 1, 5 ff.
156 Vgl. *Jakobs*, Handlungsbegriff, S. 30, 40.
157 Vgl. *Welzel*, § 8 I f.; *ders.*, NJW 1968, 425, 426. *Stopp*, S. 10 ff., zur (auch) nationalsozialistischen Gesinnung *Welzels*.
158 *Puppe*, in: NK, Vorb. § 13 Rn. 48, 50.
159 Stellvertretend *Berner*, S. 113, der feststellte, dass „Verbrechen Handlung ist".
160 *Puppe*, in: NK, Vorb. § 13 Rn. 50; vgl. *T. Walter*, Kern, S. 26.
161 *Jakobs*, Handlungsbegriff, S. 44.

Handlung als willensgetragenes, bewusst vom Ziel her gelenktes Wirken versteht.[162]

Gegen die weiten Handlungsbegriffe spricht, dass sie Komponenten erfassen, die auch im Begriff des Tatbestandes oder im Begriff der Rechtswidrigkeit enthalten sind.[163] Der verbrechenssystematische Handlungsbegriff muss gegenüber Tatbestand, Rechtswidrigkeit und Schuld neutral sein, da er ansonsten keine eigene Funktion hat.[164] Mit der herrschenden Lehre ist daher davon auszugehen, dass dem Tatbestand ein Handlungsbegriff vorgeschaltet ist, dem eine negative Funktion zukommt.[165] Dieser verbrechenssystematische Handlungsbegriff soll solche Phänomene ausschließen, die von vornherein und unabhängig von der wechselnden Beschaffenheit der Tatbestände für eine strafrechtliche Beurteilung nicht in Betracht kommen.[166] Keine Handlungen sind: durch Tiere verursachte Geschehnisse, bloße Gedanken, Reflexbewegungen, Bewegungen im Schlaf oder im Zustand der Bewusstlosigkeit und Bewegungen unter unwiderstehlicher Gewalt (*vis absoluta*).[167]

Unabhängig von den verschiedenen Handlungslehren[168] besteht weitgehend Einigkeit, dass jedenfalls ein willensgetragenes, nach außen tretendes menschliches Verhalten verbrechenssystematisch als „Handlung" einzuordnen ist.[169] Da es auf ein menschliches Verhalten ankommt, sind Akte juristischer Personen nicht erfasst.[170] Auch der Handlungsbegriff des § 9 I StGB kann nur an strafrechtserhebliches menschliches Verhalten anknüpfen.[171] Daher muss er mindestens die Voraussetzungen des verbrechenssys-

---

162 *Welzel*, § 8 I; vgl. *ders.*, NJW 1968, 425, 426.

163 *T. Walter*, Kern, S. 26. Ablehnend auch *Eisele*, in: S/S, Vorb. §§ 13 ff. Rn. 37; *Puppe*, in: NK, Vorb. § 13 Rn. 50; *Schild*, GA 1995, 101, 117 ff.; *Schünemann*, GA 1995, 201, 220 f.

164 *Roxin/Greco*, AT I, § 8 Rn. 3.

165 Vgl. *Eisele*, in: S/S, Vorb. §§ 13 ff. Rn. 37; *Rengier*, AT, § 7 Rn. 7; *Roxin/Greco*, AT I, § 8 Rn. 4; *T. Walter*, Kern, S. 27.

166 *Roxin/Greco*, AT I, § 8 Rn. 4; vgl. *Puppe*, in: NK, Vorb. §§ 13 ff. Rn. 34.

167 *Eisele*, in: Baumann/Weber/Mitsch/Eisele, § 9 Rn. 37 ff.; *Rengier*, AT, § 7 Rn. 7; *T. Walter*, in: LK, Vorb. § 13 Rn. 38.

168 Zu den Handlungslehren *Eisele*, in: Baumann/Weber/Mitsch/Eisele, § 9 Rn. 2 ff., *Puppe*, in: NK, Vorb. §§ 13 ff. Rn. 41 ff.; *Roxin/Greco*, AT I, § 8 Rn. 7 ff.; *T. Walter*, Kern, S. 27 ff.

169 Vgl. *Eisele*, in: Baumann/Weber/Mitsch/Eisele, § 9 Rn. 27; vgl. *Jescheck/Weigend*, S. 222 f.; *Rengier*, AT, § 7 Rn. 8 ff.; *Roxin/Greco*, AT I, § 8 Rn. 44; *Welzel*, NJW 1968, 425, 426.

170 Siehe *Freund*, in: MüKo, Vorb. § 13 Rn. 146; *T. Walter*, in: LK, Vorb. § 13 Rn. 30; vgl. BVerfGE 20, 323, 336; *Zieschang*, GA 2014, 91, 93.

171 Vgl. *Jescheck/Weigend*, S. 218.

tematischen Handlungsbegriffs erfüllen. Bedient ein Täter zur Begehung eines Internetdelikts ein internetfähiges Gerät per Tastatur, Gestensteuerung oder Sprachbefehl, liegt sowohl nach dem verbrechenssystematischen Handlungsbegriff als auch nach dem Handlungsbegriff des § 9 I StGB eine Handlung vor.

Innerhalb der nächsten Jahrzehnte könnte eine Technik Einzug in unseren Alltag finden, die es ermöglichen könnte, allein durch Gedankenkraft Inhalte im Internet zu verbreiten, was zu Abgrenzungsschwierigkeiten hinsichtlich der Handlungsbegriffe führen würde.[172] Derzeit wird an Gehirn-Computer-Schnittstellen (Brain-Computer-Interfaces) geforscht, über die mit der bloßen Kraft der Gedanken Befehle an Computer übertragen werden sollen.[173] Dabei konnten schon beachtliche Erfolge erzielt werden. Ausgangspunkt dieser Forschung ist die Beobachtung, dass bereits das Vorstellen eines bestimmten Verhaltens messbare Veränderungen der elektrischen Hirnaktivität auslöst. Mit Hilfe von EEG-Geräten oder Elektroden, die auf die Schädeldecke gepflanzt werden, sollen diese Veränderungen aufgezeichnet und in Steuersignale umgewandelt werden. Im Mittelpunkt der Forschung steht derzeit der Wunsch, körperlich behinderten Menschen computergestützte Kommunikation und die Steuerung von Prothesen zu ermöglichen. In der Forschungsabteilung von *facebook* wird daran gearbeitet, die Computerbedienung per Gedankenkraft auf die über zwei Milliarden *facebook*-Nutzer auszuweiten: Signale des Gehirns sollen künftig in Schrift umgewandelt und als Textnachrichten unter den Nutzern geteilt werden können.[174] Sobald Gedankenströme durch technische Geräte gemessen und in Steuersignale übersetzt werden, handelt es sich nicht mehr nur um einen Vorgang im Innern des Gehirns, sondern auch um ein äußeres Geschehen. Sofern der Täter durch die Kraft der Gedanken gezielt einen Computer steuert, liegt auch ein willentliches menschliches Verhalten vor, weshalb in solchen Fällen von einer Handlung auszugehen ist. Bei gedankengesteuerter Computernutzung handelt der Täter – wie sonst auch – am Ort seiner körperlichen Anwesenheit, denn dort werden die elektrischen Hirnaktivitäten ausgelesen und treten damit nach außen.

In der juristischen Dogmatik ist die begriffliche Unterscheidung zwischen Handlung und Erfolg wesentlich. Handlung und Erfolg müssen eine ausreichende Beziehung zueinander aufweisen, damit der Erfolg dem Tä-

---

172 Vgl. *T. Walter*, in: LK, Vorb. § 13 Rn. 30.
173 *Decker*, FAW 02.02.2018, S. 59; vgl. bereits *Birnbaum u. a.*, Nature 398 (1999), S. 297 ff.; dort auch zum restlichen Absatz.
174 *Gropp*, FAS 23.04.2017, S. 20.

ter als Ergebnis seiner Handlung zugerechnet werden kann.[175] Beispielsweise ist nach der Äquivalenztheorie (Bedingungstheorie) Ursache nur die
Bedingung, das heißt Handlung, die nicht hinweggedacht werden kann,
ohne dass der Erfolg in seiner konkreten Gestalt entfiele.[176] Auch im Rahmen der objektiven Zurechnung[177] und der Lehre von der wesentlichen
Abweichung des Kausalverlaufs[178] wird zwischen Handlung und Erfolg
unterschieden. Das spricht dafür, dass der Gesetzgeber auch bei der Bestimmung des Tatorts von der Unterscheidung zwischen Handlung und
Erfolg ausgeht und daher in § 9 I StGB eine Anknüpfung sowohl an den
Handlungsort als auch an den Erfolgsort ermöglicht.[179]

2.) Entstehungsgeschichte

§ 9 I StGB unterscheidet in seiner aktuellen Fassung ausdrücklich zwischen
Handlungs- und Erfolgsort. Im Reichsstrafgesetzbuch gab es noch keine
dem heutigen § 9 I StGB entsprechende Regelung. Nach der ursprüngli-
chen Fassung des § 3 RStGB war deutsches Strafrecht dann anwendbar,
wenn der Täter die strafbare Handlung auf dem Gebiet des Deutschen
Reichs „begangen" hat.[180] Das Reichsgericht war bestrebt, den Begriff der
„begangenen" Tat im Sinne des § 3 RStGB weit zu verstehen, um eine
weitreichende Bestrafung nach deutschem Recht zu ermöglichen.[181] Nach
der damals vom Reichsgericht und von einzelnen Autoren vertretenen
Ubiquitätstheorie (Einheitstheorie) wurde eine Tat sowohl am Ort der körperlichen Tätigkeit des Täters als auch am Erfolgsort begangen.[182] Dagegen
wurde in der Literatur mehrheitlich die *Aufenthaltstheorie* (Tätigkeitstheo-
rie) vertreten, nach der eine Tat nur am Ort der körperlichen Anwesenheit
des Täters begangen wurde.[183] *Beling* begründete die Aufenthaltstheorie

---

175 *Jescheck/Weigend*, S. 277.
176 *Rengier*, AT, § 13 Rn. 3; *Roxin/Greco*, AT I, § 11 Rn. 6.
177 Vgl. *Rengier*, AT, § 13 Rn. 46; *Roxin/Greco*, AT I, § 11 Rn. 44 ff.
178 Vgl. BGHSt 48, 34, 37; *Sternberg-Lieben/Schuster*, in: S/S, § 15 Rn. 55.
179 Vgl. *Duesberg*, S. 116 f.
180 Das RStGB von 1871 ist abgedruckt bei *Jeßberger*, S. 304 f., und *Vormbaum/Welp*,
    S. 1 ff.
181 Vgl. RGSt 1, 274, 277; *B. Heinrich*, in: FS-Weber, S. 91, 101 ff.; *Kitzinger*, S. 42 ff.
182 RGSt 23, 155, 156 f.; *v. Hippel*, ZStW 37 (1916), 1, 13 f.
183 *v. Bar*, S. 134 ff.; *v. Beling*, Verbrechen, S. 242; *Kitzinger*, 175 ff.; *ders.*, in: Verglei-
    chende Darstellung, AT 1. Bd., S. 178 ff.; *v. Liszt*, S. 130 f.

mit poetischen Worten: „Der blühende Lindenbaum steht da, und nur da, wo er selber ist, nicht da, wohin der Duft seiner Blüten dringt."[184]

Durch die Geltungsbereichsverordnung von 1940[185] wurde das aktive Personalitätsprinzip im Zeichen einer „völkischen Treuepflicht" zur Grundlage des Internationalen Strafrechts.[186] Der zentrale Anknüpfungspunkt war nicht länger der inländische Tatort, sondern gemäß § 3 I RStGB die deutsche Nationalität des Täters.[187] Das Territorialitätsprinzip blieb als Ergänzung des aktiven Personalitätsprinzips erhalten: Gemäß § 4 I RStGB galt deutsches Strafrecht auch für die im Inland begangenen Taten von Ausländern. Die Geltungsbereichsverordnung von 1940 nahm zahlreiche Änderungsvorschläge der seit Inkrafttreten des RStGB vorgelegten Gesetzesentwürfe auf.[188] Unter anderem folgte der Gesetzgeber der *Ubiquitätstheorie*, indem er in § 3 III RStGB zur Bestimmung des Tatorts gleichrangig an den Handlungsort und den Erfolgsort anknüpfte.[189]

Im Rahmen des Zweiten Strafrechtsreformgesetzes von 1969,[190] das am 1. Januar 1975 in Kraft trat,[191] wurde das Territorialprinzip wieder zum leitenden Prinzip des Internationalen Strafrechts.[192] Damit hatte sich eine Position durchgesetzt, die in der Großen Strafrechtskommission nach kontroverser Diskussion[193] entwickelt worden war und im Wesentlichen auf die Vorschläge *Jeschecks* zurückging.[194] In der Gesetzesbegründung wurde zwar hervorgehoben, dass die Anerkennung des Territorialitätsprinzips eine Rückkehr zum vornationalsozialistischen Strafrecht bedeute.[195] Für die Bestimmung des Tatorts sollten aber weiterhin der Handlungsort und der Erfolgsort maßgebend sein.[196] Entsprechend wurde die Regelung des

---

184 *v. Beling*, Verbrechen, S. 242.
185 RGBl. 1940 I, S. 754 f.
186 Vgl. Entwurf eines deutschen Strafgesetzbuches 1936 nebst Begründung, S. 75; *Jeßberger*, S. 59; *Werle*, S. 309 ff.
187 Die §§ 3 ff. RStGB in der Fassung der Geltungsbereichsverordnung von 1940 sind abgedruckt bei *Jeßberger*, S. 306 ff., und *Vormbaum/Welp*, S. 331 ff.
188 *Jeßberger*, S. 59.
189 *Dombrowski*, S. 37; vgl. *Jeßberger*, S. 59.
190 BGBl. 1969 I, S. 717 ff.
191 BGBl. 1973 I, S. 909 (ebd.).
192 *Zieher*, S. 101. Umfassend dazu *Jeßberger*, S. 65.
193 Hierzu *Eser*, in: FS-Jescheck, S. 1353, 1366 f.
194 *Eser*, in: FS-Jescheck, S. 1353, 1362 ff. Siehe *Jescheck*, in: Strafrechtskommission, S. 12 ff.
195 Siehe BT-Drs. III/2150, S. 99; BT-Drs. IV/650, S. 105.
196 Vgl. BT-Drs. III/2150, S. 107; BT-Drs. IV/650, S. 113; *Kielwein*, in: Strafrechtskommission, S. 18, 20.

§ 3 III RStGB in § 9 I StGB fast wörtlich übernommen. Seit dem Inkrafttreten des Zweiten Strafrechtsreformgesetzes hat der Gesetzgeber bei den §§ 5 und 6 StGB zum Teil erhebliche Änderungen vorgenommen.[197] Die §§ 3 und 9 StGB blieben dagegen bis heute unverändert.[198] Damit zeigt der aktuelle Gesetzgeber, dass er an der in § 9 I StGB festgelegten Unterscheidung zwischen Handlungsort (§ 9 I 1. Var. StGB) und Erfolgsort (§ 9 I 3. Var. StGB) festhalten will und von einem engen Handlungsbegriff ausgeht. Die Regelung des § 9 I 3. Var. StGB, wonach der Tatort anhand des Erfolgsorts bestimmt werden kann, wäre nämlich überflüssig, wenn auch die Wirkung einer Handlung den Handlungsort begründen könnte.[199] Der vom Kammergericht[200] sowie von *Werle* und *Jeßberger*[201] vertretene tatbestandsbezogene Handlungsbegriff missachtet die Unterscheidung zwischen Handlung und Erfolg und ist daher abzulehnen.[202]

3.) Völkerrecht

Würde man die Wirkung als Teil der Handlung betrachten, müsste man bei Internetdelikten in der Regel annehmen, der Täter handle gleichzeitig in allen Ländern der Welt, da Internetinhalte meistens weltweit abrufbar sind.[203] Auf den Großteil der Internetdelikte wäre demnach deutsches Strafrecht anwendbar – unabhängig vom Aufenthaltsort des Täters. Nach dem völkerrechtlichen Nichteinmischungsprinzip setzt die Ausdehnung nationaler Strafgewalt einen *„genuine link"* voraus.[204] Ein Anknüpfungspunkt ist nur dann sinnvoll, wenn er nicht jeden Staat in gleicher Weise betrifft.[205] Sofern Internetinhalte weltweit verfügbar sind, kann ihre Abrufbarkeit daher keinen sinnvollen Anknüpfungspunkt begründen.[206]

---

197 Zu diesen Änderungen *Jeßberger*, S. 75 f.
198 *Jeßberger*, S. 75.
199 Vgl. *Duesberg*, S. 115; *B. Heinrich*, in: FS-Weber, S. 91, 103 f.; *Sieber*, NJW 1999, 2065, 2070.
200 KG NJW 1999, 3500, 3502.
201 *Werle/Jeßberger*, in: LK, § 9 Rn. 82; vgl. *dieselben*, JuS 2001, 35, 39.
202 Vgl. BGH NStZ 2015, 81, 82 Rn. 9; *S. Bosch*, S. 95 f.; *T. Walter*, JuS 2006, 870, 872.
203 *Duesberg*, S. 117; vgl. *Hilgendorf*, ZStW 113 (2001), 650, 665 f.
204 Siehe 1. Kap. I 2; *T. Walter*, JuS 2006, 870, 871.
205 *Jeßberger*, JR 2001, 429, 434; vgl. *Cornils*, JZ 1999, 394, 395.
206 *Duesberg*, S. 119; *Jeßberger*, JR 2001, 429, 434; vgl. *Ambos*, in: MüKo, § 9 Rn. 34; *Dombrowski*, S. 60 f.; *Hilgendorf*, ZStW 113 (2001), 650, 660 f.; *ders.*, NJW 1997, 1873, 1877; dort auch zum folgenden Satz.

Keine sinnvollen Anknüpfungspunkte sind auch die in der Literatur zur Abgrenzung vorgeschlagenen Kriterien. Die Verwendung der deutschen Sprache begründet keinen eindeutigen Bezug zu Deutschland, denn schließlich wird auch in anderen Ländern deutsch gesprochen – in Österreich, der Schweiz, Belgien, Luxemburg und Liechtenstein ist Deutsch als Amtssprache anerkannt. Außerdem kann auch ein auf Englisch verfasster Text einen besonderen Bezug zu Deutschland aufweisen. Der Serverstandort kann ebenso wenig einen sinnvollen Anknüpfungspunkt liefern, da es bei der Datenübertragung via Internet letztlich vom Zufall abhängt, über welchen Server sie erfolgt.[207] Auch der direkte Vorsatz des Täters, die strafbaren Internetinhalte in Deutschland wahrnehmbar zu machen, genügt nicht, um die Anwendbarkeit des deutschen Strafrechts zu begründen. Handlungs- und Erfolgsort sind objektive Anknüpfungskriterien. Sofern sie nicht nach objektiven Maßstäben bestimmt werden können, darf das nicht durch subjektive Kriterien überspielt werden.[208] Da sinnvolle Anknüpfungspunkte fehlen, verstieße es gegen das völkerrechtliche Nichteinmischungsprinzip, die Wirkung der Handlung als Teil der Handlung zu betrachten.[209] Die völkerrechtskonforme Auslegung bestätigt somit, dass zur Bestimmung des Handlungsorts bei Internetdelikten ausschließlich auf den Ort abgestellt werden kann, an dem der Täter bei der Tatausführung körperlich anwesend ist.

4.) Zurechnung des Serverstandorts

Der elektronische Speichervorgang auf einem Server ist die Wirkung, die durch die Bedienung eines internetfähigen Geräts verursacht wird.[210] Da die Wirkung nicht Teil der Handlung ist, handelt der Täter nicht selbst am Standort des Servers, auf dem er strafbare Inhalte speichert. Es stellt sich aber die Frage, ob zur Bestimmung des Handlungsorts angeknüpft werden kann an die Handlungen der Mitarbeiter des Serverbetreibers am Standort des Servers. Nach herrschender Auffassung kann einem mittelbaren Täter

---

207 Siehe *B. Heinrich*, in: FS-Weber, S. 91, 99 f.; *Hilgendorf/Valerius*, Rn. 150; *Werle/Jeßberger*, in: LK, § 9 Rn. 80.
208 *Ambos*, in: MüKo, § 9 Rn. 30; vgl. *Hilgendorf*, NJW 1997, 1873, 1876; *Roegele*, S. 142 f.
209 Vgl. *Duesberg*, S. 117 f.; *Hilgendorf*, NJW 1997, 1873, 1874. Ausführlich zu den völkerrechtlichen Hintergründen *Dombrowski*, S. 47 ff.
210 So bereits *Duesberg*, S. 124. Anders dagegen *Cornils*, JZ 1999, 394, 396 f.; *dies.*, in: Recht und Internet, S. 71, 79 ff.

die Handlung seines Tatmittlers gemäß § 25 I 2. Var. StGB zugerechnet werden.[211] Daher können sowohl der Handlungsort des Hintermanns als auch der Handlungsort des Tatmittlers den inländischen Tatort begründen. Die mittelbare Täterschaft setzt ein „menschliches Werkzeug" voraus, da die Tat gemäß § 25 I 2. Var. StGB „durch einen anderen" begangen werden muss.[212] Übermittelt ein Täter beispielsweise vom Ausland aus einen Brief mit beleidigendem Inhalt per Post an einen Empfänger in Deutschland, dient der vorsatzlos handelnde Postbote als „menschliches Werkzeug". Das Zustellen des Briefes ist dem Täter über die Figur der mittelbaren Täterschaft zuzurechnen, so dass deutsches Strafrecht zur Anwendung kommt.[213] Werden Inhalte über einen Server ins Internet gestellt, führt der Server zwar die Befehle aus, die von den Mitarbeitern des Server-Betreibers zuvor programmiert wurden. Die Mitarbeiter des Serverbetreibers werden dadurch aber nicht zu „menschlichen Werkzeugen", da die Datenverarbeitung automatisch erfolgt. Sobald das Server-Programm reibungslos arbeitet, ist für das Hochladen der Inhalte kein menschliches Zutun mehr erforderlich. Der Serverstandort kann dem Täter daher nicht über § 25 I 2. Var. StGB als Handlungsort zugerechnet werden.[214]

5.) Zwischenergebnis

Der Handlungsort befindet sich bei Internetdelikten ausschließlich dort, wo der Täter körperlich anwesend ist, während er die strafbaren Inhalte via Internet verbreitet. Auf die Wirkung der Handlung und den Standort des Servers darf zur Bestimmung des Handlungsorts nicht abgestellt werden.

---

211 *Heger*, in: Lackner/Kühl, § 9 Rn. 2; *Rotsch*, ZIS 2010, 168, 173; *T. Walter*, JuS 2006, 870, 872; *Werle/Jeßberger*, in: LK, § 9 Rn. 14. Gegen eine Zurechnung *B. Heinrich*, in: FS-Weber, S. 91, 106 ff., und *Hoyer*, in: SK, § 9 Rn. 5.

212 Vgl. *Fischer*, § 25 Rn. 5; *Rengier*, AT, § 43 Rn. 1.

213 Vgl. BGH wistra 1991, 135 (ebd.). Zum alten Recht RGSt 10, 420, 422 f. Ablehnend *B. Heinrich*, in: FS-Weber, S. 91, 10 ff.

214 So im Ergebnis bereits BGH NStZ 2015, 81, 82 Rn. 10. Vgl. *Dombrowski*, S. 30 f.; *Mintas*, S. 135 f.

4. Kapitel: Der Erfolgsort bei Internetdelikten

I. Zum Ergebnis

In diesem Kapitel komme ich zu folgendem Ergebnis: Da der Erfolg die Vollendung des objektiven Tatbestands eines Delikts ist, gibt es bei Internetdelikten (wie bei allen Delikten) einen Erfolgsort im Sinne des § 9 I StGB. Bei den meisten Internetdelikten genügt für die Vollendung, dass der Inhalt *wahrnehmbar* ist. Wahrnehmbarkeit bedeutet die Abrufbarkeit eines Inhalts im Internet. Sofern Internetdelikte lediglich die Wahrnehmbarkeit des Inhalts verlangen, bietet die länderspezifische Top-Level-Domain (TLD) einen *„genuine link"* im Sinne des Völkerrechts, um den Erfolgsort zu bestimmen. Werden strafbare Inhalte auf einer Internetseite veröffentlicht, deren Domainname eine länderspezifische TLD wie beispielsweise *.de* oder *.uk* enthält, dann liegt der Erfolgsort in dem Land, das der TLD zugeordnet wird.

II. Die Streitfragen

Die folgenden Fragen stehen im Mittelpunkt der Diskussion um die Anwendbarkeit des deutschen Strafrechts bei Straftaten via Internet: Haben Internetdelikte einen „zum Tatbestand gehörenden Erfolg" im Sinne des § 9 I StGB, wenn sie als *abstrakte* Gefährdungsdelikte ausgestaltet sind? Und wo liegt ihr Erfolgsort gegebenenfalls? Bei beiden Fragen geht es unter anderem darum, wie deutsche Strafverfolgungsinteressen mit den Souveränitätsinteressen anderer Staaten in einen angemessenen Ausgleich gebracht werden können.

Bei Verletzungs- und *konkreten* Gefährdungsdelikten gibt es unstreitig einen Erfolgsort.[215] Er befindet sich bei Verletzungsdelikten dort, wo die Verletzung eingetreten ist, und bei *konkreten* Gefährdungsdelikten dort, wo es zur konkreten Gefährdung kam. Die meisten Internetdelikte (via Internet begangene Verbreitungs- und Äußerungsdelikte) sind jedoch *abstrakte* Gefährdungsdelikte, zum Beispiel die §§ 86, 86a, 111, 130, 130a, 186

---

215 Vgl. *Ambos*, in: MüKo, § 9 Rn. 19; *Rengier*, AT, § 6 Rn. 12; *Satzger*, in: S/S/W, § 9 Rn. 6; *dort* auch zum folgenden Satz.

und 184d.[216] Eine wichtige Ausnahme ist die Beleidigung (§ 185 StGB), die nach herrschender Auffassung als Verletzungsdelikt einzuordnen ist.[217]

Ob bei abstrakten Gefährdungsdelikten ein „zum Tatbestand gehörender Erfolg" im Sinne des § 9 I StGB angenommen werden kann, wird in Literatur[218] und Rechtsprechung[219] intensiv diskutiert. Der Streit ist von Bedeutung, wenn vom Ausland aus strafbare Inhalte ins Internet gestellt werden, die von Deutschland aus abrufbar sind. Da in solchen Fällen nicht an den Handlungsort angeknüpft werden kann,[220] kommt es im Rahmen des Territorialitätsprinzips darauf an, ob die Abrufbarkeit der Inhalte genügt, um einen deutschen Erfolgsort zu begründen.

III. Auffassungen in der Literatur

1.) Ablehnung eines Erfolgs bei abstrakten Gefährdungsdelikten

In der Literatur wird mehrheitlich die Auffassung vertreten, abstrakte Gefährdungsdelikte hätten keinen Erfolg im Sinne des § 9 I StGB.[221] Die Vertreter dieser Auffassung stützen sich überwiegend auf die von der herrschenden Dogmatik vorgenommene Unterscheidung zwischen Erfolgs-

---

216 Vgl. *Busching*, MMR 2015, 295, 296; *Rengier*, AT, § 6 Rn. 14; *Werle/Jeßberger*, in: LK, § 9 Rn. 90.

217 *Regge/Pegel*, in: MüKo, § 185 Rn. 3; *Sinn*, in: S/S/W, § 185 Rn. 3. Für die Einordung als *konkretes* Gefährdungsdelikt *Fischer*, § 185 Rn. 1.

218 Siehe jeweils mit weiteren Nachweisen *Ambos*, in: MüKo, § 9 Rn. 27 ff.; *Böse*, in: NK, § 9 Rn. 10 ff.; *Busching*, MMR 2015, 295, 297 ff.; *Fischer*, § 9 Rn. 5c; *Handel*, MMR 2017, 227, 228; *Hecker*, JuS 2015, 274, 275 f.; *Kudlich/Berberich*, NStZ 2019, 633 ff.

219 Siehe BGH NStZ 2017, 146, 147; BGH NStZ 2015, 81, 82; BGHSt 46, 212, 220 ff.; 42, 235, 242 f.; KG NJW 1999, 3500, 3501 f.; LG Stuttgart MMR 2015, 347, 348.

220 Siehe 3. Kap. V 5.

221 *Böse*, in: NK, § 9 Rn. 11; *S. Bosch*, S. 101; *Breuer*, MMR 1998, 141, 142; *Cornils*, JZ 1999, 394, 395 f.; *Dombrowski*, S. 181; *Duesberg*, S. 132 ff.; *Eser/Weißer*, in: S/S, § 9 Rn. 6a; *Handel*, ZUM-RD 2017, 202, 204; *ders.*, MMR 2017, 227, 228; *Heger*, in: Lackner/Kühl, § 9 Rn. 2; *Hilgendorf*, ZStW 113 (2001), 650, 667; *ders.*, NJW 1997, 1873, 1875; *Jansen*, S. 79 f.; *Kienle*, S. 182; *Klengel/Heckler*, CR 2001, 243, 248; *A. Koch*, JuS 2002, 123, 124 f.; *Roegele*, S. 147 f.; *Satzger*, § 5 Rn. 27; *ders.*, JURA (JK) 2017, 361 (ebd.); *ders.*, in: S/S/W, § 9 Rn. 7; *ders.*, JURA 2010, 108, 112 f.; *Schmitt*, in: FS-Würzburger Juristenfakultät, S. 357, 371 f.

und sogenannten Tätigkeitsdelikten.[222] Da nach dieser Dogmatik abstrakte Gefährdungsdelikte (stets oder typischerweise) keine Erfolgsdelikte, sondern Tätigkeitsdelikte sind,[223] könnten sie keinen Erfolg im Sinne des § 9 I StGB haben.[224]

Dass der Gesetzgeber im Zuge des Zweiten Strafrechtsreformgesetzes von 1969 vor dem Wort „Erfolg" den Zusatz „zum Tatbestand gehörende" eingefügt habe, zeige, dass bei § 9 I StGB nur der im jeweiligen Tatbestand umschriebene Erfolg in Frage komme, nicht dagegen weitere schädliche Wirkungen.[225] Es sei mit dem Wortlaut nicht zu vereinbaren, abstrakte Gefährdungsdelikte als „Erfolg" im Sinne des § 9 I StGB einzuordnen.[226] Die abstrakte Gefahr sei nur Attribut der gesetzlich umschriebenen Handlung, nicht aber ihr „Erfolg" als ein weiteres zur Tathandlung hinzukommendes Merkmal.[227]

Es verstieße gegen das Völkerrecht, bei abstrakten Gefährdungsdelikten einen Erfolg im Sinne des § 9 I StGB anzunehmen, da eine abstrakte Gefahr, die weltweit bestehe, keinen hinreichenden Anknüpfungspunkt für den Strafanspruch eines bestimmten Staates biete.[228] Würde jeder Staat sein Strafrecht derart weit ausdehnen, müssten Internetnutzer ihr Verhalten an alle Strafrechtsordnungen der Welt anpassen.[229]

Bei einer weiten Interpretation des § 9 I StGB wären deutsche Strafverfolgungsbehörden aufgrund des Legalitätsprinzips (§ 152 StPO) grundsätzlich verpflichtet, bei allen Internetdelikten einzuschreiten, wenn die Inhalte – wie fast immer – in Deutschland abrufbar wären.[230] Die Einstellung nach § 153c III StPO (§ 153c II StPO a. F.) sei nur ausnahmsweise möglich,

---

222 Siehe zum Beispiel *Böse*, in: NK, § 9 Rn. 11; *Hilgendorf*, NJW 1997, 1873, 1875; *Satzger*, § 5 Rn. 27; *ders.*, JURA 2010, 108, 112 f. Differenzierend *Jansen*, S. 34 f., 62.

223 Vgl. *Jescheck/Weigend*, S. 264; *Rengier*, AT, § 10 Rn. 11; *Satzger*, § 5 Rn. 27; *ders.*, JURA 2010, 108, 112 f.

224 Vgl. *Böse*, in: NK, § 9 Rn. 11; *Heger*, in: Lackner/Kühl, § 9 Rn. 2; *Hilgendorf*, NJW 1997, 1873, 1875; *Satzger*, § 5 Rn. 27; *ders.*, JURA 2010, 108, 112 f.

225 *Breuer*, MMR 1998, 141, 142; *Hilgendorf*, NJW 1997, 1873, 1874 f.; vgl. *Handel*, ZUM-RD 2017, 202, 204.

226 *Hilgendorf*, NJW 1997, 1873, 1875; *Roegele*, S. 137 f.

227 *Klengel/Heckler*, CR 2001, 243, 248; *Roegele*, S. 138; *Satzger*, NStZ 1998, 112, 115.

228 *Cornils*, JZ 1999, 394, 395; *Handel*, MMR 2017, 227, 228; *Roegele*, S. 138 f. Ausführlich zu den völkerrechtlichen Hintergründen *Dombrowski*, S. 47 ff.

229 *Bochmann*, S. 54 f.; *Lenz*, in: FS-Nishihara, S. 467, 474; *Satzger*, Jura 2010, 108, 115; vgl. *Ambos*, in: MüKo, § 9 Rn. 31.

230 *Hilgendorf*, NJW 1997, 1873, 1874; *A. Koch*, JuS 2002, 123, 124; *Park*, GA 2001, 23, 27; *Schmitt*, in: FS-Würzburger Juristenfakultät, S. 357, 368.

da dafür die Gefahr eines schweren Nachteils für die Bundesrepublik Deutschland oder die Verletzung sonstiger überwiegender öffentlicher Interessen erforderlich sei.[231] Eine Allzuständigkeit deutscher Strafverfolgungsorgane für alle Straftaten im Internet sei politisch brisant, da sie im Ausland als neue Version der Parole „am deutschen Wesen soll die Welt genesen" erscheinen müsse.[232] Deutsche Strafverfolgungsbehörden könnten den Rechtsgüterschutz außerdem nicht weltweit gewährleisten, so dass die globale Anwendbarkeit des deutschen Strafrechts auf alle Internetdelikte lediglich symbolischen Charakter hätte.[233]

Manche Autoren verweisen auf § 5 StGB, der einige abstrakte Gefährdungsdelikte nennt, wie etwa die Verfassungsfeindliche Einwirkung auf Bundeswehr und öffentliche Sicherheitsorgane (§ 89 StGB) in § 5 Nr. 3 Buchst. a StGB oder die Aussagedelikte (§§ 153 bis 156 StGB) in § 5 Nr. 10 StGB. Ihr Argument: Besäßen abstrakte Gefährdungsdelikte einen Erfolg, hätte der Gesetzgeber diese Delikte nicht in § 5 StGB aufführen müssen, da dann deutsches Strafrecht bereits über §§ 3, 9 I StGB zur Anwendung käme.[234]

Außerdem wird argumentiert, dass Wertungswidersprüche entstünden, wenn die dem Weltrechtsprinzip gemäß § 6 StGB unterfallenden Straftaten nur unter dem zusätzlichen Erfordernis eines legitimierenden Anknüpfungspunkts verfolgt werden könnten, während auf andere Straftaten gemäß § 9 I StGB deutsches Strafrecht ohne zusätzliche Anforderungen anwendbar sei.[235] Die Anwendung des § 9 I StGB auf abstrakte Gefährdungsdelikte bedeute eine unzulässige Einführung des Weltrechtsprinzips „durch die Hintertür".[236]

A. Koch ist zwar der Ansicht, der Gesetzgeber habe mit der Ergänzung des § 9 I StGB um die Formulierung „zum Tatbestand gehörende" nicht bezweckt, abstrakte Gefährdungsdelikte vom Anwendungsbereich des § 9 I StGB auszuschließen.[237] Da sich die technischen Voraussetzungen durch die Einführung des Internets grundlegend geändert hätten, sei aber nicht der Wille des historischen Gesetzgebers maßgeblich, sondern der Wortlaut

---

231 *Hilgendorf*, NJW 1997, 1873, 1874; vgl. *A. Koch*, JuS 2002, 123, 124; *Park*, GA 2001, 23, 27. *Kappel*, S. 250, geht dagegen davon aus, dass bei Internetdelikte eine Einstellung nach § 153c III StPO in der Regel möglich sei.

232 *Hilgendorf*, NJW 1997, 1873, 1874; vgl. *A. Koch*, JuS 2002, 123, 124.

233 *Schmitt*, in: FS-Würzburger Juristenfakultät, S. 357, 372.

234 Siehe *Duesberg*, S. 135; *Satzger*, § 5 Rn. 29; *ders.*, NStZ 1998, 112, 116.

235 *Lenz*, in: FS-Nishihara, S. 467, 476 f.

236 *Hilgendorf*, NJW 1997, 1873, 1877 f.; vgl. *A. Koch*, JuS 2002, 123, 124.

237 *A. Koch*, JuS 2002, 123, 125; dort auch zum folgenden Satz.

des § 9 I StGB, der es verbiete, bei abstrakten Gefährdungsdelikten einen Erfolgsort anzunehmen.

Einige Autoren, die bei abstrakten Gefährdungsdelikten einen Erfolg gemäß § 9 I StGB grundsätzlich ablehnen, meinen, bei bestimmten abstrakten Gefährdungsdelikten werde der Erfolgsort ausnahmsweise durch sogenannte Zwischenerfolge begründet.[238] Solche Zwischenerfolge gebe es, wenn der Tatbestand nicht nur eine gefährliche Handlung verlange, sondern zusätzlich eine „stabile" Veränderung der Außenwelt.[239] Beim abstrakten Gefährdungsdelikt der schweren Brandstiftung (§ 306a StGB)[240] sei beispielsweise der Ort des durch den Brand beschädigten oder zerstörten Objekts ein Erfolgsort, da sich dort die Wirkung der Tathandlung (Inbrandsetzen) in einer stabilen Zustandsveränderung äußere.[241]

2.) Annahme eines Erfolgs bei abstrakten Gefährdungsdelikten

Die verbreitete Gegenauffassung hält bei (allen) abstrakten Gefährdungsdelikten den Eintritt eines Erfolgs im Sinne des § 9 I StGB für möglich.[242] Der „zum Tatbestand gehörende Erfolg" sei die (Außenwelt-)Wirkung, die von dem tatbestandlichen Ereignis ausgehe.[243] Eine solche Wirkung sei auch das Hervorrufen einer vom Tatbestand vorausgesetzten abstrakten Gefahr. Der Erfolgsort abstrakter Gefährdungsdelikte liege dort, wo die tatbestandlich relevante Gefahr eintreten könne.[244] Das Eintreten einer Verletzung oder konkreten Gefährdung sei ein wichtiges Indiz dafür, dass zuvor eine abstrakte Gefahr bestand.[245] Der Wortlaut des § 9 I StGB schließe abstrakte Gefährdungsdelikte nicht aus, da der „zum Tatbestand gehö-

---

238 Siehe *Böse*, in: NK, § 9 Rn. 10; *Hilgendorf*, NJW 1997, 1873, 1875; *Satzger*, § 5 Rn. 30; *ders.*, in: S/S/W, § 9 Rn. 7.

239 *Satzger*, § 5 Rn. 30; *ders.*, JURA 2010, 108, 113. Ähnlich *Böse*, in: NK, § 9 Rn. 10.

240 Zur Einordnung des § 306a StGB als abstraktes Gefährdungsdelikt *Kargl*, in: NK, § 306a Rn. 2.

241 *Satzger*, § 5 Rn. 30; vgl. *Böse*, in: NK, § 9 Rn. 10.

242 *Hecker*, § 2 Rn. 40 f.; *ders.*, JuS 2015, 274, 275; *ders.*, ZIS 2011, 398, 399 ff.; *B. Heinrich*, GA 1999, 72, 77 ff.; *Hoyer*, in: SK, § 9 Rn. 7; *Hölzel*, S. 211 ff.; *Hörnle*, in: MüKo, § 184d Rn. 50; *Jofer*, S. 106 ff.; *Lehle*, S. 189; *Martin*, ZRP 1992, 19, 26; *ders.*, S. 118 ff.; *Mintas*, S. 152 ff.; *Rengier*, AT, § 6 Rn. 16 f.; *T. Walter*, JuS 2006, 870, 872; *Werle/Jeßberger*, in: LK, § 9 Rn. 32 ff.

243 Siehe *Hecker*, § 2 Rn. 40 f.; *ders.*, JuS 2015, 274, 275; *B. Heinrich*, GA 1999, 72, 79; *Martin*, S. 84 ff.; *Rengier*, AT, § 6 Rn. 16; dort auch zum folgenden Satz.

244 *Martin*, S. 119 ff.; *Werle/Jeßberger*, in: LK, § 9 Rn. 32 ff., 89.

245 *Hecker*, § 2 Rn. 40; *B. Heinrich*, GA 1999, 72, 81 f.

rende Erfolg" auch an anderen Stellen im StGB abstrakte Gefährdungsdelikte erfasse – etwa bei § 13 I StGB (Begehen durch Unterlassen) und bei § 78a S. 2 StGB (Verjährungsbeginn).[246] Ein eng verstandener Erfolgsbegriff führe zum „paradoxen" Ergebnis, dass die Rechtsgüter, die der Gesetzgeber durch eine Vorverlagerung der Strafbarkeit besonders schützen wolle, nicht vom Schutz des Strafrechts erfasst seien.[247] Die materielle Ausdehnung der Strafbarkeit sei daher verknüpft mit einer entsprechenden räumlichen Ausdehnung des deutschen Strafrechts: Je weiter die Strafbarkeit ins Vorfeld verlagert werde, desto weiter sei der räumliche Geltungsbereich.[248]

Martin verweist in seiner Argumentation auf ein Problem, das hauptsächlich bei § 306a I StGB diskutiert wird.[249] Dort nimmt eine verbreitete Ansicht an, die Strafbarkeit sei mit dem Schuldgrundsatz unvereinbar, wenn die zu beurteilende Tat, trotz formeller Erfüllung des Tatbestands, im konkreten Fall eindeutig ungefährlich sei, weil der Täter sich durch absolut zuverlässige und lückenlose Maßnahmen vergewissert habe, dass die tatbestandlich vorausgesetzte Gefährdung mit Sicherheit nicht eintreten könne.[250] Das zeige, dass der Eintritt einer Gefahr das ausschlaggebende Kriterium für die Strafbarkeit abstrakter Gefährdungsdelikte sei. Die abstrakte Gefahr sei daher ein ungeschriebenes Tatbestandsmerkmal abstrakter Gefährdungsdelikte, dessen Erfüllung den Erfolgsort begründe.

Hölzel und *T. Walter* sind der Auffassung, dass es keine Tätigkeitsdelikte, sondern nur Erfolgsdelikte gebe.[251] Dementsprechend habe jeder Straftatbestand einen Erfolgsort – auch abstrakte Gefährdungsdelikte.[252] Beide Autoren stellen zur Bestimmung des Erfolgsorts darauf ab, wo die zur Vollendung erforderlichen Umstände eintreten.[253]

Sieber meint, der „Erfolg" im Sinne des § 9 I StGB unterscheide sich vom Erfolgsbegriff der allgemeinen Tatbestandslehre.[254] Bei § 9 I StGB umfasse

---

246 *Hecker*, § 2 Rn. 40; *B. Heinrich*, GA 1999, 72, 77 f.; *Martin*, ZRP 1992, 19 (ebd.).

247 *Hecker*, ZStW 115 (2003), 880, 888; *B. Heinrich*, GA 1999, 72, 81; vgl. *Tiedemann/ Kindhäuser*, NStZ 1988, 337, 346.

248 *Martin*, ZRP 1992, 19, 20 f.; vgl. *Jofer*, S. 108; dort auch zum folgenden Satz.

249 *Martin*, ZRP 1992, 19, 20; *ders.*, S. 57 ff.; dem folgend *Hecker*, § 2 Rn. 40; *ders*, JuS 2015, 274, 276, *B. Heinrich*, GA 1999, 72, 79 f., und *Lehle*, S. 102 f.; dort auch zum restlichen Absatz.

250 Siehe *Heine/N. Bosch*, in: S/S, § 306a Rn. 2; *Wolters*, in: S/S/W, § 306a Rn. 20; vgl. BGHSt 26, 121, 123 ff. Ablehnend *Rengier*, BT II, § 40 Rn. 32 m.w.N.

251 *Hölzel*, S. 221 ff.; *T. Walter*, in: FS-Beulke, S. 327 ff.; *ders.*, Kern, S. 16 ff. Ausführlich zu dieser Auffassung 4. Kap. V 1 b bb.

252 *T. Walter*, in: FS-Beulke, S. 327, 338; vgl. *Hölzel*, S. 211 ff.

253 *Hölzel*, S. 211 ff.; *T. Walter*, JuS 2006, 870, 872 f.

254 *Sieber*, NJW 1999, 2065, 2068 ff.; dort auch zum restlichen Absatz.

der Erfolg unabhängig von der Einordnung einer Strafnorm als Erfolgs- oder Gefährdungsdelikt jede vom Täter verursachte, ihm zurechenbare und im einschlägigen Tatbestand genannte Folge seiner Handlung. Diese Folgen nennt *Sieber* „Tathandlungserfolge". Er differenziert zwischen „Push-Technologien", bei denen Daten aktiv auf Rechnersysteme übertragen werden, und „Pull-Technologien", bei denen Daten von den Internetnutzern „geholt" werden. Für die Begründung des Erfolgsorts komme es darauf an, dass der Täter die Daten gezielt per „Push-Technologie" ins Inland übermittle.[255] Die bloße Abrufbarkeit der strafbaren Inhalte von einem ausländischen Server über die „Pull-Technologie" begründe dagegen keinen inländischen Erfolgsort.

3.) Ansätze zur Einschränkung des Erfolgsorts

Eine grenzenlose Anwendbarkeit des deutschen Strafrechts auf alle Internetdelikte wollen viele durch die Forderung nach einem besonderen Inlandsbezug vermeiden.[256] Zum Teil wird eine Einschränkung des Erfolgsorts selbst von Autoren verlangt, die abstrakten Gefährdungsdelikten einen „zum Tatbestand gehörenden" Erfolg absprechen.[257] Auch wenn man nur bei Verletzungsdelikten und konkreten Gefährdungsdelikten einen Erfolg annehme, sei die Reichweite des § 9 I StGB zu weit.[258] Nähme man den Gesetzestext wörtlich, so müsste deutsches Strafrecht beispielsweise selbst dann angewendet werden, wenn ein Amerikaner einen Landsmann auf einer Internetseite beschimpfe und ein Deutscher dies von Deutschland aus lese, da die Beleidigung (§ 185 StGB) ein Erfolgsdelikt sei, und ihr Erfolg überall dort eintrete, wo sie wahrnehmbar sei.[259] Der besondere Inlandsbezug wird überwiegend nach objektiven Kriterien bestimmt und beispielsweise dann angenommen, wenn die deutsche

---

255 *Sieber*, NJW 1999, 2065, 2071 f.

256 Siehe jeweils m.w.N. *Hecker*, JuS 2015, 274, 276, und *Rengier*, AT, § 6 Rn. 18 f. *Hilgendorf*, NJW 1997, 1873, 1876 f., hat dafür den Begriff „territoriale Spezifizierung" eingeführt.

257 So etwa *Breuer*, MMR 1998, 141, 144, *Hilgendorf*, NJW 1997, 1873, 1876, und *A. Koch*, JuS 2002, 123, 126.

258 *Breuer*, MMR 1998, 141, 142; *Hilgendorf*, NJW 1997, 1873, 1876.

259 *Breuer*, MMR 1998, 141, 142; *Hilgendorf*, ZStW 113 (2001), 650, 663. Ausführlich zu den strafrechtlichen Besonderheiten bei Beleidigungen via Internet *Beck*, MMR 2009, 736 ff., und *Hilgendorf*, ZIS 2010, 208 ff.

Sprache verwendet wird,[260] der Täter oder das Opfer die deutsche Staatsbürgerschaft hat[261] oder sonst ein spezifischer Bezug zu Deutschland besteht[262]. Zum Teil wird vorgeschlagen, bei Internetdelikten zur Einschränkung des § 9 I StGB auf Anknüpfungspunkte des § 7 StGB abzustellen.[263] *Kienle* meint, das Prinzip der identischen Norm (§ 7 I StGB) müsse analog angewendet werden.[264] Deutsches Strafrecht sei daher bei Internetdelikten nur anwendbar, wenn die Tat auch am Handlungsort mit Strafe bedroht sei. Auch *Kappel* ist dafür, das Prinzip der identischen Norm analog anzuwenden.[265] Anders als *Kienle* hält er aber nicht allein die Strafbarkeit am Handlungsort für maßgeblich, sondern zusätzlich die Strafbarkeit am Ort der Wahrnehmung. *Breuer* zieht das aktive und das passive Personalitätsprinzip heran und nimmt entsprechend an, eine Inlandstat eines vom Ausland aus handelnden Täters liege bei Internetdelikten nur dann vor, wenn der zum Tatbestand gehörende Erfolg in Deutschland eingetreten sei *und* sich die Tat gegen einen Deutschen richte (§ 7 I StGB analog), der Täter zur Zeit der Tat Deutscher gewesen oder nach der Tat geworden sei (§ 7 II Nr. 1 StGB analog) oder der Täter zur Zeit der Tat Ausländer gewesen sei, im Inland betroffen sei und nicht ausgeliefert werde (§ 7 II Nr. 2 StGB analog).[266] Sie nimmt keinen Bezug auf die weiteren Voraussetzungen des § 7 StGB, wonach entweder die Tat am Tatort mit Strafe bedroht sein muss oder der Tatort keiner Strafgewalt unterliegen darf.

Manche Autoren wollen den Erfolgsort bei Internetdelikten (auch) durch subjektive Kriterien einschränken.[267] Voraussetzung für die Anwendbarkeit des deutschen Strafrechts sei, dass der Täter mit dem „finalen Interesse" (gemeint ist: direkter Vorsatz) handle, die Inhalte in Deutschland zu verbreiten.[268]

Körber schlägt vor, den Sachverhalt zuerst nach deutschem Recht zu beurteilen und anschließend zu untersuchen, ob man im Falle einer Verur-

---

260 *Hilgendorf*, NJW 1997, 1873, 1877; *Lehle*, S. 135; vgl. für Österreich *Plöckinger*, ÖJZ 2001, 798, 802.
261 *Breuer*, MMR 1998, 141, 144; *Hilgendorf*, NJW 1997, 1873, 1877.
262 *Hilgendorf*, NJW 1997, 1873, 1877; vgl. für Österreich *Plöckinger*, ÖJZ 2001, 798, 802.
263 *Breuer*, MMR 1998, 141, 144; *Kappel*, S. 250; *Kienle*, S. 173 ff., 186.
264 *Kienle*, S. 173 ff., 186; dort auch zum folgenden Satz.
265 *Kappel*, S. 250; dort auch zum folgenden Satz.
266 *Breuer*, MMR 1998, 141, 144; dort auch zum folgenden Satz.
267 Siehe *Collardin*, CR 1995, 618, 621; *Lehle*, S. 175; *Paramonova*, S. 281.
268 *Collardin*, CR 1995, 618, 621; vgl. *Lehle*, S. 175.

teilung in einen völkerrechtlichen Konflikt geriete.[269] Sofern ein völkerrechtlicher Konflikt bestände, sei eine Einschränkung nach völkerrechtlichen Grundsätzen erforderlich. Mit der Strafverfolgung solle der deutsche Staat nur betraut werden, wenn er die Kapazität für die Strafverfolgung habe und wenn ihm im Vergleich zu anderen Staaten das „bessere" Recht zustehe.[270]

4.) Anknüpfung an den Tatbegriff

Duesberg nimmt an, abstrakte Gefährdungsdelikte hätten keinen Erfolg.[271] Er wählt zur Auslegung der §§ 3 und 9 I StGB einen neuen Weg, indem er untersucht, welcher Tatbegriff den beiden Paragrafen zu Grunde liege.[272] Dabei kommt er zu dem Schluss, dass der Tatbegriff in §§ 3 und 9 I StGB prozessual zu verstehen sei und deshalb zur Bestimmung des Tatorts die gesamte prozessuale Tat maßgebend sei.[273] Bei einem abstrakten Gefährdungsdelikt, dessen tatbestandsmäßige Handlung im Ausland stattfinde, sei daher deutsches Strafrecht anwendbar, sofern der Täter im Rahmen desselben untrennbar zusammengehörigen Geschehens ein Delikt verwirkliche, bei dem entweder die Handlung oder der Erfolg im Inland liege. Wenn etwa ein vom Ausland aus agierender Glücksspielanbieter ein manipuliertes Glücksspiel veranstalte, bildeten das Veranstalten des Glücksspiels (§ 284 I 1. Var. StGB) und der sich aus der Spielmanipulation ergebende Betrug (§ 263 I StGB) eine prozessuale Tat. Erlitten Spielteilnehmer in Deutschland aufgrund der Spielmanipulation einen Vermögensschaden, liege der Erfolgsort des Betrugs in Deutschland, weshalb deutsches Strafrecht dann auf die gesamte prozessuale Tat und damit auch auf das Veranstalten des Glücksspiels anwendbar sei.

5.) Zusammenfassung der Literatur

Die verschiedenen Lösungsvorschläge der Literatur lassen sich wie folgt zusammenfassen: Eine Ansicht nimmt an, bei abstrakten Gefährdungsde-

---

269 *Körber*, S. 158; dort auch zum folgenden Satz.
270 *Körber*, S. 165.
271 *Duesberg*, S. 146, 292.
272 Siehe *Duesberg*, S. 149 ff.
273 *Duesberg*, S. 292 f.; dort auch zum restlichen Absatz.

likten gebe es keinen Erfolg und damit auch keinen Erfolgsort im Sinne des § 9 I StGB. Die Gegenansicht meint, abstrakte Gefährdungsdelikte hätten einen Erfolg. Der Erfolgsort abstrakter Gefährdungsdelikte liege dort, wo sich die tatbestandlich relevante Gefahr realisieren könne. Eine schrankenlose Anwendbarkeit des deutschen Strafrechts wollen Vertreter beider Auffassungen vermeiden, indem sie verlangen, dass die Tat zur Begründung eines deutschen Erfolgsorts einen besonderen Inlandsbezug aufweisen müsse. Dieser wird überwiegend nach objektiven Kriterien bestimmt; zum Teil wird auch auf subjektive Kriterien abgestellt. Ein neuer Lösungsansatz hält bei der Bestimmung des Tatorts die gesamte prozessuale Tat für maßgeblich. Deshalb könne zur Tatortbestimmung auf die Handlung oder den Erfolg eines anderen Delikts abgestellt werden, das der Täter im Rahmen desselben untrennbar zusammengehörigen Geschehens verwirkliche.

IV. Rechtsprechung

1.) BGH-Urteil vom 12.12.2000 (Töben)

Im sogenannten Töben-Fall hatte ein Australier von Australien aus auf der Internetseite des von ihm gegründeten Adelaide Instituts den Holocaust geleugnet. Dazu führt der Erste Strafsenat des BGH in seinem Urteil vom 12.12.2000[274] aus, der „zum Tatbestand gehörende Erfolg" in § 9 I StGB sei nicht im Sinne der allgemeinen Tatbestandslehre zu verstehen.[275] Handle der Täter im Ausland, müsse nach dem Grundgedanken des § 9 I StGB deutsches Strafrecht anwendbar sein, wenn es im Inland zur Schädigung von Rechtsgütern oder zu Gefährdungen komme, deren Vermeidung Zweck der jeweiligen Strafvorschrift sei. Auch bei § 78a S. 2 StGB (Verjährungsbeginn) und § 13 StGB (Begehen durch Unterlassen) werde der „zum Tatbestand gehörende Erfolg" nicht im Sinne der allgemeinen Tatbestandslehre verstanden. Dass seit dem Zweiten Strafrechtsreformgesetz von 1969 der Erfolgsort in § 9 I StGB nicht länger nur mit „Erfolg" beschrieben werde, sondern mit dem „zum Tatbestand gehörenden Erfolg", stelle ledig-

---

274 BGHSt 46, 212 ff. Anmerkungen *Clauß*, MMR 2001, 232 f.; *Heghmanns*, JA 2001, 276 ff.; *Hörnle*, NStZ 2001, 309 ff.; *Jeßberger*, JR 2001, 432 ff.; *A. Koch*, JuS 2002, 123 ff.; *Lagodny*, JZ 2001, 1198 ff. Ausführlich zum Töben-Fall *Körber*, S. 113 ff. und passim. Zu den Ausführungen des Ersten Strafsenats zum Handlungsort 3. Kap. II 1.
275 BGHSt 46, 212, 220 ff.; dort auch zum restlichen Absatz.

lich klar, dass der Erfolgseintritt in enger Beziehung zum Straftatbestand stehen müsse. Der Gesetzgeber habe § 9 I StGB durch die Gesetzesänderung nicht auf Erfolgsdelikte beschränken wollen. Die Volksverhetzung nach § 130 I, III StGB ordnet der Erste Strafsenat wegen der Eignungsformel als „abstrakt-konkretes" Gefährdungsdelikt ein. „Abstrakt-konkrete" Gefährdungsdelikte stünden zwischen konkreten und rein abstrakten Gefährdungsdelikten. Bei ihnen trete ein Erfolg dort ein, wo die konkrete Tat ihre Gefährlichkeit im Hinblick auf das im Tatbestand umschriebene Rechtsgut entfalten könne. Bei § 130 I, III StGB sei das die konkrete Eignung zur Friedensstörung in Deutschland.

Der Erste Strafsenat hat in dieser Entscheidung noch ausdrücklich offengelassen, ob bei „rein" abstrakten Gefährdungsdelikten ein Erfolgsort angenommen werden könne. Er ließ aber Sympathien für die Ansicht erkennen, die einen Erfolgsort bei allen abstrakten Gefährdungsdelikten bejaht. Der völkerrechtliche Anknüpfungspunkt ergebe sich bei § 130 I, III StGB daraus, dass solche Taten ein gewichtiges inländisches Rechtsgut beträfen und aufgrund der während der Herrschaft des Nationalsozialismus begangenen Verbrechen einen besonderen Bezug zum deutschen Staatsgebiet hätten.

2.) BGH-Beschluss vom 19.08.2014

Beim Beschluss des Dritten Strafsenats des BGH vom 19.08.2014[276] ging es um einen Deutschen, der von Tschechien aus den *YouTube*-Kanal „Arische Musikfraktion" gegründet und dort Abbildungen von Hakenkreuzen hochgeladen hatte. Der Dritte Strafsenat vertritt darin die Auffassung, bei der Verwendung von Kennzeichen verfassungswidriger Organisationen (§ 86a StGB) könne eine Inlandstat nicht über § 9 I 3. Var. oder 4. Var. StGB begründet werden, da § 86a StGB als abstraktes Gefährdungsdelikt keinen zum Tatbestand gehörenden Erfolg umschreibe.[277] Gegen das Argument, diese Auffassung konterkariere die Bemühungen des Gesetzgebers, den Schutz bestimmter Rechtsgüter durch die Schaffung abstrakter Gefährdungsdelikte zu erhöhen, wendet der Dritte Strafsenat ein, dass ge-

---

276 BGH NStZ 2015, 81 ff. Anmerkungen *Becker*, NStZ 2015, 83 f.; *Hecker*, JuS 2015, 274 ff.; *Satzger*, JURA (JK) 2015, 1011 (ebd.); *Valerius*, HRRS 2016, 186 ff.; *Zimmermann*, HRRS 2015, 441 ff. Zu den Ausführung des Dritten Strafsenats zum Handlungsort 3. Kap. II 2.

277 BGH NStZ 2015, 81, 82 Rn. 8; dort auch zum folgenden Satz.

rade aufgrund der Vorverlagerung der Strafbarkeit bei abstrakten Gefährdungsdelikten aus völkerrechtlichen Gründen eine Einschränkung der Anwendbarkeit deutschen Strafrechts geboten sei. Er erkennt, dass sich Personen gezielt ins Ausland begeben könnten, um dort straffrei Kennzeichen ins Internet zu stellen, deren Verwendung in Deutschland mit Strafe bedroht wäre.[278] Es sei aber Aufgabe des Gesetzgebers diese „Strafbarkeitslücke" zu schließen, sofern dieser es für erforderlich halte.

Der Dritte Strafsenat ließ in seiner Entscheidung noch offen, wie sie im Verhältnis zum Urteil des Ersten Strafsenats im Töben-Fall einzuordnen ist. Vermutlich sah er den Unterschied darin, dass § 86a StGB zu den rein abstrakten Gefährdungsdelikten gezählt wird und nicht zu den „abstrakt-konkreten" Gefährdungsdelikten wie § 130 I, III StGB.[279] Dieser (vermeintliche) Unterschied dürfte auch der Grund dafür sein, dass der Dritte Strafsenat eine Vorlage der Rechtsfrage an den Großen Strafsenat nicht für notwendig hielt – weder nach § 132 II GVG (Divergenzvorlage) noch nach § 132 IV GVG (Rechtsfortbildungsvorlage).[280] Er ließ seine Entscheidung auch nicht in der amtlichen Sammlung veröffentlichen,[281] obwohl er sich tragend äußerte zu der kontrovers diskutierten Frage des Erfolgsorts von Internetdelikten, die als abstrakte Gefährdungsdelikte ausgestaltet sind. Das deutet darauf hin, dass der Dritte Strafsenat die Bedeutung seiner Entscheidung unterschätzt hat.[282]

3.) BGH-Beschluss vom 03.05.2016

Dem Beschluss des Dritten Strafsenats des BGH vom 03.05.2016[283] lag folgender Sachverhalt zu Grunde: Eine Deutsche leugnete im Rahmen eines Vortrags in der Schweiz den Holocaust. Unter den Zuhörern waren zahlreiche Deutsche. Nach Auffassung des Dritten Strafsenats war der Vortrag daher gemäß § 130 III StGB geeignet, den öffentlichen Frieden in Deutschland zu stören.[284] Der Dritte Strafsenat konnte die Anwendbarkeit des deutschen Strafrechts auf § 7 II Nr. 1 StGB stützen, da die Angeklagte

278 BGH NStZ 2015, 81, 83 Rn. 12; dort auch zum folgenden Satz.
279 Siehe *Becker*, NStZ 2015, 83 f.
280 Zu § 132 GVG *Cierniak/Pohlit*, in: MüKo-StPO, § 132 GVG Rn. 1 ff.
281 Siehe § 18 II GO des BGH.
282 Vgl. *Becker*, NStZ 2015, 83 f.
283 BGH NStZ 2017, 146 ff. Anmerkungen *Handel*, ZUM-RD 2017, 202 ff.; *Satzger*, JURA (JK) 2017, 361 (ebd.).
284 BGH NStZ 2017, 146, 147; dort auch zum restlichen Absatz.

Deutsche war und die Tat auch in der Schweiz mit Strafe bedroht war. Trotzdem ging er in einem *obiter dictum* auf die §§ 3, 9 StGB ein. Aus dem Wortlaut des § 9 I StGB ergebe sich seit der Neufassung durch das Zweite Strafrechtsreformgesetz von 1969, dass der Erfolg zum Tatbestand der Strafnorm gehören müsse. Das Merkmal der Eignung zur Störung des öffentlichen Friedens in § 130 III StGB umschreibe keinen zum Tatbestand gehörenden Erfolg. Daher könne die bloße Möglichkeit, dass eine im Ausland begangene Volksverhetzung Wirkungen im Inland habe, nicht die Anwendbarkeit deutschen Strafrechts nach §§ 3, 9 StGB begründen. Für die Begründung eines Erfolgsorts sei eine von der tatbestandsmäßigen Handlung räumlich und/oder zeitlich abtrennbare Außenweltsveränderung erforderlich, die bei „abstrakt-konkreten" Gefährdungsdelikten fehle. Damit konkretisierte der Dritte Strafsenat seine im Beschluss vom 19.08.2014 vertretene Auffassung dahingehend, dass weder rein abstrakte Gefährdungsdelikte noch „abstrakt-konkrete" Gefährdungsdelikte einen Erfolg im Sinne des § 9 I StGB haben könnten; er stellte sich somit gegen die vom Ersten Strafsenat im sogenannten Töben-Fall vertretenen Auffassung. Eine Divergenzvorlage an den Großen Strafsenat (§ 132 II GVG) war bei dieser Entscheidung nicht erforderlich, da die Abweichung von der Auffassung des Ersten Strafsenats für den Beschluss des Dritten Strafsenats nicht tragend war.[285]

4.) OLG-Hamm-Beschluss vom 01.03.2018

Das OLG Hamm stützte in seinem Beschluss vom 01.03.2018[286] die Anwendbarkeit des deutschen Strafrechts auf § 7 II Nr. 1 StGB, stellte aber per *obiter dictum* klar, dass es in Anknüpfung an den Dritten Strafsenat des BGH davon ausgehe, § 130 I, III StGB habe keinen „zum Tatbestand gehörenden Erfolg" im Sinne des § 9 I StGB.

5.) Zusammenfassung der Rechtsprechung

Der Erste Strafsenat hat in seiner sogenannten Töben-Entscheidung im Jahr 2000 beim „abstrakt-konkreten" Gefährdungsdelikt § 130 I, III StGB den Eintritt eines Erfolgs im Sinne des § 9 I StGB angenommen aber offen-

---

285   Vgl. *Cierniak/Pohlit*, in: MüKo-StPO, § 132 GVG Rn. 6.
286   OLG Hamm NStZ-RR 2018, 292 f.

gelassen, ob auch rein abstrakte Gefährdungsdelikte einen Erfolg im Sinne des § 9 I StGB haben können. Im Jahr 2014 entschied der Dritte Strafsenat, das rein abstrakte Gefährdungsdelikt § 86a StGB habe keinen Erfolg gemäß § 9 I StGB. Knapp zwei Jahre später vertrat er dann in einem *obiter dictum* die Ansicht, dass es auch bei § 130 I, III StGB keinen Erfolg im Sinne des § 9 I StGB gebe. Damit stellte sich der Dritte Strafsenat gegen die Auffassung des Ersten Strafsenats. Im Jahr 2018 folgte das OLG Hamm der Auffassung des Dritten Strafsenats des BGH – ebenfalls per *obiter dictum*. Da dem Großen Senat für Strafsachen die Rechtsfrage bislang nicht gemäß § 132 GVG vorgelegt wurde, fehlt weiterhin eine einheitliche BGH-Rechtsprechung zur Anwendbarkeit des § 9 I StGB bei abstrakten Gefährdungsdelikten.

V. Stellungnahme und eigener Ansatz

Aus den dokumentierten Äußerungen des Gesetzgebers ergibt sich kein eindeutiger Wille, ob Internetdelikte einen Erfolgsort haben, wenn sie als abstrakte Gefährdungsdelikte ausgestaltet sind, und wo der Erfolgsort gegebenenfalls liegt.[287] Daher ist der Wille des Gesetzgebers in Bezug auf diese Fragen durch Auslegung zu ermitteln.

1.) Haben abstrakte Gefährdungsdelikte einen Erfolgsort?

a) Abstrakte Gefährdungsdelikte und sogenannte Tätigkeitsdelikte

Da zahlreiche Begründungsansätze *abstrakte* Gefährdungsdelikte als sogenannte Tätigkeitsdelikte einordnen und bei ihnen einen „zum Tatbestand gehörenden Erfolg" im Sinne des § 9 I StGB ablehnen,[288] ist zu prüfen, worin sich *abstrakte* Gefährdungsdelikte von Verletzungs- und *konkreten* Gefährdungsdelikten unterscheiden und was dieser Unterschied bedeutet für die Einteilung in Erfolgs- und sogenannte Tätigkeitsdelikte.

---

287 Vgl. BT-Drs. III/2150, S. 102 ff.; BT-Drs. IV/650, S. 105 ff.
288 Vgl. etwa *Böse*, in: NK, § 9 Rn. 11; *Hilgendorf*, NJW 1997, 1873, 1875; *Satzger*, § 5 Rn. 27; *ders.*, JURA 2010, 108, 112 f. Differenzierend *Jansen*, S. 34 f., 62.

aa) Verletzungs- und konkrete Gefährdungsdelikte einerseits sowie
   abstrakte Gefährdungsdelikte andererseits

Bei *Verletzungsdelikten* verlangt der Tatbestand die *Schädigung* des Angriffs-
objekts.[289] Typische Verletzungsdelikte sind etwa der Totschlag (§ 212
StGB) und die Sachbeschädigung (§ 303 StGB). Die *Gefährdungsdelikte* werden in *konkrete* und *abstrakte* unterteilt.[290] *Konkrete* Gefährdungsdelikte
setzen den Eintritt einer echten Gefahr voraus.[291] Das Gesetz verlangt bei
ihnen, dass der Täter jemanden oder etwas „gefährdet" oder „in Gefahr
bringt". Der Täter muss eine Situation herbeiführen, die den Eintritt eines
Schadens so wahrscheinlich macht, dass es nur noch vom Zufall abhängt,
ob das Rechtsgut verletzt wird[292] – wie etwa der „Beinahe-Unfall" beim
Tatbestand der Gefährdung des Straßenverkehrs (§ 315c I StGB).[293] Die
Tatbestände *abstrakter* Gefährdungsdelikte setzen dagegen keine Gefahr
voraus.[294] Anlass für ihre Bestrafung ist allein die typische Gefährlichkeit
bestimmter Handlungen.[295] *Abstrakte* Gefährdungsdelikte sind zum Beispiel die Üble Nachrede (§ 186 StGB) und die Trunkenheit im Verkehr
(§ 316 StGB).[296] Eine Untergruppe abstrakter Gefährdungsdelikte sind Delikte, bei denen geprüft werden muss, ob nach den konkreten Umständen
des Falls die Tathandlung bei genereller Betrachtung gefahrengeeignet ist;
sie werden als „abstrakt-konkrete" oder „potentielle" Gefährdungsdelikte
oder auch als „Eignungsdelikte" bezeichnet.[297] Dazu gehört beispielsweise
die Volksverhetzung (§ 130 StGB), bei der die Äußerung zur Störung des
öffentlichen Friedens geeignet sein muss.[298]
Umstritten ist, ob bei abstrakten Gefährdungsdelikten eine teleologische
Reduktion geboten ist, wenn im konkreten Fall die Beeinträchtigung der

---

289 *Rengier*, AT, § 10 Rn. 9; *Roxin/Greco*, AT I, § 10 Rn. 123.
290 Zur Kritik am Begriff „abstrakte Gefahr" *Anastasopoulou*, S. 68 ff., und *Koriath*,
   GA 2001, 51, 53.
291 *Roxin/Greco*, AT I, § 11 Rn. 147; *T. Walter*, in: LK, Vorb. § 13 Rn. 65.
292 Vgl. *Roxin/Greco*, AT I, § 11 Rn. 148 ff.; *Zieschang*, S. 29 ff.
293 Vgl. BGH NStZ 2012, 701 (ebd.); *Rengier*, BT II, § 44 Rn. 10 ff.
294 *Jescheck/Weigend*, S. 264; *Rengier*, AT, § 10 Rn. 11; *Roxin/Greco*, AT I, § 11
   Rn. 153. Anders *Martin*, ZRP 1992, 19, 20; *ders.*, S. 57 ff. *Zieschang*, S. 384 f., verlangt vom Gesetzgeber, *abstrakte* Gefährdungsdelikte in *konkrete* umzuwandeln.
295 *Jescheck/Weigend*, S. 264; *Rengier*, AT, § 10 Rn. 11; *Roxin/Greco*, AT I, § 11
   Rn. 153.
296 *Rengier*, AT, § 10 Rn. 12.
297 *Rengier*, AT, § 10 Rn. 16; *Zieschang*, S. 162 ff. Zur Widersprüchlichkeit der Bezeichnung „abstrakt-konkret" *Hilgendorf*, ZStW 113 (2001), 650, 672.
298 BGHSt 46, 212, 218; *Schäfer*, in: MüKo, § 130 Rn. 9.

geschützten Rechtsgüter sicher ausgeschlossen ist.[299] Auch wenn man eine solche teleologische Reduktion im Einzelfall notwendig findet, kann daraus nicht geschlossen werden, dass der Eintritt einer echten Gefahr (ungeschriebenes) Tatbestandsmerkmal abstrakter Gefährdungsdelikte sei. Denn nach dem Willen des Gesetzgebers soll der Tatbestand bei abstrakten Gefährdungsdelikten gerade keine Gefahr voraussetzen.[300] Daher kann bei abstrakten Gefährdungsdelikten zur Begründung des Erfolgsorts nicht auf die (abstrakte) Gefahr als solche abgestellt werden – trotzdem könnten abstrakte Gefährdungsdelikte einen Erfolg haben.

bb) Bedeutung für die Unterscheidung zwischen Erfolgs- und sogenannten Tätigkeitsdelikten

Bei der Trennung zwischen Verletzungs- und *konkreten* Gefährdungsdelikten einerseits sowie *abstrakten* Gefährdungsdelikten andererseits ist entscheidend, ob der Tatbestand eine *bestimmte* Wirkung auf das Angriffsobjekt voraussetzt (die Verletzung oder Gefährdung).[301] Für die Unterscheidung zwischen Erfolgs- und Tätigkeitsdelikten kommt es nach der Lehre von den Tätigkeitsdelikten dagegen darauf an, ob der Tatbestand für seine Vollendung *irgendein* von der Handlung abgrenzbares Außenweltereignis verlangt.[302] Damit verläuft die Abgrenzung auf unterschiedlichen Ebenen, so dass die Trennung zwischen Verletzungs- und *konkreten* Gefährdungsdelikten einerseits sowie *abstrakten* Gefährdungsdelikten andererseits keine Bedeutung für die Einteilung in Erfolgs- und Tätigkeitsdelikte hat.[303] Unterstellt, es gäbe Tätigkeitsdelikte, gehörten abstrakte Gefährdungsdelikte also nicht automatisch dazu; sie könnten auch Erfolgsdelikte sein.

---

299 Für eine teleologische Reduktion *Heine/N. Bosch*, in: S/S, § 306a Rn. 2 m.w.N. Dagegen *Radtke*, in: MüKo, § 306a Rn. 43 ff. m.w.N.

300 *Jansen*, S. 74; vgl. zu § 306a I StGB BT-Drs. 13/8587, S. 47. Zum Willen des Gesetzgebers als Auslegungsziel 2. Kap.

301 Vgl. *Rengier*, AT, § 10 Rn. 8 ff.; *Roxin/Greco*, AT I, § 10 Rn. 123 f.; *T. Walter*, in: LK, Vorb. § 13 Rn. 65.

302 Vgl. *Jescheck/Weigend*, S. 260; *Rengier*, AT, § 10 Rn. 3; *Rönnau*, JuS 2010, 961 f.

303 Siehe *Anastasopoulou*, S. 72 f.; *T. Walter*, in: FS-Beulke, S. 327, 330; *ders.*, in: LK, Vorb. § 13 Rn. 66; vgl. *Graul*, S. 34 ff.; *Eisele*, in: S/S, Vorb. § 13 Rn. 130.

b) Erfolgs- und sogenannte Tätigkeitsdelikte

Damit stellt sich die Frage, ob Internetdelikte Erfolgsdelikte sind oder sogenannte Tätigkeitsdelikte. Im Strafgesetzbuch taucht der Begriff der „Tätigkeitsdelikte" nicht auf, daher ist zu prüfen, ob es die Deliktskategorie der Tätigkeitsdelikte überhaupt gibt.

aa) Fürsprecher sogenannter Tätigkeitsdelikte

Bereits *Beling* plädierte für die Unterscheidung zwischen Erfolgs- und sogenannten Tätigkeitsdelikten.[304] Unter „Tätigkeitsdelikten" verstand er Tatbestände, die „lediglich die (...) Handlung selber benennen, ohne irgendwie der sich an sie anschließenden Kausalreihe zu bedenken".[305] Erfolgsdelikte seien dagegen Delikte, die „außer der Handlung noch bestimmt geartete Erfolge, die sich von der Handlung ablösen, als zum Tatbestand zugehörig bezeichnen".[306] *Beling* war der Ansicht, dass nur Erfolgsdelikte einen Erfolg hätten und dieser über einen Kausalverlauf mit der Handlung verbunden sei; Tätigkeitsdelikte erschöpften sich in der Körperbewegung (Handlung) des Täters.[307] Daher sei bei Tätigkeitsdelikten belanglos, was nach der Körperbewegung geschehe.[308] Die Unterscheidung zwischen Erfolgs- und Tätigkeitsdelikten wurde von großen Teilen der Literatur übernommen.[309] *Engelsing* unterschied ebenfalls zwischen Tätigkeits- und Erfolgsdelikten, räumte aber ein, dass es schwierig sei, die beiden Deliktsarten voneinander abzugrenzen, da Handlung und Erfolg häufig auf das „Engste" zusammenfielen.[310] *Belings* Verständnis der Tätigkeitsdelikte sei zu weit.[311] Der Begriff der Tätigkeitsdelikte müsse stark begrenzt werden, und zwar auf solche Delikte, bei denen sich der Tatbestand in „klarster Form" in einer Körperbewegung oder der Bewegung einzelner Organe erschöpfe, und keine äußeren Folgen habe.

---

304 Ausführlich *v. Beling*, Verbrechen, S. 202 ff.; siehe auch *ders.*, Grundzüge, S. 26. *Birkmeyer*, S. 95 Fn. 138, ging ebenfalls schon von dieser Unterscheidung aus.
305 *v. Beling*, Verbrechen, S. 203.
306 *v. Beling*, Verbrechen, S. 203 f.
307 *v. Beling*, Verbrechen, S. 204 f.
308 *v. Beling*, Grundzüge, S. 26.
309 Siehe etwa *Allfeld*, S. 99 f.; *v. Hippel*, S. 92; *Welzel*, § 12 II.
310 *Engelsing*, S. 41; ähnlich *Binding*, Schuld, S. 8 Fn. 12, und später *Jakobs*, AT, 6. Abschn. Rn. 85.
311 *Engelsing*, S. 42.

Die Einteilung in Tätigkeits- und Erfolgsdelikte hat sich zur gegenwärtig herrschenden Dogmatik entwickelt. Die Vertreter dieser Dogmatik nehmen an, dass es (schlichte) Tätigkeitsdelikte gebe, die keine abtrennbare Außenwirkung besäßen und deshalb bereits mit Ausführung der tatbestandsmäßigen Handlung vollendet seien.[312] Paradebeispiele für Tätigkeitsdelikte seien der Meineid (§ 154 StGB), die Sexualdelikte (§§ 174 ff. StGB) und die Trunkenheit im Verkehr (§ 316 StGB).[313] *Erfolgsdelikte* hätten dagegen einen von der Tathandlung räumlich und zeitlich abgrenzbaren Außenwelterfolg.[314] Zu den klassischen Erfolgsdelikten zählten unter anderem der Totschlag (§ 212 StGB), die Körperverletzung (§ 223 StGB) sowie die Sachbeschädigung (§ 303 StGB) mit den Erfolgen Tod, Körperverletzung und Beschädigung.[315] Anders als das „Töten eines Menschen" oder die „Wegnahme einer Sache" bezeichne beispielsweise das „Führen eines Fahrzeugs" bei §§ 315c, 316 StGB und § 21 StVG lediglich einen bestimmten „Kreis von Handlungen" (Lenken, Kuppeln, Bremsen und so weiter) aber keinen Erfolgseintritt;[316] es beginne erst mit dem Bewegungsvorgang und sei daher nicht schon beim Verursachen der Bewegung erfüllt[317].

Die Bedeutung der Unterscheidung zwischen Tätigkeits- und Erfolgsdelikten bestehe vor allem darin, dass bei Tätigkeitsdelikten Fragen der Kausalität und objektive Zurechnung keine Rolle spielten.[318] Außerdem gebe es bei Tätigkeitsdelikten keinen beendeten Versuch[319] (also auch keinen Rücktritt davon) und die Regeln der *actio libera in causa* seien bei ihnen nicht anwendbar[320]. Zum Teil wird angenommen, dass nur bei Erfolgsdelikten die äußere Folge der Handlung sozialerheblich sei.[321] Bei Tätigkeitsdelikten sei sie dagegen „rechtsneutral", da bei ihnen der Handlungsunwert im Vordergrund stehe.

---

312 Siehe *Jescheck/Weigend*, S. 260 ff.; *Rengier*, AT, § 10 Rn. 3 ff.; *Roxin/Greco*, AT I, § 10 Rn. 103; *Rönnau*, JuS 2010, 961 ff.

313 *Roxin/Greco*, AT I, § 10 Rn. 103; *Rönnau*, JuS 2010, 961, 962.

314 *Rengier*, AT, § 10 Rn. 3; *Roxin/Greco*, AT I, § 10 Rn. 102; *Rönnau*, JuS 2010, 961 f.

315 *Rengier*, AT, § 10 Rn. 3. Weitere Beispiele für Erfolgsdelikte bei *Jescheck/Weigend*, S. 260.

316 *Frister*, AT, 8. Kap. Rn. 19.

317 BGHSt 42, 235, 239 f.

318 Vgl. *Dohna*, S. 18; *Jescheck/Weigend*, S. 260; *Rengier*, AT, § 10 Rn. 4; *Roxin/Greco*, AT I, § 10 Rn. 103.

319 Vgl. *Dohna*, S. 18.

320 Siehe BGHSt 42, 235, 239 f.; *Rengier*, AT, § 25 Rn. 18.

321 Siehe *Maurach/Zipf*, AT I, § 21 Rn. 3; *Welzel*, § 12 II, § 15 III; dort auch zum folgenden Satz.

Roxin und *Greco* folgen zwar grundsätzlich der Lehre von den Tätigkeits-delikten, meinen aber, dass manche Delikte nicht generell als Tätigkeitsde-likte oder Erfolgsdelikte eingeordnet werden könnten.[322] Die Deliktskate-gorie sei bei solchen Delikten anhand des Sachverhalts zu bestimmen. Eine Körperverletzung (§ 223 StGB) sei beispielsweise ein Tätigkeitsdelikt, wenn sie durch eine Ohrfeige begangen werde, aber ein Erfolgsdelikt, wenn der Täter einen Stein auf sein Opfer werfe.

Manche Verfechter sogenannter Tätigkeitsdelikte nehmen an, dass man die Tathandlung selbst als „Erfolg" bezeichnen könne,[323] da sie die Wir-kung einer (vorgelagerten) Handlung[324] oder eines Willensimpulses[325] sei. Es gebe daher bei allen Delikten einen Erfolg – auch bei Tätigkeitsdelik-ten. Insofern verwenden sie den Erfolgsbegriff mit zwei unterschiedlichen Bedeutungen: Bei der Abgrenzung zwischen Erfolgs- und Tätigkeitsdelik-ten meinen sie einen Erfolg „im engeren Sinn", der einen von der Hand-lung losgelösten Außenwelterfolg habe; die Tathandlung sei dagegen ein Erfolg „im weiteren Sinn".[326]

bb) Kritiker sogenannter Tätigkeitsdelikte

Die Lehre von den Tätigkeitsdelikten stieß von Anfang an auf Kritik. *Liszt* war der Ansicht, jede Handlung beinhalte einen Erfolg: „Der Begriff der Handlung erfordert mithin den Eintritt einer (...) Veränderung der Außen-welt, also an Menschen (wenn auch nur in ihrem Seelenleben) oder Sa-chen. Diese sinnlich wahrnehmbare Veränderung nennen wir Erfolg."[327] Da jedes Delikt einen Erfolg habe, dürfe nicht zwischen Erfolgs- und Tätig-keitsdelikten unterschieden werden. Das entspricht im Wesentlichen der Auffassung *Bars*, der eine Trennung zwischen Tätigkeits- und Erfolgsdelik-ten ablehnte, da jede Tätigkeit einen Erfolg habe, sobald sie nach außen ir-gendwie bemerkbar werde.[328] *Kohlrausch* meinte, ein Delikt ohne Erfolg

---

322 *Roxin/Greco*, AT I, § 10 Rn. 104; dort auch zum folgenden Text.
323 Siehe *Baumann/Weber*[9], S. 201; *Frister*, AT, 8. Kap. Rn. 19 Fn. 24; *Jescheck/Weigend*, S. 260; *Lüderssen*, in: FS-Bockelmann, S. 181, 188; *Maurach/Zipf*, AT I, § 20 Rn. 27; *Roxin/Greco*, AT I, § 10 Rn. 104; dort auch zum folgenden Satz.
324 *Baumann/Weber*[9], S. 201.
325 *Jescheck/Weigend*, S. 260.
326 Vgl. *Baumann/Weber*[9], S. 201; *Maurach/Zipf*, AT I, § 20 Rn. 27. Früher schon *v. Hippel*, S. 91 f.
327 *v. Liszt*, S. 118; dort auch zum folgenden Satz.
328 *v. Bar*, S. 638.

sei „ein völlig unmögliches Gebilde".[329] Der Erfolg dürfe nur durch juristische Methode bestimmt werden, nicht nach physikalischen Grundsätzen.[330] Eine Veränderung der Außenwelt sei daher für den Erfolgseintritt nicht erforderlich. Dagegen nahm *Rabl* an, jedes Delikt habe einen Erfolg in Form eines von der Handlung getrennten realen Ereignisses.[331] Dass wir dieses Ereignis häufig nicht erkennen könnten, liege allein an der Lückenhaftigkeit unseres Wissens über Kausalzusammenhänge. *Mayer* ging von der Relativität des Erfolgsbegriffs aus.[332] Die in den Tatbeständen beschriebenen Ereignisse könnten als „Erfolge" verstanden werden.[333] Jeder Tatbestand habe daher einen Erfolg; Tätigkeitsdelikte gebe es nicht.

Die alte Kritik an sogenannten Tätigkeitsdelikten wird von Teilen der jüngeren Literatur aufgegriffen. In Bezug auf das schweizerische Strafrecht hält *Arzt* die Unterscheidung zwischen Erfolgs- und Tätigkeitsdelikten für überflüssig.[334] Abgesehen von seltenen und umstrittenen Ausnahmen beeinflusse jedes Handeln die Außenwelt und sei daher „erfolgsgerichtet". *Jakobs* vertritt eine ähnliche Auffassung: Tätigkeits- und Erfolgsdelikte könnten nicht klar voneinander getrennt werden, sofern man Tätigkeitsdelikte danach bestimme, ob der Tatbestand nur eine Handlung beschreibe.[335] Denn diese habe aufgrund ihrer Außenwirkung ebenfalls einen Erfolg. Beispielsweise könne beim Hausfriedensbruch (§ 123 StGB) das „Darinnensein" und beim Meineid (§ 154 StGB) das „Bewirken eines Eides" als Erfolg verstanden werden. Er lässt offen, ob es Tätigkeitsdelikte gibt: sie seien „allenfalls" solche Delikte, bei denen eine Verlängerung des Unrechts über die Zeit der Tätigkeit hinaus ausgeschlossen sei.

Rotsch meint, dass *jede* Handlung als objektiv wahrnehmbares Phänomen in die Außenwelt hervortrete und daher einen Erfolg habe.[336] Der Erfolg sei nicht die Handlung selbst, sondern der „Handlungseffekt". Ein annäherndes zeitliches Zusammenfallen von „Akt und Effekt" ändere nichts daran, dass der Erfolg (Effekt) eintrete. Auch vermeintliche Tätigkeitsdelikte hätten einen Erfolg, der sich von der Handlung unterscheide. Bei der Trunkenheit im Verkehr (§ 316 StGB) sei beispielsweise das Anrollen der

---

329 *Kohlrausch*, S. 100.
330 *Kohlrausch*, S. 101 ff.; dort auch zum folgenden Satz.
331 *Rabl*, S. 16 ff.; dort auch zum folgenden Satz.
332 Siehe *Mayer*, AT, S. 117.
333 *Mayer*, AT, S. 117 ff.; dort auch zum folgenden Satz.
334 *Arzt*, SchwZStrR 107 (1990), 168 f.; dort auch zum folgenden Satz.
335 *Jakobs*, AT, 6. Abschn. Rn. 85; dort auch zum restlichen Absatz.
336 *Rotsch*, ZIS 2014, 579, 585 f.; *ders.*, Einheitstäterschaft, S. 438 f.; dort auch zum restlichen Absatz.

Räder der nach außen hin erkennbare Erfolg. Nicht nachvollziehbar sei daher, weshalb die herrschende Dogmatik beispielsweise das „Töten" beim Totschlag (§ 212 StGB) als tatbestandsmäßigen Erfolg einordne, das „Fahren" bei § 316 StGB dagegen nicht.

Auch *Hölzel* und *T. Walter* vertreten die Auffassung, dass es keine Tätigkeitsdelikte, sondern nur Erfolgsdelikte gebe.[337] Alle Delikte folgten dem Muster Handlung – Kausalverlauf – Vollendung (Erfolg).[338] Ob der Kausalverlauf augenfällig lang sei oder kurz, habe nicht unbedingt etwas mit dem gesetzlichen Tatbestand zu tun.[339] Bei Erfolgsdelikten könnten Handlung und Erfolg dicht beieinander liegen; etwa wenn eine Körperverletzung durch einen Faustschlag begangen werde oder ein Totschlag durch einen aufgesetzten Kopfschuss. „Tätigkeitsdelikte" könnten einen (langen) Kausalverlauf haben.[340] Um ihre These zu untermauern, überprüfen die beiden Autoren vermeintliche Tätigkeitsdelikte anhand zahlreicher Fallbeispiele.[341] Drei davon möchte ich wiedergeben:

Der Hausfriedensbruch (§ 123 I StGB)[342] könne durch einen langen Kausalverlauf verwirklicht werden.[343] Das „Eindringen" im Sinne des § 123 I StGB setze nach herrschender Meinung[344] voraus, dass der Täter mindestens mit einem Teil seines Körpers in die geschützten Räume gelange. Jemand, der Hausverbot für den Frankfurter Bahnhof habe, aber trotzdem mit dem Zug nach Frankfurt fahre, handle, sobald er in den Zug einsteige. Der Erfolg trete frühestens ein, wenn der Zug in den Frankfurter Bahnhof einfahre, so dass Handlung und Erfolg nach Raum und Zeit getrennt seien.

Ebenso seien bei der uneidlichen Falschaussage (§ 153 StGB)[345] Tathandlung und Tatvollendung getrennt.[346] Die Falschaussage sei nämlich erst

---

337 *Hölzel*, S. 221 ff.; *T. Walter*, in: FS-Beulke, S. 327 ff.; *ders.*, in: LK, Vorb. § 13 Rn. 63; *ders.*, Kern, S. 16 ff.; *ders.*, GA 2001, 131 ff.

338 *T. Walter*, Kern, S. 16; vgl. *Hölzel*, S. 222 f.

339 *T. Walter*, Kern, S. 16; dort auch zum folgenden Satz.

340 Vgl. *Hölzel*, S. 222 f.; *T. Walter*, in: FS-Beulke, S. 327, 329 f.

341 Zu den Fallbeispielen *Hölzel*, S. 73 ff.; *T. Walter*, in: FS-Beulke, S. 327, 331 ff.; *ders.*, Kern, S. 16 ff.

342 Zur Einordnung als Tätigkeitsdelikt *Roxin/Greco*, AT I, § 10 Rn. 103.

343 *Hölzel*, S. 78 f.; *T. Walter*, Kern, S. 18; dort auch zum restlichen Absatz.

344 Stellvertretend für die h.M. *Schäfer*, in: MüKo, § 123 Rn. 25.

345 Zur Einordnung als Tätigkeitsdelikt *Rengier*, AT, § 10 Rn. 7.

346 *Hölzel*, S. 88 ff.; *T. Walter*, in: FS-Beulke, S. 327, 331; *ders.*, Kern, S. 17 f.; dort auch zum restlichen Absatz.

mit Abschluss der Aussage vollendet,[347] also erst, wenn der Richter seine Befragung und der Zeuge seine Bekundung zum Gegenstand der Vernehmung beendet hätten. Das könne mehrere Verhandlungstermine lang dauern. Bis zu diesem Zeitpunkt dürfe der Zeuge sich berichtigen, ohne dass er den Straftatbestand der Falschaussage verwirklicht habe.[348] Außerdem missachte die Gleichung „sprechen heißt vollenden", dass „Aussagen" im Sinne des § 153 StGB auch schriftlich möglich seien – etwa gemäß § 411 ZPO für Sachverständige, nach § 377 III ZPO für Zeugen sowie gemäß § 186 GVG für Stumme.[349] In diesen Fällen lägen Tathandlung (das Schreiben) und der Erfolg in Form eines Zugangs des Schriftstücks raum-zeitlich deutlich auseinander. Auch bei mündlichen Äußerungen gebe es bei § 153 StGB ein Zugangserfordernis. Wenn der Zeuge spreche, vom Richter aber wegen Lärms nicht verstanden werde, habe er noch nicht ausgesagt. Für den Meineid (§ 154 StGB) gelte entsprechend das Gleiche.

Entgegen der herrschenden Auffassung[350] habe auch das „Führen eines Fahrzeugs" bei den Straßenverkehrsdelikten §§ 315a, 315c, 316 StGB und § 21 StVG einen Erfolg, der sich von der Handlung des Fahrers unterscheide.[351] Der Täter „führe" ein Fahrzeug, wenn er es in Bewegung setze, wobei es keine Rolle spiele, ob sich das Fahrzeug mit Motorkraft oder, auf einer Gefällstrecke, mit Schwerkraft bewege.[352] Zur Vollendung des Delikts müsse die Bewegung durch das „Anrollen der Räder" in Erscheinung treten.[353] Löse jemand beispielsweise bei einem am Hang stehenden Fahrzeug die Handbremse, bleibe das Fahrzeug aber stehen, weil die Handbremse festgefroren sei, gebe es zwar eine Tathandlung, aber der Taterfolg (die Vollendung) fehle.

---

347 Das entspricht der allgemeinen Auffassung; siehe nur *N. Bosch/Schittenhelm*, in: S/S, § 153 Rn. 8; dort auch zum folgenden Satz.

348 Das ist allgemein anerkannt; stellvertretend BGH NJW 1960, 731 (ebd.); *N. Bosch/Schittenhelm*, in: S/S, § 153 Rn. 8. Erst nach der Vollendung greift § 158 StGB.

349 Von Teilen der Literatur werden schriftlichen Äußerungen als „Aussagen" i.S.d. § 153 StGB anerkannt, wenn sie prozessual zulässig sind; siehe *N. Bosch/Schittenhelm*, in: S/S, Vorb. § 153 Rn. 22. Nach anderer Auffassung, sind nur schriftliche Erklärungen gemäß § 186 GVG „Aussagen"; siehe *Müller*, in: MüKo, § 153 Rn. 8; *Vormbaum*, in: NK, § 153 Rn. 7.

350 Stellvertretend für die h.M. *Zieschang*, in: NK, § 316 Rn. 9.

351 *T. Walter*, in: FS-Beulke, S. 327, 331 f.; vgl. *Hölzel*, S. 134 ff.; dort auch zum restlichen Absatz.

352 Zur allgemein anerkannten Definition *Hecker*, in: S/S, § 316 Rn. 19.

353 So BGHSt 35, 390, 394 f.; *Pegel*, in: MüKo, § 316 Rn. 7.

cc) Stellungnahme und eigener Ansatz

Eine Deliktskategorie ist nur dann ein Gewinn für die Strafrechtsdogmatik, wenn sich die ihr zugeordneten Delikte so wesentlich von anderen Delikten unterscheiden, dass sie anders behandelt werden müssen. Um Tätigkeits- und Erfolgsdelikte unterscheiden zu können, dürfte es nur bei Erfolgsdelikten einen nach Raum und Zeit abgrenzbaren Außenwelterfolg geben. Welche Anforderungen an einen derartigen Außenwelterfolg zu stellen sind, ergibt die Betrachtung solcher Delikte, die nach herrschender Dogmatik unstreitig Erfolgsdelikte sind.

Bei der Körperverletzung (§ 223 StGB) mittels Ohrfeige spürt das Opfer den Schmerz, sobald die Hand des Täters gegen seine Wange klatscht. Da sich die Haut von Täter und Opfer berührt, passt kein Blatt Papier zwischen Handlung (schlagen) und Erfolg (körperliche Misshandlung). Dennoch besteht ein (kurzer) Kausalverlauf: Der Körper des Opfers muss die Schmerzreize über Nervenbahnen ans Gehirn weiterleiten, bevor das körperliche Wohlbefinden des Opfers beeinträchtigt und damit der Tatbestand der Körperverletzung erfüllt wird.

Wenn eine Kunststudentin die Keramikskulptur ihrer Kommilitonin packt und gegen eine Betonwand schlägt, ist das Ausführen des Schlags die Handlung und das Zerbersten der Skulptur der Erfolg der Sachbeschädigung (§ 303 StGB). Der Kausalverlauf besteht aus der Krafteinwirkung auf das Material der Skulptur im Moment, in dem die Skulptur gegen die Wand knallt. Denn hielte die Skulptur der Krafteinwirkung stand, käme es nicht zum Erfolg.

Die beiden Beispiele zeigen, dass die herrschende Dogmatik auch solche Delikte als „typische" Erfolgsdelikte einordnet, die durch unscheinbarste Kausalverläufe verwirklicht werden können. Bei vermeintlichen Tätigkeitsdelikten dürfen keine strengeren Anforderungen an die räumliche und zeitliche Trennung von Handlung und Erfolg gestellt werden!

Der Vorschlag *Roxins* kann die Lehre von den Tätigkeitsdelikten nicht retten. Die Einteilung in Deliktstypen muss sich aus dem Charakter der Tatbestände ergeben.[354] Würde man die Unterscheidung zwischen Erfolgs- und Tätigkeitsdelikten vom Sachverhalt abhängig machen, verlöre die Lehre von den Tätigkeitsdelikten ihren (vermeintlichen) Nutzen[355], für be-

---

354 Siehe *Horn*, S. 10; *Rotsch*, ZIS 2014, 579, 585; vgl. *Jescheck/Weigend*, S. 260.
355 Vgl. *Dohna*, S. 18; *Rengier*, AT, § 10 Rn. 4; *Roxin/Greco*, AT I, § 10 Rn. 103.

stimmte Tatbestände prinzipiell Probleme auszuschließen, wie etwa die der Kausalität und objektiven Zurechnung.[356]

Die herrschende Dogmatik hat keine einheitlichen Kriterien, um zu bestimmen, welche Außenweltwirkung ein Delikt zu einem Erfolgsdelikt macht. Das zeigt folgendes Beispiel: Betrinkt sich der Fahrer eines Reisebusses während seiner Mittagspause und fährt anschließend mit 1,4 Promille Alkohol im Blut weiter, verwirklicht er nach Auffassung der herrschenden Dogmatik beim Anrollen der Räder ein *Tätigkeitsdelikt*, nämlich die Trunkenheit im Verkehr (§ 316 StGB).[357] Für den „blinden Passagier", der während der Pause in die Gepäckluke des Busses geklettert ist, soll das Anrollen der Räder dagegen die Vollendung eines *Erfolgsdelikts* bedeuten, und zwar das Erschleichen von Leistungen (§ 265a I 3. Var. StGB).[358] Da für die Vollendung beider Tatbestände erforderlich ist, dass sich der Bus in Bewegung setzt, ist es nicht plausibel, das Anfahren bei einem Delikt als Erfolg einzuordnen und beim anderen nicht.

Untersucht man vermeintliche Tätigkeitsdelikte, findet man auch bei ihnen einen von der Handlung abgrenzbaren Erfolg. Ein Rollstuhlfahrer, der sich von seinem 13-jährigen Enkel in ein Lokal schieben lässt, in dem er Hausverbot hat, begeht einen Hausfriedensbruch (§ 123 StGB)[359] in mittelbarer Täterschaft. Die Tathandlung ist das Einwirken auf den schuldunfähigen Enkel. Das „Eindringen" setzt voraus, dass der Täter mindestens zum Teil in den Raum gelangt,[360] es ist also erst erfüllt, wenn der Rollstuhlfahrer über die Schwelle des Lokals gebracht wird. Die Handlung (das Einwirken) und der Erfolg (das „Eindringen") liegen somit räumlich und zeitlich auseinander. Gleiches gilt, wenn in Zukunft § 123 StGB mit Hilfe eines selbstfahrenden Fahrzeugs verwirklicht werden sollte, indem der Täter in den Computer seines Fahrzeugs als Fahrtziel ein Grundstück eingibt (Handlung), das er nicht betreten darf, und er anschließend von seinem Fahrzeug über die Grundstücksgrenze gefahren wird (Erfolg).

Auch bei vermeintlichen Tätigkeitsdelikten können Kausalität und objektive Zurechnung zweifelhaft sein, wenn etwas Unvorhergesehenes passiert. Dazu ein Beispiel zu § 86a StGB: Ein Neonazi möchte unter der

---

356 So bereits *T. Walter*, in: FS-Beulke, S. 327, 329; *ders.*, Kern. S. 16 f.

357 Zur Einordnung als Tätigkeitsdelikt *Zieschang*, in: NK, § 316 Rn. 9. Vgl. zur Vollendung BGHSt 35, 390, 394 f.; *Pegel*, in: MüKo, § 316 Rn. 6 f.

358 Zur Einordnung als Erfolgsdelikt *Heger*, in: Lackner/Kühl, § 265a Rn. 1, und *Hellmann*, in: NK, § 265a Rn. 8, 10. Die Tat ist mit Fahrtbeginn vollendet; siehe *Rengier*, BT I, § 16 Rn. 9; vgl. OLG Hamm NStZ-RR 2011, 206, 207.

359 Zur Einordnung als Tätigkeitsdelikt *Roxin/Greco*, AT I, § 10 Rn. 103.

360 *Heger*, in: Lackner/Kühl, § 123 Rn. 5; *Schäfer*, in: MüKo, § 123 Rn. 25.

Überschrift „gesund für Deutschland" bei einem sozialen Netzwerk öffentlich ein Bild einstellen, das vier Bananen zeigt, die so angeordnet sind, dass sie ein Hakenkreuz bilden. Ein Programm erkennt das Hakenkreuz und sperrt das Bild, bevor es die Nutzer des Netzwerks abrufen können. Ein Mitarbeiter des Netzwerks, der für die Kontrolle solcher Inhalte zuständig ist, stuft das Bild als „unbedenklich" ein und ermöglicht damit dessen Veröffentlichung, obwohl er angewiesen wurde, Bilder von Hakenkreuzen immer zu löschen. Das Bild ist aufgrund der Überschrift als Befürwortung des Nationalsozialismus zu werten und daher keine Kunst im Sinne der Sozialadäquanzklausel (§§ 86a III i.V.m. § 86 III StGB).[361] Problematisch ist, ob dem Neonazi die Vollendung (Wahrnehmbarkeit des Bildes im Inland) trotz des vorsätzlichen Dazwischentretens des Mitarbeiters noch zugerechnet werden kann.[362]

Ähnliche Schwierigkeiten können Kausalität und objektive Zurechnung bei vermeintlichen Tätigkeitsdelikten auch dann bereiten, wenn strafbare Inhalte im Internet durch sogenannte Social Bots verbreitet werden. Das sind Computerprogramme, die wie Menschen im Internet kommunizieren und dadurch eine menschliche Identität vortäuschen.[363] Sie werden unter anderem dazu eingesetzt, über soziale Netzwerke die Meinung bestimmter Zielgruppen durch automatisch generierte Inhalte und Interaktionen zu beeinflussen. Häufig beschränken sich Social Bots derzeit noch auf die bloße Wiederholung von Beiträgen anderer Nutzer, die bestimmte Schlüsselwörter enthalten, wie beispielsweise „Asylflut" oder „Volksverräter". Die Äußerungen solcher Social Bots sind ihrem Verwender in der Regel zurechenbar, da er im Voraus einigermaßen zuverlässig bestimmen kann, welche Art von Inhalten verbreitet werden sollen.[364] Manche Social Bots sind bereits darauf programmiert, Texte zu analysieren und die darin enthaltenen Wörter zu komplett neuen Beiträgen zusammenzusetzen. Im Jahr 2016 hat *Microsoft* einen derart „intelligenten" Social Bot unter dem Namen Tay bei *Twitter* eingesetzt, um die Lernfähigkeit künstlicher Intelligenz zu testen.[365] Er sollte lockere Konversation betreiben und dadurch von den menschlichen Nutzern lernen. Bereits nach wenigen Stunden sah

---

361 Im Gegensatz zum Bananen-Hakenkreuz des Künstlers Thomas Baumgärtel, das als kritische Auseinandersetzung mit dem Nationalsozialismus einzuordnen ist; vgl. *Steinmetz*, in: MüKo, § 86 Rn. 36 ff.

362 Vgl. *Rengier*, AT, § 13 Rn. 87 ff.; *Roxin/Greco*, AT I, § 11 Rn. 137 ff.

363 Zur Funktionsweise der Social Bots *Milker*, ZUM 2017, 216 f.; *Volkmann*, MMR 2018, 58, 59.

364 Vgl. *Volkmann*, MMR 2018, 58, 62 f.

365 Siehe *Graff*, SZ 01.04.2016, S. 11 (ebd.); *Moorstedt*, SZ 09.09.2017, S. 9 (ebd.).

sich *Microsoft* gezwungen, ihn abzuschalten, da er fast nur noch rassistische Inhalte verbreitete, die unter anderem den objektiven Tatbestand der Volksverhetzung (§ 130 I StGB) erfüllten. Die Mitarbeiter von *Microsoft* setzten durch das Programmieren und Verwenden des Social Bots zwar eine Bedingung, sie führte aber nur deshalb zur Verwirklichung des objektiven Tatbestands des § 130 I StGB, weil tausende *Twitter*-Nutzer den Social Bot mit rechten Parolen mästeten. In solchen Fällen ist es schwierig zu entscheiden, in wessen Verantwortungsbereich die Tatbestandsverwirklichung fällt.[366] Je selbständiger Social Bots von anderen Nutzern lernen und Inhalte verbreiten, desto schwieriger wird es, ihr „Verhalten" denjenigen zuzurechnen, die sie programmiert und eingesetzt haben.[367] Spätestens wenn Social Bots (und andere automatische Systeme) irgendwann in der Lage sein sollten, komplett eigenständig Willensentscheidungen zu treffen, wird man eine Unterbrechung des Zurechnungszusammenhangs annehmen müssen.[368]

Kausalität und objektive Zurechnung definieren, welche Verbindung zwischen Tathandlung und Vollendung bestehen muss, um einen ersten Anknüpfungspunkt für die Strafbarkeit des Täters zu geben.[369] Die letzten beiden Fallbeispiele haben gezeigt, dass dies auch bei angeblichen Tätigkeitsdelikten, die via Internet begangen werden, unklar sein kann. Solche Zurechnungsschwierigkeiten darf man nicht mit dem Hinweis umgehen, es könne sie beim fraglichen Delikt überhaupt nicht geben, da es sich um ein Tätigkeitsdelikt handle, bei dem die Handlung mit der Vollendung der Tat zusammenfalle.[370] Das Gegenteil ist richtig: Wenn unklar ist, ob eine bestimmte Handlung zur Vollendung eines Delikts geführt hat, ergibt sich daraus, dass es sich nicht um ein Tätigkeitsdelikt handeln kann, da sich keine Zurechnungsfragen ergäben, wenn Handlung und Vollendung tatsächlich zusammenfielen.

Angenommen es gäbe Tätigkeitsdelikte, müsste bei diesen der beendete Versuch und der Rücktritt davon ausgeschlossen sein. Denn der beendete Versuch setzt voraus, dass der Täter die tatbestandsmäßige Handlung ausgeführt hat, ohne dass die Vollendung bereits eingetreten ist[371] – was unmöglich wäre, wenn Handlung und Vollendung zusammenfielen. Ver-

---

366 Vgl. *Rengier*, AT, § 13 Rn. 87 ff.; *Roxin/Greco*, AT I, § 11 Rn. 137 ff.
367 Vgl. *Volkmann*, MMR 2018, 58, 60 f.; *Spindler*, CR 2015, 766, 767.
368 Siehe *Gleß/Weigend*, ZStW 126 (2014), 561, 588 f.
369 *Rengier*, AT, § 13 Rn. 1; vgl. *Jescheck/Weigend*, S. 277 f.
370 So bereits *T. Walter*, in: FS-Beulke, S. 327, 336.
371 Siehe *Kühl*, in: Lackner/Kühl, § 24 Rn. 3; *Rengier*, AT, § 37 Rn. 32.

meintliche Tätigkeitsdelikte können aber einen beendeten Versuch haben. Dazu folgendes Beispiel: Jemand hat alles Notwendige veranlasst, um über seinen Rechner ein Video mit kinderpornografischem Inhalt auf eine frei zugängliche Internetseite zu stellen. Wenn er ein schlechtes Gewissen bekommt und den Übertragungsvorgang abbricht, bevor das Video im Internet abrufbar ist, kommt es nicht zur Vollendung des § 184d StGB, da niemand die Möglichkeit der Wahrnehmung hat.[372] Es liegt dann ein Rücktritt vom *beendeten* Versuch des § 184d StGB vor.

Es gäbe keine Erfolgsdelikte, wendete man auf alle Delikte das Wortlautargument des BGH[373] entsprechend an, wonach das „Führen eines Fahrzeugs" nicht schon das Verursachen der Bewegung sei, sondern erst mit dem Bewegungsvorgang beginne.[374] Denn das Anschneiden eines Bungee-Seils ist *noch* kein „Töten" (§ 212 StGB), das Befüllen eines Trinkwasserspenders mit Abführmittel *noch* keine „körperliche Misshandlung" oder „Gesundheitsschädigung" (§ 223 StGB) und das Beimischen von Gift in Katzenfutter *noch* kein „Zerstören" (§ 303 StGB).

Das Anrollen der Räder bei § 316 StGB ist genauso ein Erfolg wie der durch einen Faustschlag entstandene Schmerz. Dass der Täter beim Anrollen der Räder das Fahrzeug im fahruntüchtigen Zustand „führen" muss, ist eine zusätzliche Voraussetzung des Erfolgs bei § 316 StGB, bedeutet aber nicht, dass allein darin die strafbare Handlung liegen könne.[375] Die Tatbestände des Besonderen Teils verlangen also nur den Eintritt eines bestimmten Erfolgs, ohne dass es eine Rolle spielt, welche der in Frage kommenden Verhaltensweisen der Täter wählt, um diesen Erfolg zu ermöglichen.[376] Da es auch bei vermeintlichen Tätigkeitsdelikten nicht auf die Art der Handlung ankommt, welche die Vollendung herbeigeführt hat, sind bei ihnen die Regeln der *actio libera in causa* ebenfalls anzuwenden.[377]

Die Einteilung in Erfolgs- und Tätigkeitsdelikte ergibt sich auch nicht aus der Sozialerheblichkeit der äußeren Folge der Handlung. Zwar besteht ein Unterschied zwischen der Tötung eines Menschen bei § 212 StGB und dem Anrollen der Räder bei § 316 StGB, doch der liegt darin, dass der Totschlag ein schwereres Delikt ist als die Trunkenheit im Verkehr.[378] Im Ver-

---

372 Zur Vollendung BT-Drs. 18/2601, S. 24, und *M. Heinrich*, ZJS 2016, 698, 706.
373 Siehe dazu BGHSt 42, 235, 239 f.
374 So bereits *T. Walter*, Kern, S. 20.
375 Siehe *Freund*, GA 2014, 137, 141.
376 Vgl. *T. Walter*, Kern, S. 20.
377 Siehe *T. Walter*, Kern, S. 20 f.; vgl. *Freund*, GA 2014, 137, 141 ff.; *Hirsch*, NStZ 1997, 230 ff.
378 So bereits *T. Walter*, in: FS-Beulke, S. 327, 330.

gleich zu anderen Erfolgsdelikten sind es die vermeintlichen Tätigkeitsdelikte, die schwerer wiegen. Das Erschleichen von Leistungen eines Automaten (§ 265a I 1. Var. StGB) ist beispielsweise ein Erfolgsdelikt.[379] Erfasst sind dabei nur Leistungsautomaten (nicht Warenautomaten), also beispielsweise Ferngläser mit Münzeinwurf sowie Musik- und Spielautomaten[380] – es geht also in der Regel um kleine Geldbeträge. § 265a StGB kann höchstens mit einer Freiheitsstrafe von einem Jahr bestraft werden. Das vermeintliche Tätigkeitsdelikt der Anleitung zu Straftaten (§ 130a StGB) ist dagegen gravierender: es kann mit einer Freiheitsstrafe von bis zu drei Jahren bestraft werden.

Aus den vorstehenden Ausführungen folgt, dass es keine „Tätigkeitsdelikte", sondern nur Erfolgsdelikte gibt, denn bei allen Delikten besteht ein (zumindest kurzer) Kausalverlauf zwischen Handlung und Vollendung. Die Vollendung des objektiven Tatbestands setzt stets eine Außenwirkung voraus – wie etwa das Anrollen der Räder bei § 316 StGB oder die Wahrnehmbarkeit der Inhalte bei § 86a I Nr. 1 StGB. Die Außenwirkung der Vollendung ist der Erfolg oder kürzer: Die Vollendung ist der Erfolg.[381]

Bei allen Internetdelikten setzt die Vollendung zumindest voraus, dass die strafbaren Inhalte für die im Delikt genannten Adressaten wahrnehmbar sind.[382] So ist etwa das Verwenden von Kennzeichen verfassungswidriger Organisationen (§ 86a I Nr. 1 StGB) erst erfüllt, wenn Bilder verbotener Kennzeichen im Internet abrufbar sind.[383] Aus technischer Sicht ist für die Übertragung von Inhalten im Internet erforderlich, dass das internetfähige Gerät zunächst den Steuerungsbefehl des Nutzers (die Tastatureingabe, Gesten- oder Sprachsteuerung) erkennt und anschließend die Daten als elektronische Impulse an den Server übermittelt. Internetdelikte sind also nicht schon mit der Tathandlung (der Eingabe des Steuerungsbefehls) vollendet, sondern erst, wenn die Inhalte auf einen Server übertragen wurden, so dass sie im Internet abrufbar sind. Der Übertragungsvorgang ist der Kausalverlauf, den alle Internetdelikte teilen. Wird die Datenübertragung abgebrochen, weil beispielsweise der Rechner abstürzt oder die Internetverbindung abbricht, tritt die Vollendung nicht ein. Internetdelikte haben also die gleiche Struktur wie andere Delikte: bei ihnen gibt es immer einen

---

379 *Heger*, in: Lackner/Kühl, § 265a Rn. 1; *Hellmann*, in: NK, § 265a Rn. 8.
380 Zur h.M. *Heger*, in: Lackner/Kühl, § 265a Rn. 2, und *Hellmann*, in: NK, § 265a Rn. 18. Anders *Wohlers/Mühlbauer*, in: MüKo, § 265a Rn. 13.
381 Siehe *T. Walter*, Kern, S. 21.
382 Ausführlich dazu 4. Kap. V 2 a.
383 Siehe *Steinmetz*, in: MüKo, § 86a Rn. 19, 23. Zum öffentlichen Verwenden via *facebook* BGH NStZ 2015, 81, 83 Rn. 17.

von der Tathandlung getrennten Vollendungserfolg. Ob an diesen Erfolg im Rahmen des § 9 I StGB angeknüpft werden kann, ist im Folgenden zu prüfen.

c) Wortlaut

Das Analogieverbot (§ 1 StGB und Art. 103 II GG) begrenzt die Auslegung im Strafrecht auf den möglichen Wortsinn des Gesetzes.[384] Vor der eigentlichen Auslegung ist daher erst zu ermitteln, welche Sachverhalte (noch) als „Erfolge" bezeichnet werden können; was also zum Begriffshof gehört.[385] Nach allgemeinem Sprachgebrauch beschreibt das Wort „Erfolg" typischerweise das positive Ergebnis einer Bemühung.[386] Dem Erfolgsbegriff liegt das Verb „erfolgen" zu Grunde, das im allgemeinen Sprachgebrauch sowohl für den Eintritt erwünschter als auch unerwünschter Ereignisse verwendet wird.[387] Entsprechend kann „Erfolg" auch schlicht als „Wirkung" verstanden werden, bei der es nicht darauf ankommt, ob sie jemand herbeiführen wollte.[388]

Gemäß § 9 I StGB muss es sich um einen „zum Tatbestand *gehörenden* Erfolg" handeln. Das Wort „gehören" bedeutet in diesem Kontext nach allgemeinem Sprachgebrauch „für etwas erforderlich sein" oder „zu etwas zählen".[389] Also sind vom Wortlaut des § 9 I StGB keine beliebigen Wirkungen erfasst, sondern nur solche, die für die Tatbestandsverwirklichung erforderlich sind oder zumindest in einem Zusammenhang mit dem Tatbestand stehen. Betrachtet man die Vollendung als Erfolg, ist der Erfolg zugleich die Verwirklichung des objektiven Tatbestands und damit *erforderlich* für den Tatbestand. Die Wortlautgrenze ist daher nicht überschritten, wenn man die Vollendung als „zum Tatbestand gehörenden Erfolg" im Sinne des § 9 I StGB einordnet.

Im Rahmen der eigentlichen Wortlautauslegung ist zu prüfen, in welche Richtung der Wortlaut des § 9 I StGB weist.[390] Dass der Erfolgsbegriff auf dem Verb „erfolgen" basiert, spricht dafür, dass für den Erfolgseintritt

---

384 BVerfGE 92, 1, 12; BVerfG NJW 2007, 1193 (ebd.); *Roxin/Greco*, AT I, § 5 Rn. 26 ff.

385 Siehe *T. Walter*, Rhetorikschule, S. 218 f.

386 Vgl. Duden, Stichwort „Erfolg".

387 Vgl. Duden, Stichwort „erfolgen".

388 Vgl. Wahrig, Stichwort „Erfolg".

389 Vgl. Duden, Stichwort „gehören".

390 Vgl. *T. Walter*, Rhetorikschule, S. 219.

etwas geschehen muss; also ein Geschehensablauf (Kausalverlauf) zwischen Handlung und Erfolg notwendig ist.[391] Man kann zwar sprachlich auch die Handlung selbst als Erfolg einer Willensbetätigung einordnen.[392] Gegen ein solches Verständnis spricht bei § 9 I StGB aber, dass dieser die Handlung als Anknüpfungspunkt nennt, was überflüssig wäre, wenn die Handlung auch als Erfolg einzuordnen wäre. Den Anforderungen an einen Kausalverlauf entspricht der Erfolg auch bei abstrakten Gefährdungsdelikten, da sie (wie alle Delikte) bei der Vollendung eine von der Handlung abtrennbare Außenwirkung haben (etwa das Anrollen der Räder bei § 316 StGB oder die Wahrnehmbarkeit der Inhalte bei § 86a StGB).[393]

Der Erfolgsbegriff ist im Strafrecht in verschiedenen Bereichen von Bedeutung:[394] Bei der Unterlassenstrafbarkeit (§ 13 I StGB), für die Verjährung (§ 78a S. 2 StGB) und als Bezugspunkt für objektive Zurechnung und Kausalität. Das Begehen einer Straftat durch Unterlassen (§ 13 StGB) erfordert die Nichtabwendung eines Erfolgs, der „zum Tatbestand eines Strafgesetzes gehört". Nach herrschender Auffassung können auch abstrakte Gefährdungsdelikte durch Unterlassen begangen werden;[395] ihnen wird also im Rahmen des § 13 StGB ein Erfolg zugestanden. In der juristischen Fachsprache kann ein Wort im selben Gesetz zwar an unterschiedlichen Stellen ausnahmsweise verschiedene Bedeutungen haben.[396] Sofern es aber keinen Grund gibt, von einer unterschiedlichen Bedeutung auszugehen, ist zu vermuten, dass der Gesetzgeber dasselbe gemeint hat. Von Vertretern der herrschenden Auffassung wird das unterschiedliche Verständnis des Erfolgsbegriffs damit begründet, dass § 13 I StGB anders als § 9 I StGB nach seinem Wortlaut nicht zwischen Handlung und Erfolg differenziere.[397] Bei § 13 I StGB seien daher auch „Handlungserfolge" erfasst, die keine von der Handlung abtrennbare Außenwirkung voraussetzten.[398] Diese Argumentation übersieht, dass § 13 I StGB die Anknüpfung an das Unterlassen bezweckt und entsprechend nicht zwischen *Handlung* und Erfolg unterschei-

---

391 So im Ergebnis auch *Jansen*, S. 31 ff.
392 *Jescheck/Weigend*, S. 260. Zur Relativität des Erfolgsbegriffs bereits *Mayer*, AT, S. 117.
393 Siehe 4. Kap. V 1 b cc.
394 Siehe *Martin*, S. 20 f.
395 Für die h.M. *N. Bosch*, in: S/S, § 13 Rn. 3; *Kühl*, in: Lackner/Kühl, § 13 Rn. 6.
396 Siehe *T. Walter*, Rhetorikschule, S. 222.
397 *Duesberg*, S. 134; *Heghmanns*, in: JA 2001, 276, 279.
398 *Heghmanns*, in: JA 2001, 276, 279.

det, sondern zwischen *Unterlassen* und Erfolg.[399] Es geht daher bei § 13 I StGB um denselben Erfolgsbegriff wie bei § 9 I StGB.[400]

Gemäß § 78a S. 1 StGB beginnt die Verjährung, sobald die Tat beendet ist. Tritt der „zum Tatbestand gehörenden Erfolg" danach ein, startet die Verjährung gemäß § 78a S. 2 StGB erst zu diesem Zeitpunkt. Nach herrschender Meinung beginnt die Verjährung bei abstrakten Gefährdungsdelikten direkt nach Abschluss der Tathandlung, da sie als „Tätigkeitsdelikte" eingeordnet werden und daher vermeintlich keinen Erfolg im Sinne des § 78a S. 2 StGB haben.[401] Beim „Tätigkeitsdelikt" der uneidlichen Falschaussage (§ 153 StGB) nehmen die Vertreter der herrschenden Auffassung allerdings an, dass die Verjährung erst mit Abschluss der Vernehmung beginne.[402] Das kann aber Stunden oder Tage sein, nachdem der Zeuge die unrichtigen Angaben gemacht hat (Tathandlung), so dass § 78a S. 2 StGB einschlägig ist. Es ist nicht plausibel, die Vollendung eines angeblichen Tätigkeitsdelikts bei § 78a S. 2 StGB als „Erfolg" einzuordnen, nicht aber im Rahmen des § 9 I StGB.

Als Bezugspunkt für objektive Zurechnung und Kausalität setzt der Erfolgsbegriff voraus, dass zwischen Handlung und Erfolg ein Kausalverlauf liegt, denn andernfalls stellten sich keine Zurechnungsfragen.[403] Da abstrakte Gefährdungsdelikte (wie alle Delikte) einen zumindest kurzen Kausalverlauf haben,[404] entspricht es diesem Erfolgsbegriff, auch bei ihnen vom Eintritt eines „Erfolgs" im Sinne des § 9 I StGB auszugehen.

d) Entstehungsgeschichte

Nach der Ursprungsfassung des § 3 RStGB war deutsches Strafrecht anwendbar auf die im Inland „begangenen strafbaren Handlungen", auch wenn der Täter Ausländer war.[405] § 3 RStGB knüpfte nicht ausdrücklich an den Erfolgseintritt an. Um trotzdem eine weitreichende Bestrafung nach deutschem Recht zu ermöglichen, wendete das Reichsgericht die Ubiquitätstheorie (Einheitstheorie) an, indem es unter dem Begriff der

---

399 Vgl. *Jakobs*, AT, 29. Abschn. Rn. 2.
400 So im Ergebnis bereits *B. Heinrich*, GA 1999, 72, 77 f.
401 Für die h.M. *Mitsch*, in: MüKo, § 78a Rn. 6; *Saliger*, in: NK, § 78a Rn. 17.
402 Siehe *Fischer*, § 78a Rn. 11; *Saliger*, in: NK, § 78a Rn. 17.
403 Vgl. *Rengier*, AT, § 13 Rn. 1; *Stratenwerth/Kuhlen*, AT, § 8 Rn. 15 ff.
404 Siehe 4. Kap. V 1 b cc.
405 Das RStGB von 1871 ist abgedruckt bei *Jeßberger*, S. 304 f., und *Vormbaum/Welp*, S. 1 ff.

„begangenen strafbaren Handlung" nicht nur die Tätigkeit an sich verstand, sondern auch die durch die Tätigkeit verursachte Wirkung: „(...) Die verbrecherische Thätigkeit kommt aber mit dem Aufhören der körperlichen Thätigkeit nicht zum Abschlusse, sie setzt sich vielmehr fort in der Wirksamkeit der vom Thäter in Bewegung gesetzten Kraft. Dieses Wirken der fremden (natürlichen, mechanischen, tierischen, menschlichen) Kraft ist ein Bestandteil der Handlung des Thäters. Setzt sich danach der Thatbestand aus mehreren, räumlich getrennten Vorgängen zusammen, so gilt als Begehungsort jeder Ort, an welchem die That, sei es unmittelbar durch die Körperbewegung des Thäters oder durch die von ihm in Bewegung gesetzte Kraft, zur Ausführung gelangt."[406] Das Reichsgericht legte dem Ubiquitätsprinzip also eine normative naturalistische Betrachtung der Tathandlung und ihrer Wirkung zu Grunde und nicht die Unterscheidung zwischen Erfolgs- und sogenannten Tätigkeitsdelikten.[407]

Im Zuge der Geltungsbereichsverordnung von 1940[408] folgte der Gesetzgeber der Auffassung des Reichsgerichts und regelte das Ubiquitätsprinzip in § 3 III RStGB.[409] Nach § 3 III RStGB war eine Tat „an jedem Ort begangen, an dem der Täter gehandelt hat (...) oder an dem der Erfolg eingetreten ist (...)." Durch das Zweite Strafrechtsreformgesetz von 1969[410] wurde die Formulierung des § 3 III RStGB fast wortgleich in den heutigen § 9 I StGB übernommen. Zu diesem Zeitpunkt wurde in Anknüpfung an die Rechtsprechung des Reichsgerichts überwiegend angenommen, dass es auch bei abstrakten Gefährdungsdelikten einen Erfolg im Sinne des Ubiquitätsprinzips gebe.[411] Das Wort „Erfolg" wurde durch das Zweite Strafrechtsreformgesetz zwar ergänzt um die Beschreibung „zum Tatbestand gehörend." Damit wollte der Gesetzgeber die Rechtslage aber nicht ändern.[412] Nach den Ausführungen der Großen Strafrechtskommission sollte die Einschränkung auf den „zum Tatbestand gehörenden Erfolg" nur klarstellen, dass „der Eintritt des Erfolges in einer engen Beziehung zum Straf-

---

406 RGSt, 23, 155, 156 f. Ähnlich RGSt 74, 55, 59; 67, 130, 138; 20, 146, 148 f.; 13, 337, 338 f.; 10, 420, 422 f.; 3, 316, 318; 1, 274, 276. Zustimmend *v. Hippel*, ZStW 37 (1919), 1, 13 f.

407 Vgl. *Sieber*, NJW 1999, 2065, 2069.

408 RGBl. 1940 I, S. 754 f.

409 Siehe *Jeßberger*, S. 59; *Kienle*, S. 101; *Mezger*, DR 1940, 1076, 1078.

410 BGBl. 1969 I, S. 717 ff. Siehe auch BGBl. 1973 I, S. 909 (ebd.).

411 Siehe OLG Köln NJW 1968, 954 (ebd.); *Tröndle*, in: LK⁹, Vorb. § 3 Rn. 51 m.w.N.; *Werle/Jeßberger*, in: LK, § 9 Rn. 33.

412 So bereits BGHSt 46, 212, 223; *Sieber*, NJW 1999, 2065, 2069.

tatbestand" stehen muss.[413] Nur ein „tatbestandlicher und nicht auch ein darüber hinausgehender möglicher weiterer Erfolg" sollte für die Bestimmung des Tatorts von Bedeutung sein.

Im Jahr 1966 wurde von 14 Strafrechtsprofessoren[414] der Alternativentwurf eines Strafgesetzbuches vorgelegt, der später von der FDP-Fraktion in den Bundestag eingebracht und zusammen mit dem Entwurf der Großen Strafrechtskommission beraten wurde.[415] Zur Tatortbestimmung knüpft der Alternativentwurf in seinem § 8 ebenfalls an das Ubiquitätsprinzip an.[416] Dabei schlägt der Alternativentwurf zwar eine etwas andere Formulierung vor, folgt inhaltlich aber ausdrücklich dem Entwurf der Großen Strafrechtskommission. Nach der Begründung zu § 8 des Alternativentwurfs ist für den Erfolgsort „einzig und allein" die „tatbestandsmäßig umschriebene besondere Wirkung des deliktischen Handelns" maßgeblich.[417] Bei der Bestimmung des Erfolgsorts folgten die Autoren des Alternativentwurfs und die Mitglieder der Großen Strafrechtskommission also der normativen Betrachtung des Reichsgerichts.[418] Auch die Begründung zum Zweiten Strafrechtsreformgesetz von 1969 macht deutlich, dass es dem Gesetzgeber um die Fortführung der bisherigen Rechtslage ging: „Absatz 1 verdeutlicht das geltende Recht lediglich (...)".[419]

Seit dem Inkrafttreten des Zweiten Strafrechtsreformgesetzes im Jahr 1975 hat der Gesetzgeber bei den §§ 5 und 6 StGB zum Teil erhebliche Änderungen vorgenommen.[420] Bei den §§ 3 und 9 StGB ließ er den Wortlaut bislang aber unberührt.[421] Auch sonst gibt es keine Äußerungen des Gesetzgebers, die eine Änderung seines Willens deutlich machen. Daraus ergibt sich, dass nach dem Willen des Gesetzgebers für die Bestimmung des Erfolgsorts nach wie vor eine natürliche Betrachtung maßgeblich ist und die Einteilung in Erfolgs- und sogenannte Tätigkeitsdelikte keine Rolle spielt. Da bei natürlicher Betrachtung auch abstrakte Gefährdungsdelikte

---

413 *Kielwein*, in: Strafrechtskommission, S. 18, 20; dort auch zum folgenden Satz.
414 *Baumann, Brauneck, Hanack, Kaufmann, Klug, Lampe, Lenckner, Maihofer, Noll, Roxin, Schmitt, Schultz, Stratenwerth* und *Stree*.
415 Siehe *Baumann u.a.*, Alternativentwurf; BT-Drs. V/2285. Zum Alternativentwurf *Jeßberger*, S. 65 ff.
416 Siehe *Baumann u.a.*, Alternativentwurf, S. 38 f.; dort auch zum folgenden Satz.
417 Siehe *Baumann u.a.*, Alternativentwurf, S. 39.
418 Vgl. *Sieber*, NJW 1999, 2065, 2069.
419 BT-Drs. V/4095, S. 7, verweist auf BT-Drs. IV/650, S. 113.
420 Zu diesen Änderungen *Jeßberger*, S. 75 f.
421 Vgl. BGBl. 1969 I, S. 717, 719.

einen Erfolg haben,[422] kann daran im Rahmen des § 9 I StGB angeknüpft werden.

e) Systematik

In § 5 StGB werden einige abstrakte Gefährdungsdelikte aufgeführt, etwa in § 5 Nr. 3 Buchst. a StGB die Verfassungsfeindliche Einwirkung auf Bundeswehr und öffentliche Sicherheitsorgane (§ 89 StGB) und in § 5 Nr. 10 StGB die Aussagedelikte (§§ 153 bis 156 StGB). § 5 StGB erstreckt die deutsche Strafgewalt auf Auslandstaten und durchbricht damit das Territorialitätsprinzip.[423] Auch wenn man annimmt, dass abstrakte Gefährdungsdelikte einen Erfolg im Sinne des § 9 I StGB haben, kann bei ihnen der Tatort im Ausland liegen. § 89 StGB ist beispielsweise nach herrschender Meinung vollendet, wenn das Einwirkungsmittel dem Adressaten zugeht.[424] Sendet ein deutscher Philosophie-Professor während seines Urlaubs von Frankreich aus an einen in Mali stationierten Offizier der Bundeswehr eine E-Mail, in der er ihn auffordert, Fahnenflucht zu begehen, liegen Handlung (Absenden der E-Mail) und Erfolg (Zugang der E-Mail auf dem Rechner des Offiziers) des § 89 StGB im Ausland. Da bei Auslandstaten deutsches Strafrecht nicht über das Territorialitätsprinzip zur Anwendung kommt, ist bei ihnen von Bedeutung, ob die einschlägigen Delikte in § 5 StGB genannt sind. In § 5 StGB werden auch Verletzungsdelikte sowie konkrete Gefährdungsdelikte aufgeführt, die unstreitig einen Erfolg haben. Die Nennung abstrakter Gefährdungsdelikte in § 5 StGB bedeutet daher nicht, dass sie keinen Erfolg im Sinne des § 9 I StGB haben.

Nach herrschender Meinung erfordert das Nichteinmischungsprinzip bei § 6 StGB über den Wortlaut der Vorschrift hinaus einen sinnvollen Anknüpfungspunkt.[425] Geht man davon aus, dass auch abstrakte Gefährdungsdelikte einen Erfolg im Sinne des § 9 I StGB haben, führt das zu keinem Wertungswiderspruch mit § 6 StGB. Denn im Rahmen des § 9 I StGB

---

422 Siehe 4. Kap. V 1 b cc.

423 Zu § 5 StGB *Böse*, in: NK, § 5 Rn. 1 ff.; *Heger*, in: Lackner/Kühl, § 5 Rn. 1 ff.

424 Für die h.M. BGHSt 36, 68, 69; *Laufhütte/Kuschel*, in: LK, § 89 Rn. 4; *Steinmetz*, in: MüKo, § 89 Rn. 6. *Schroeder*, in: Maurach/Schroeder/Maiwald, BT II, § 84 Rn. 61, verlangt zusätzlich die Kenntnisnahme durch den Adressaten.

425 Für die h.M. BGH NStZ 2015, 568 (ebd.); *Ambos*, in: MüKo, § 6 Rn. 4; *Heger*, in: Lackner/Kühl, § 6 Rn. 1. Ablehnend *Eser/Weißer*, in: S/S, § 6 Rn. 1; *Schiemann*, NStZ 2015, 570 f.

setzt die Anwendbarkeit deutschen Strafrechts ebenfalls einen sinnvollen Anknüpfungspunkt voraus.[426]

f) Völkerrecht

Nach dem völkerrechtlichen Nichteinmischungsprinzip verlangt die Ausdehnung nationaler Strafgewalt einen *„genuine link"* aus dem sich ein besonderer Bezug zwischen der Tat und dem Inland ergibt.[427] Allein die Abrufbarkeit von Internetinhalten im Inland ist zwar kein sinnvoller Anknüpfungspunkt, wenn die Inhalte – wie üblich – weltweit verfügbar sind.[428] Bei Internetdelikten kann sich ein besonderer Bezug zu Deutschland aber aus zusätzlichen Anknüpfungspunkten ergeben.[429] Die Annahme eines Erfolgsorts bei Internetdelikten, die als abstrakte Gefährdungsdelikte ausgestaltet sind, ist daher nicht per se ein Verstoß gegen das Nichteinmischungsprinzip.

g) Zwischenergebnis

Angenommen, es gäbe Tätigkeitsdelikte, hätte die Trennung zwischen Verletzungs- und *konkreten* Gefährdungsdelikten einerseits sowie *abstrakten* Gefährdungsdelikten andererseits keine Bedeutung für die Unterscheidung zwischen Erfolgs- und Tätigkeitsdelikten. Da bei allen Delikten ein (zumindest kurzer) Kausalverlauf zwischen Handlung und Vollendung besteht, gibt es allerdings keine „Tätigkeitsdelikte", sondern nur Erfolgsdelikte. Der Erfolg liegt in der Vollendung, die stets eine Außenwirkung hat. Die Wortlautgrenze wird nicht überschritten, wenn man die Vollendung als „zum Tatbestand gehörenden Erfolg" im Sinne des § 9 I StGB einordnet. Der Wortlaut deutet darauf hin, dass auch abstrakte Gefährdungsdelikte einen „Erfolg" gemäß § 9 I StGB haben können, denn auch in anderen Bereichen des Strafrechts wird bei abstrakten Gefährdungsdelikten ein „Erfolg" angenommen und es gibt keinen Grund, den Erfolg bei § 9 I StGB anders zu verstehen. Aus der Entstehungsgeschichte ergibt sich, dass es nach dem Willen des aktuellen Gesetzgebers auch bei abstrakten Ge-

---

426 Siehe 1. Kap. I 2.
427 Siehe 1. Kap. I 2; *Jescheck/Weigend*, S. 167.
428 So bereits *Duesberg*, S. 119; *Jeßberger*, JR 2001, 429, 434.
429 Zu den Anknüpfungspunkten 4. Kap. V 2 b ff.

fährdungsdelikten einen Erfolgsort gibt. Das steht im Einklang mit dem Ergebnis der systematischen Auslegung und ist kein Verstoß gegen das völkerrechtliche Nichteinmischungsprinzip.

2.) Wo liegt der Erfolgsort bei Internetdelikten?

a) Was gehört zum Erfolg?

Um zu bestimmen, wo der Erfolgsort bei Internetdelikten liegt, ist zunächst zu klären, was zum Erfolg gehört. Da der Erfolg die *Vollendung* eines Tatbestandes ist,[430] kommt es darauf an, unter welchen Voraussetzungen die Vollendung eintritt. Das hängt von den Tatbeständen der Internetdelikte ab, also davon, welche Tatumstände und Tathandlungen sie verlangen.

Die Tatbestände zahlreicher Internetdelikte enthalten das Trio „öffentlich, in einer Versammlung oder durch Verbreiten von Schriften"; zum Beispiel die Öffentliche Aufforderung zu Straftaten (§ 111 I StGB), die Belohnung und Billigung von Straftaten (§ 140 Nr. 2 StGB), die Üble Nachrede (§ 186 StGB) sowie – mit etwas abgewandelter Formulierung – das Verwenden von Kennzeichen verfassungswidriger Organisationen (§ 86a I Nr. 1 StGB).[431]

aa) Das „öffentliche" Begehen

Das „öffentliche" Begehen ist nicht immer Teil des Trios, sondern steht bei manchen Internetdelikten auch in einem anderen Zusammenhang; etwa bei der Volksverhetzung (§ 130 III und IV StGB), dem Verbreiten von Propagandamitteln verfassungswidriger Organisationen (§ 86 I StGB) und bei der Falschen Verdächtigung (§ 164 I StGB). Die Tatbestände einiger Inter-

---

430 Siehe 4. Kap. V 1 g.
431 Außerdem enthalten die Tatbestände folgender Internetdelikte das Trio: das Aufstacheln zum Verbrechen der Aggression (§ 80a StGB), die Verunglimpfung des Bundespräsidenten (§ 90 I StGB), die Verunglimpfung des Staates und seiner Symbole (§ 90a I StGB), die Verfassungsfeindliche Verunglimpfung von Verfassungsorganen (§ 90b I StGB), die Verleumdung (§ 187 StGB), die Üble Nachrede und Verleumdung gegen Personen des politischen Lebens (§ 188 I StGB) sowie die Werbung für den Abbruch der Schwangerschaft (§ 219a I StGB).

netdelikte verlangen, dass der Täter bestimmte Schriften oder Inhalte „der Öffentlichkeit" zugänglich macht. Beispiele dafür sind die Anleitung zu Straftaten (§ 130a I, II Nr. 1 und III StGB) sowie die Volksverhetzung (es geht um andere Absätze als soeben, nämlich um § 130 II Nr. 1, Nr. 2 und V. S. 2 StGB). Das „Der-Öffentlichkeit-Zugänglichmachen" und das „öffentliche" Begehen verlangen, dass der Täter Inhalte für einen größeren, nicht durch persönliche Beziehungen verbundenen Personenkreis *wahrnehmbar* macht.[432] Da die Tatvarianten unter diesem Gesichtspunkt deckungsgleich sind, bezeichne ich beide als „öffentliches" Begehen. Zum Teil erhöht das „öffentliche" Begehen die Strafe (etwa bei den §§ 186 und 187 StGB); in vielen Tatbeständen ist das „öffentliche" Begehen Voraussetzung für die Strafbarkeit (zum Beispiel bei den §§ 90a I und 111 I StGB). Das zeigt, dass der Gesetzgeber das „öffentliche" Begehen als besonders schädlich einordnet für die vom jeweiligen Tatbestand geschützten Rechtsgüter.[433] Die besondere Schädlichkeit ergibt sich aus der unüberschaubar großen *Breitenwirkung* „öffentlich" begangener Straftaten.[434]

Das Reichsgericht[435] verlangte für das „öffentliche" Begehen, dass sich eine unbestimmte Vielzahl von Personen dort befindet, wo die Inhalte wahrnehmbar sind. Diese Auffassung ist in Rechtsprechung[436] und Literatur[437] heute allgemein anerkannt (umstritten ist allerdings, wie viele Personen mindesten anwesend sein müssen[438]). Maßgebend für das „öffentliche" Begehen ist nicht die Öffentlichkeit des Ortes an sich, sondern die Möglichkeit der Wahrnehmung durch einen größeren Personenkreis.[439]

---

432 Zum „öffentlichen" Begehen BGH StV 2018, 80 (ebd.); BGH NStZ 2015, 81, 83 Rn. 17; *Hilgendorf/Valerius*, Rn. 391; *Laufhütte/Kuschel*, in: LK, § 90 Rn. 6; *Steinmetz*, in: MüKo, § 86a Rn. 23. Zum "Der-Öffentlichkeit-Zugänglichmachen" BT-Drs. 18/2601, S. 24; *Lohse*, in: S/S/W, § 130 Rn. 26.

433 Vgl. *Schroeder*, GA 1964, 225, 233.

434 Siehe BayObLG NJW 1976, 527, 528; *Schroeder*, GA 1964, 225, 233; vgl. *Laufhütte/Kuschel*, in: LK, § 90 Rn. 5.

435 RGSt 73, 90 f.; 72, 67, 68 f. Zum Öffentlichkeitsbegriff des Reichsgerichts *Doehring*, S. 11 ff.

436 BGHSt 11, 282, 284 f.; OLG Celle NStZ 1994, 440 (ebd.); KG NStZ 1985, 220 (ebd.).

437 *Laufhütte/Kuschel*, in: LK, § 90 Rn. 6; *Eisele/Schittenhelm*, in: S/S, § 186 Rn. 19.

438 *Laufhütte/Kuschel*, in: LK, § 90 Rn. 7, verlangen beispielsweise, dass die Zahl der Personen so groß sein müsse, dass sie sich „nicht mehr ohne Weiteres mit einem Blick sicher feststellen" lasse. *Paeffgen*, in: NK, § 90 Rn. 6, hält dagegen bereits fünf Personen für ausreichend.

439 BGH StV 2018, 80 (ebd.); BGH NStZ 2011, 575, 576; *Laufhütte/Kuschel*, in: LK, § 90 Rn. 8.

Zum Beispiel entschied das Bayerische Oberste Landesgericht[440] im Jahr 1975, dass der Filmautomat eines Nachtlokals einen pornografischen Film nicht „öffentlich" im Sinne des § 184 I Nr. 7 StGB abgespielt habe, da der Automat so konstruiert war, dass jeweils nur eine Person den Film anschauen konnte. Im Jahr 2010 verneinte der BGH[441] ein „öffentliches" Verwenden im Sinne des § 86a I Nr. 1 StGB in einem Fall, bei dem ein Mieter ein Hakenkreuz im Treppenhaus des von ihm bewohnten Hauses mit dem Gummifuß seiner Krücke an die Wand gekritzelt hatte. Nach Auffassung des BGH begründeten die anderen fünf Hausbewohner aufgrund ihrer persönlichen Verbundenheit mit dem Mieter keine „Öffentlichkeit".

Dass Inhalte von einer Vielzahl von Personen gemeinsam vom selben Ort aus konsumiert werden, ist im Internet die Ausnahme. Oft werden Internetinhalte zwar von zahlreichen Personen abgerufen, das geschieht aber in der Regel jeweils einzeln oder in kleinen Gruppen von vielen verschiedenen Orten aus. Was bedeutet das im Hinblick auf das „öffentliche" Begehen? Das Kriterium der Anwesenheit vieler Personen wurde für Sachverhalte entwickelt, bei denen Inhalte nur an einem Ort wahrgenommen werden können (wie bei dem pornografischen Film aus dem Filmautomaten oder dem Hakenkreuz im Treppenhaus). In solchen Fällen müssen sich viele Personen an dem Ort befinden, an dem die Inhalte wahrnehmbar sind, da sie nur so die konkrete Möglichkeit der Wahrnehmung haben.[442] Das Kriterium der Anwesenheit vieler Personen konkretisiert also die Definition des „öffentlichen" Begehens für Sachverhalte, bei denen die Inhalte nur an einem Ort wahrnehmbar sind.[443] Werden Inhalte dagegen so übermittelt, dass sie theoretisch an vielen Orten gleichzeitig wahrgenommen werden können (zum Beispiel per Radio, Fernsehen oder Internet), kommt es allein darauf an, dass ein größerer, nicht durch persönliche Beziehungen verbundener Personenkreis konkret die (technische) Möglichkeit hat, die Inhalte wahrzunehmen.[444] Entscheidend ist die Breitenwirkung der Inhalte.[445]

---

440 BayObLG NJW 1976, 527 ff. Dem folgend in einem ähnlichen Fall KG NStZ 1985, 220 (ebd.).

441 BGH NStZ 2011, 575 f.; dort auch zum folgenden Satz.

442 Zum Erfordernis der konkreten Wahrnehmungsmöglichkeit *Fischer*, § 186 Rn. 16, und *M. Heinrich*, ZJS 2016, 698, 709 Fn. 171.

443 Siehe *M. Heinrich*, ZJS 2016, 698, 709; vgl. *Walther*, NStZ 1990, 523, 524.

444 Siehe *M. Heinrich*, ZJS 2016, 698, 708 f.; *Walther*, NStZ 1990, 523, 524.; vgl. OLG Frankfurt NStZ 1999, 356, 357; KG NJW 1999, 3500, 3501 f.

445 Vgl. BGH StV 2018, 80 (ebd.); OLG Frankfurt NStZ 1999, 356, 357.

Inhalte, die frei zugänglich ins Internet gestellt werden, haben eine besonders große Breitenwirkung, daher sind sie „öffentlich".[446] „Öffentlich" sind auch Inhalte auf einem *facebook*-Profil, das mit zahlreichen „Freunden" verbunden ist, zu denen der Täter keine über die virtuelle Bekanntschaft hinausgehende persönliche Verbindung hat.[447] Kein „öffentliches" Begehen liegt dagegen vor, wenn durch Passwörter oder andere Zugangsbeschränkungen sichergestellt wird, dass nur individuell ausgewählte Nutzer auf die Inhalte zugreifen können.[448] Erhält jeder Interessent, der sich mit seiner E-Mail-Adresse anmeldet, automatisch die Zugangsdaten, besteht jedoch keine ausreichende Zugangsbeschränkung, so dass die Begehung „öffentlich" ist.[449] Auch wenn jemand Inhalte per E-Mail oder über einen sogenannten Instant-Messaging-Dienst (zum Beispiel per *WhatsApp*) an einen größeren Personenkreis sendet, ist das Tatbestandsmerkmal zu bejahen.[450] Dabei macht es keinen Unterschied, ob die Empfänger die Nachricht gleichzeitig oder unmittelbar nacheinander erhalten.[451]

bb) Das Begehen „in einer Versammlung"

Nur bei der Volksverhetzung (§ 130 III und IV StGB) steht das Begehen „in einer Versammlung" allein hinter dem „öffentlichen" Begehen. Ansonsten wird es immer flankiert vom „öffentlichen" Begehen und vom „Verbreiten von Schriften". Eine „Versammlung" ist eine zu einem bestimmten Zweck räumlich vereinigte Personenmehrheit; es kann sich dabei auch um einen begrenzten Personenkreis handeln (anders als beim „öffentlichen" Begehen).[452] Keine „Versammlungen" sind Diskussionsrunden im Internet, da dabei die Teilnehmer nicht räumlich zusammenkommen.[453]

---

446 Siehe BGH NStZ 2015, 81, 83 Rn. 17; BGH NStZ-RR 2014, 47 (ebd.); BGH NStZ 2007, 216, 217 Rn. 4; BGHSt 46, 212, 219; *Eisele/Schittenhelm*, in: S/S, § 186 Rn. 19; *M. Heinrich*, ZJS 2016, 698, 709; *Hilgendorf/Valerius*, Rn. 392; *Regge/Pegel*, in: MüKo, § 186 Rn. 34.

447 So bei 844 *facebook*-Freunden BGH NStZ 2015, 81, 83 Rn. 17. Vgl. *Steinmetz*, in: MüKo, § 86a Rn. 23.

448 *M. Heinrich*, ZJS 2016, 698, 709; *Hilgendorf/Valerius*, Rn. 392.

449 Siehe *Hilgendorf/Valerius*, Rn. 392; vgl. *Walther*, NStZ 1990, 523, 524.

450 *Schäfer*, in: MüKo, § 130 Rn. 83.

451 *Schäfer*, in: MüKo, § 130 Rn. 83. Anders *Hörnle*, NStZ 2002, 113, 118.

452 BGH NJW 2005, 689, 691; *Fahl*, in: S/S/W, § 111 Rn. 5; *Laufhütte/Kuschel*, in: LK, § 90 Rn. 10 ff.; *Sternberg-Lieben*, in: S/S, § 90 Rn. 5.

453 Vgl. *Hilgendorf/Valerius*, Rn. 394.

Genauso wie ein Täter eine Tat „öffentlich" begehen kann, ohne sich in der Öffentlichkeit zu befinden, muss er nicht Teil einer Versammlung sein, um eine Tat „in einer Versammlung" begehen zu können. Ein Täter kann sich daher auch via Internet „in einer Versammlung" äußern – beispielsweise, wenn sich die Mitglieder einer rechtsradikalen Partei zu einer Klausurtagung treffen und ein Redner aus Australien per Videoübertragung in Echtzeit zugeschaltet wird. Die Äußerung muss in kleineren Versammlungen allgemein und in größeren Versammlungen zumindest für einen Teil der Versammelten *wahrnehmbar* sein.[454]

cc) Das „Verbreiten von Schriften", das „Zugänglichmachen von Schriften" und das „Zugänglichmachen von Inhalten"

Sofern das „Verbreiten von Schriften" nicht vom „öffentlichen" Begehen und dem Begehen „in einer Versammlung" begleitet wird, erscheint es häufig zusammen mit dem „Der-Öffentlichkeit-Zugänglichmachen" – beispielsweise bei der Volksverhetzung (§ 130 II Nr. 1 und Nr. 2 StGB), der Anleitung zu Straftaten (§ 130a I und II Nr. 1 StGB), der Gewaltdarstellung (§ 131 I Nr. 1, Buchst. a StGB) und bei den Pornografiedelikten (§§ 184 I Nr. 9, 184a S. 1 Nr. 1, 184b I Nr. 1, 184c I Nr. 1 und 184d I S. 1 StGB).

Gemäß § 11 III StGB steht der Begriff „Schriften" stellvertretend für Ton- und Bildträger, Datenspeicher, Abbildungen und andere Darstellungen. Darunter fallen alle *körperlichen* Gebilde, die einen gedanklichen Inhalt sinnlich wahrnehmbar zum Ausdruck bringen.[455] Das „Verbreiten von Schriften" setzt voraus, dass die *Substanz* der Schrift übertragen wird.[456] Die Schrift selbst muss weitergegeben werden und nicht bloß ihr Inhalt.[457] Via Internet können nur Informationen mit Hilfe elektromagnetischer Signale transportiert werden, aber keine Materie (das mag selbstverständlich erscheinen, wird aber immer wieder ignoriert).

Um bei Internetdelikten dennoch ein „Verbreiten von Schriften" annehmen zu können, erfand der BGH[458] in seinem Urteil vom 27.06.2001 einen „internetspezifischen" Verbreitensbegriff, bei dem es nicht auf die körper-

---

454 *Laufhütte/Kuschel*, in: LK, § 90 Rn. 12.
455 *Fischer*, § 11 Rn. 33; *Satzger*, in: S/S/W, § 11 Rn. 61; vgl. BT-Drs. 13/7385, S. 36.
456 Siehe BT-Drs. 18/2601, S. 2; BGH NStZ 2017, 405, 406; *Heger*, in: *Lackner/Kühl*, § 130 Rn. 7 i.V.m. § 74d Rn. 5; *Ostendorf*, in: NK, § 130 Rn. 23.
457 *M. Heinrich*, ZJS 2016, 569, 570.
458 BGHSt 47, 55, 58 ff. Fortgeführt in BGH NStZ-RR 2014, 47 (ebd.). Offengelassen in BGH NStZ 2015, 81, 82 Rn. 10.

liche Weitergabe der Schrift ankomme. Dabei subsumierte er *Daten* unter den Begriff des „Datenspeichers" im Sinne des § 11 III StGB: „(...) Digitalisierte Fotos, die ins Internet gestellt werden, sind Datenspeicher in diesem Sinne; genauer: auf einem Speichermedium – in der Regel der Festplatte des Servers – gespeicherte Daten."[459] Durch die Aufnahme der „Datenspeicher" in § 11 III StGB im Zuge des Informations- und Kommunikationsdienste-Gesetzes (IuKDG) von 1997 habe der Gesetzgeber Daten den Schriften gleichgesetzt.[460] Dass der Gesetzgeber auch den „flüchtigen, unkörperlichen" Arbeitsspeicher einbezogen habe, zeige, dass es auf eine Verkörperung der Schrift nicht mehr ankomme.[461] Das „Verbreiten" setze voraus, dass die Daten auf dem Rechner eines Internetnutzers ankämen – entweder im Arbeitsspeicher oder auf der Festplatte.

Indem der BGH Daten mit „Datenspeichern" gleichsetzt, verwischt er den Unterschied zwischen dem körperlichen „Verbreiten" einer Schrift und dem unkörperlichen „Zugänglichmachen" ihres Inhalts, der in den Tatbeständen zahlreicher Internetdelikte angelegt ist;[462] zum Beispiel in § 130 II Nr. 1 und in § 130a I StGB. Der Gesetzgeber des IuKDG hat bei § 86 I StGB neben dem „Verbreiten" von Schriften das „Öffentlich-zugänglich-Machen in Datenspeichern" eingefügt.[463] Damit wollte er eine „Strafbarkeitslücke" vermeiden, da § 86 I StGB vor der Gesetzesänderung nach überwiegender Auffassung nur die körperliche Verbreitung von Schriften erfasste, nicht aber die unkörperliche Übermittlung von Daten.[464] Der Gesetzgeber unterschied also – wie bei den anderen „Schriften" – zwischen dem körperlichen „Datenspeicher" und seinen unkörperlichen Inhalten (den Daten).[465] Auch Arbeitsspeicher sind körperliche Datenspeicher; dass sie Inhalte nur vorübergehend speichern, ändert daran nichts.[466]

Im StGB hat der Gesetzgeber den Begriff der „Daten" mehrfach verwendet (beispielsweise in den §§ 202a und 303a StGB); in § 202a II StGB hat er ihn sogar definiert. Der Gesetzgeber kannte also die Begriffe „Daten" und „Datenspeicher". Hätte er Daten als solche den Schriften gleichstellen wollen, hätte er in § 11 III StGB den Begriff „Daten" eingefügt und nicht „Da-

---

459 BGHSt 47, 55, 58.
460 BGHSt 47, 55, 58.
461 BGHSt 47, 55, 59; dort auch zum folgenden Satz.
462 Vgl. *M. Heinrich*, ZJS 2016, 569, 579; *Hilgendorf/Valerius*, Rn. 303.
463 Siehe BGBl. 1997 I, 1870, 1876.
464 Siehe BT-Drs. 13/7385, S. 36.
465 Vgl. *M. Heinrich*, ZJS 2016, 569, 579.
466 Vgl. *M. Heinrich*, ZJS 2016, 569, 580; *Kudlich*, JZ 2002, 310, 311.

tenspeicher".[467] Dass der Gesetzgeber in der Begründung zum IuKDG ausführt, mit der Ausweitung des Schriftenbegriffs auf „Datenspeicher" seien nunmehr auch die Inhalte der Datenspeicher erfasst,[468] bedeutet nicht, dass Daten selbst „Schriften" im Sinne des § 11 III StGB sind, sondern nur, dass Daten mittelbar über den Datenspeicher erfasst sind, auf dem sie gespeichert wurden.[469]

Vor allem überschreitet der „internetspezifische" Verbreitensbegriff des BGH die Grenze des Wortlauts, denn Daten sind keine „Datenspeicher" im Sinne des § 11 III StGB.[470] Nach dem in 103 II GG verankerten Analogieverbot ist die Auslegung durch den möglichen Wortsinn beschränkt.[471] Selbst wenn der Gesetzgeber also in § 11 III StGB mit dem Begriff „Datenspeicher" eigentlich „Daten" gemeint haben sollte (wofür es keine Anhaltspunkte gibt), dürfte dies vom Rechtsanwender nicht so ausgelegt werden.[472] Der „internetspezifische" Verbreitensbegriff des BGH ist daher abzulehnen.[473]

Schon nach alter Rechtslage (vor dem 27.01.2015) enthielten unter anderem die §§ 130, 130a, 131 und 184 ff. StGB neben dem „Verbreiten von Schriften" die Tatvariante des „Zugänglichmachens von Schriften". Dafür genügt es, wenn der Täter den *Inhalt* der Schrift für die Adressaten *wahrnehmbar* macht.[474] Er muss ihnen nicht die Möglichkeit geben, auf die *Substanz* der Schrift zuzugreifen.[475] Schriften können daher via Internet „zugänglich" gemacht werden.[476] Alle Tatbestände, die das „Zugänglichmachen von Schriften" enthielten, konnten somit schon früher via Internet verwirklicht werden – bei diesen gab es also keine „Strafbarkeitslü-

---

467 Vgl. *Kudlich*, JZ 2002, 310, 311.
468 Siehe BT-Drs. 13/7385, S. 36.
469 So bereits *M. Heinrich*, ZJS 2016, 569, 579.
470 *Kudlich*, JZ 2002, 310, 311; *Stein/Deiters*, in: SK, § 11 Rn. 107.
471 BVerfGE 92, 1, 12; BVerfG NJW 2007, 1193 (ebd.); *Roxin/Greco*, AT I, § 5 Rn. 26 ff.
472 *M. Heinrich*, ZJS 2016, 569, 579; vgl. *Bornemann*, MMR 2012, 157, 159.
473 Für die Ablehnung des „internetspezifischen" Verbreitensbegriffes auch *Bornemann*, MMR 2012, 157, 158 f.; *Eckstein*, NStZ 2011, 18, 20; *Eisele*, 6. Kap. Rn. 38; *R. Esser*, in: Rechtshandbuch Social Media, 7. Kap. Rn. 98; *M. Heinrich*, ZJS 2016, 569, 579 ff.; *ders.*, in: FS-Schünemann, S. 597, 600 ff.; *Hilgendorf/Valerius*, Rn. 303 ff.; *Kudlich*, StV 2012, 560, 562; *Stein/Deiters*, in: SK, § 11 Rn. 107.
474 *M. Heinrich*, ZJS 2016, 698, 699 f.; *Hilgendorf/Valerius*, Rn. 291; *Lohse*, in: S/S/W, § 130 Rn. 26.
475 Siehe *M. Heinrich*, ZJS 2016, 698, 699 f.; *Hilgendorf/Valerius*, Rn. 291.
476 *Bornemann*, MMR 2012, 157, 159; *M. Heinrich*, ZJS 2016, 698, 699 f.; *Hilgendorf/Valerius*, Rn. 292; *Lohse*, in: S/S/W, § 130 Rn. 26. Insoweit zutreffend auch BGHSt 47, 55, 60. Einschränkend *Stein*, in: SK, § 130 Rn. 34.

cken", wenn man den „internetspezifischen" Verbreitensbegriff ablehnte.[477]

Am 27.01.2015 trat das 49. Strafrechtsänderungsgesetzes vom 21.01.2015 in Kraft, das unter anderem die §§ 130, 130a, 131 und 184 ff. StGB änderte.[478] Der Gesetzgeber wollte damit die Auslegungsschwierigkeiten beseitigen, die sich bei der unkörperlichen Übertragung von Inhalten via Rundfunk und Telemedien ergaben.[479] Seit der Gesetzesänderung kommt es auf das „Zugänglichmachen von Inhalten" an, wenn diese Tatbestände mittels „Rundfunk- oder Telemedien" begangen werden.[480] Das „Zugänglichmachen von Inhalten" verlangt wie das „Zugänglichmachen von Schriften", dass die Adressaten die *Möglichkeit* haben, die *Inhalte wahrzunehmen*.[481] Bei der Begehung via Internet ist es *vollendet*, sobald die Adressaten die Inhalte im Internet abrufen können;[482] die mittelbare Wahrnehmbarkeit über internetfähige Geräte genügt also. Der Kreis der möglichen Adressaten ist bei den §§ 130, 130a, 131 und 184 ff. StGB unterschiedlich, die „Öffentlichkeit" gehört aber immer dazu. Weitere Adressaten des „Zugänglichmachens" sind „eine Person unter achtzehn Jahren" bei § 130 II Nr. 2, V S. 2 StGB und in § 131 I Nr. 2, Buchst. a StGB sowie „eine andere Person" (jeden Alters) gemäß § 184d I S. 1 StGB.

Bis zum Inkrafttreten des 49. Strafrechtsänderungsgesetzes war Tathandlung der §§ 130 II Nr. 2, 131 II und 184d S. 1 StGB neben dem „Verbreiten von Schriften" auch das „Verbreiten von Darbietungen durch Rundfunk, Medien- oder Teledienste". Die herrschende Auffassung ging davon aus, dass der Begriff „Darbietungen" nur Echtzeitübertragungen meine, nicht aber die Übertragung von aufgezeichneten Inhalten.[483] Durch das 49. Strafrechtsänderungsgesetz wurde in den betreffenden Normen die „Verbreitung von Darbietungen" ersetzt durch das „Zugänglichmachen von In-

---

477 Vgl. *Gercke*, MMR 2001, 678, 679; *Hilgendorf/Valerius*, Rn. 301.
478 Siehe BGBl. 2015 I, S. 10 ff. Dazu *Gercke*, CR 2014, 687 ff., und *Hörnle*, in: MüKo, § 184d Rn. 1 f.
479 Siehe BT-Drs. 18/2601, S. 16; *Hörnle*, in: MüKo, § 184d Rn. 2.
480 Siehe BT-Drs. 18/2601, S. 16; *M. Heinrich*, ZJS 2016, 698, 704 ff.; *Hörnle*, in: MüKo, § 184d Rn. 3.
481 Siehe BT-Drs. 18/2601, S. 24; *M. Heinrich*, ZJS 2016, 698, 706.
482 Vgl. *M. Heinrich*, ZJS 2016, 698, 706; *Schäfer*, in: MüKo, § 130 Rn. 74.
483 Für die h.M. *Hilgendorf/Valerius*, Rn. 313; *Krauß*, in: LK, § 130 Rn. 84. Ablehnend *Bornemann*, MMR 2012, 157, 160.

halten". Erfasst sind seitdem sowohl Echtzeitübertragungen als auch aufgezeichnete Bild-, Video- und Audioaufnahmen.[484]

Wenn Inhalte im Internet bereitgestellt werden, ist das „Zugänglichmachen von Inhalten" *lex specialis* gegenüber dem weiterhin im Gesetz enthaltenen „Zugänglichmachen von Schriften", da der Gesetzgeber nicht wollte[485], dass neben dem „Zugänglichmachen von Inhalten" (zusätzlich) auf das „Zugänglichmachen von Schriften" abgestellt wird.[486] Daher ist beispielsweise bei der *Begehung* via Internet abzustellen auf § 184d I S. 1 StGB und nicht auf §§ 184 I Nr. 1, 184a S. 1 Nr. 1, 184b I Nr. 1 und 184c I Nr. 1 StGB.[487]

dd) Das „Verbreiten von Propagandamitteln" und das „Zugänglichmachen in Datenspeichern" (§ 86 I StGB)

Geschützte Rechtsgüter des Verbreitens von Propagandamitteln verfassungswidriger Organisationen (§ 86 StGB) sind die freiheitlich demokratische Grundordnung und der Gedanke der Völkerverständigung.[488] Die Norm soll inhaltliche Werbung für die Ziele verfassungsfeindlicher Organisationen verhindern.[489] Propagandamittel müssen einen werbenden Inhalt haben und darauf gerichtet sein, die Ziele der beworbenen Organisation zu unterstützen.[490] Gemäß § 86 II StGB sind Propagandamittel solche Schriften, die sich gegen die freiheitlich demokratische Grundordnung oder den Gedanken der Völkerverständigung richten. Propagandamittel müssen daher eine „aktiv kämpferische, aggressive Tendenz" aufweisen.[491] Eine solche hat der BGH[492] bei einem Pamphlet angenommen, das unter anderem forderte, dass kein Jude in Deutschland auf „irgendeinem maßgeblichen Posten" sitzen dürfe, „sei es in der Regierung, sei es in politischen Parteien oder in der Bankwelt oder anderswo". Ein weiteres Fallbei-

---

484 Siehe BT-Drs. 18/2601, S. 24; *Hörnle*, in: MüKo, § 184d Rn. 10; *Ostendorf*, in: NK, § 130 Rn. 23.
485 Siehe BT-Drs. 18/2601, S. 16.
486 *M. Heinrich*, ZJS 2016, 698, 705.
487 Siehe *M. Heinrich*, ZJS 2016, 297, 314; *Hörnle*, in: MüKo, § 184d Rn. 43 f.
488 *Paeffgen*, in: NK, § 86 Rn. 2; *Steinmetz*, in: MüKo, § 86 Rn. 1.
489 *Fischer*, § 86 Rn. 2; *Laufhütte/Kuschel*, in: LK, § 86 Rn. 1.
490 *Laufhütte/Kuschel*, in: LK, § 86 Rn. 3; *Steinmetz*, in: MüKo, § 86 Rn. 12.
491 BGH NStZ 2015, 512 f.; BGHSt 23, 64, 72; *Laufhütte/Kuschel*, in: LK, § 86 Rn. 7; *Steinmetz*, in: MüKo, § 86 Rn. 12.
492 BGHSt 13, 32 ff.

spiel aus der Rechtsprechung des BGH: Der Moderator eines Internet-Radiosenders strahlte ein Lied aus, das den Titel „Blut und Ehre" trägt. Die Gruppe *Schwarze Division Sachsen* grölt in diesem Lied unter anderem die Parolen „Deutschland Heil dir, Sieg Heil, Sieg Heil, Sieg Heil" sowie „Blut und Ehre". Der BGH[493] hat das Lied nicht als Propagandamittel eingeordnet, da die Verwendung von Kennzeichen nationalsozialistischer Organisationen („Sieg Heil", „Blut und Ehre") nicht genüge, um den erforderlichen aufwieglerischen Charakter zu bejahen.

Da Propagandamittel nach § 86 II StGB „Schriften" im Sinne des § 11 III StGB sind, müssen sie – wie alle Schriften – der *Substanz* nach „verbreitet" werden.[494] Der „internetspezifische" Verbreitensbegriff des BGH[495] ist genauso wie bei anderen Schriften abzulehnen; Propagandamittel können also nicht via Internet „verbreitet" werden.[496] Auch das Ausstrahlen des Liedes im letzten Beispielfall war aufgrund der unkörperlichen Übertragung kein „Verbreiten".

Das „Herstellen", „Vorrätighalten", „Einführen" und „Ausführen" von Propagandamitteln „zur Verbreitung im Inland" setzen voraus, dass der Täter die Propagandamittel *körperlich* erzeugt, besitzt, über die deutsche Grenze transportiert oder transportieren lässt;[497] diese Vorbereitungshandlungen können daher ebenfalls nicht via Internet verwirklicht werden.

Beim „Zugänglichmachen in Datenspeichern" kommt es dagegen nicht auf die Substanz des Propagandamittels an, erforderlich ist vielmehr, dass der Täter den Inhalt des Propagandamittels in elektronischer Form bereitstellt.[498] Das öffentliche „Zugänglichmachen in Datenspeichern" ist *vollendet*, wenn der Inhalt des Propagandamittels für eine unbestimmte Vielzahl von Personen *wahrnehmbar* ist – beispielsweise auf einer frei zugänglichen Internetseite oder per Internet-Radio.[499] Maßgeblich ist die Möglichkeit der mittelbaren Wahrnehmung über technische Hilfsmittel.

---

493 BGH NStZ 2015, 512 f.

494 *Güntge*, in: S/S/W, § 86 Rn. 10; *Paeffgen*, in: NK, § 86 Rn. 25; *Sternberg-Lieben*, in: S/S, § 86 Rn. 14.

495 Entwickelt in BGHSt 47, 55, 58 ff. Fortgeführt in BGH NStZ-RR 2014, 47 (ebd.).

496 Siehe *Bornemann*, MMR 2012, 157, 159; *Sternberg-Lieben*, in: S/S, § 86 Rn. 14. Anders *Steinmetz*, in: MüKo, § 86 Rn. 30.

497 Siehe *Laufhütte/Kuschel*, in: LK, § 86 Rn. 30 ff.; *Steinmetz*, in: MüKo, § 86 Rn. 31 ff.

498 Siehe *Güntge*, in: S/S/W, § 86 Rn. 15; *Laufhütte/Kuschel*, in: LK, § 86 Rn. 35; *Paeffgen*, in: NK, § 86 Rn. 36.

499 Vgl. *Paeffgen*, in: NK, § 86 Rn. 36; *Steinmetz*, in: MüKo, § 86 Rn. 35; vgl. BGH NStZ-RR 2014, 47 (ebd.).

Nach einhelliger Auffassung müssen alle Tathandlungen des § 86 I StGB im Inland begangen werden, auch wenn § 86 I StGB das nur für das „Verbreiten" formuliert.[500] Ob eine Tathandlung im Inland begangen wird, ergibt sich auch bei § 86 I StGB aus § 9 StGB, der damit nicht nur für § 3 StGB von Bedeutung ist.[501]

§ 86 III StGB enthält die sogenannte Sozialadäquanz-Klausel, die für Fälle sozialadäquaten Verhaltens die Strafbarkeit ausschließt.[502] Dazu ein Fall, über den das OLG Stuttgart[503] 2006 zu entscheiden hatte: Ein Stuttgarter Kommunikationsdesigner hatte auf seine Internetseite eine über 100 Seiten starke Dokumentation über die Sperrung von Internetseiten gestellt, um für eine uneingeschränkte Informationsfreiheit im Internet zu werben. Diese Dokumentation enthielt unter anderem Verknüpfungen, die es ermöglichten, von Deutschland aus solche US-amerikanischen Seiten abzurufen, die für den Zugriff aus Deutschland eigentlich gesperrt waren, da sie Propagandamittel im Sinne des § 86 I StGB zeigten. Der Kommunikationsdesigner hatte in seiner Dokumentation diese Inhalte damit kommentiert, dass rassistisches Gedankengut das Gehirn „zerfrisst", und außerdem Literaturhinweise gegeben, um eine argumentative Auseinandersetzung mit Rechtsradikalen zu ermöglichen. Nach zutreffender Auffassung des OLG Stuttgart war seine Strafbarkeit gemäß § 86 III StGB ausgeschlossen, da die Dokumentation der „staatsbürgerlichen Aufklärung" diente.[504]

Ein weiterer Tatbestandsausschluss ergibt sich aus § 296 EGStGB: danach ist § 86 I StGB nicht anzuwenden auf Zeitungen und Zeitschriften, die im Ausland in regelmäßiger Folge erscheinen und dort allgemein und öffentlich vertrieben werden.[505] Da sich § 296 EGStGB nur auf *Druckschriften* bezieht,[506] fallen Veröffentlichungen im Internet nicht darunter. Es ist nicht geboten, § 296 EGStGB *analog* anzuwenden, wenn der Täter via Internet

---

500 Siehe *Kühl*, in: Lackner/Kühl, § 86 Rn. 6; *Paeffgen*, in: NK, § 86 Rn. 23a; *Steinmetz*, in: MüKo, § 86 Rn. 5; *Sternberg-Lieben*, in: S/S, § 86 Rn. 15.

501 *Laufhütte/Kuschel*, in: LK, § 86 Rn. 29; vgl. *Steinmetz*, in: MüKo, § 86 Rn. 5.

502 Zur Reichweite der Sozialadäquanz-Klausel *Steinmetz*, in: MüKo, § 86 Rn. 36 ff.; *Sternberg-Lieben*, in: S/S, § 86 Rn. 17. Zur Anwendung der Sozialadäquanz-Klausel bei Computerspielen *Wager*, MMR 2019, 80 ff.

503 OLG Stuttgart MMR 2006, 387 ff. Anmerkung *Liesching*, MMR 2006, 390 ff.

504 Siehe OLG Stuttgart MMR 2006, 387, 388 f. Zustimmend *Liesching*, MMR 2006, 390, 391. Zur „staatsbürgerlichen Aufklärung" *Steinmetz*, in: MüKo, § 86 Rn. 37.

505 Zum Anwendungsbereich des § 296 EGStGB *Paeffgen*, in: NK, § 86 Rn. 46; *Sternberg-Lieben*, in: S/S, § 86 Rn. 20.

506 Siehe *Laufhütte/Kuschel*, in: LK, § 86 Rn. 41; *Steinmetz*, in: MüKo, § 86 Rn. 41.

handelt, da sozialadäquate Verhaltensweisen bereits nach § 86 III StGB vom Tatbestand ausgeschlossen werden.[507]

ee) Das „Verbreiten" und „Verwenden" von Kennzeichen (§ 86a I Nr. 1 StGB)

Geschützte Rechtsgüter des Verwendens von Kennzeichen verfassungswidriger Organisationen (§ 86a StGB) sind nach herrschender Auffassung der demokratische Rechtsstaat und der öffentliche (politische) Frieden.[508] Als vorgelagerter Schutz dieser Rechtsgüter soll § 86a StGB bereits den Anschein vermeiden, verfassungswidrige Organisationen und ihre Bestrebungen würden wieder erstarken und seien in Deutschland geduldet.[509] § 86a StGB zielt daher darauf ab, Kennzeichen verfassungswidriger Organisationen aus der Kommunikation zu verbannen und sie mit einem „Tabu" zu belegen.[510]

Gemäß § 86a I Nr. 1 StGB müssen auch die Tathandlungen des § 86a I Nr. 1 StGB im Inland begangen werden, wofür wiederum § 9 StGB maßgeblich ist.[511] „Kennzeichen" im Sinne des § 86a StGB sind *sichtbare* oder *hörbare* Symbole, deren sich die in § 86 I Nr. 1, 2 und 4 StGB genannten Organisationen bedienen oder bedient haben, um propagandistisch auf ihre politischen Ziele hinzuweisen.[512] Darunter fallen etwa verkörperte Hakenkreuze und FDJ-Abzeichen sowie *Abbildungen* davon.[513] „Kennzeichen" müssen im Gegensatz zu „Schriften" also nicht verkörpert sein.[514] § 86a II S. 2 StGB erweitert die Anwendung auf Symbole, die den in § 86a II S. 1 StGB genannten Kennzeichen „zum Verwechseln ähnlich

---

507 Für eine analoge Anwendung dagegen *Jofer*, S. 113.

508 *Fischer*, § 86a Rn. 2; *Kühl*, in: Lackner/Kühl, § 86a Rn. 1; vgl. *Laufhütte/Kuschel*, in: LK, § 86a Rn. 1. Für ein Rechtsgut der öffentlichen Scham über den Nationalsozialismus *Schroeder*, JA 2010, 1, 3.

509 Siehe BVerfG NJW 2009, 2805, 2806; BGHSt 54, 61, 63 Rn. 10; *Laufhütte/Kuschel*, in: LK, § 86a Rn. 1; *Steinmetz*, in: MüKo, § 86a Rn. 1.

510 Siehe BVerfG NJW 2009, 2805, 2806; BGHSt 54, 61, 63 Rn. 10; 25, 30, 32; *Laufhütte/Kuschel*, in: LK, § 86a Rn. 1. Anders *Sternberg-Lieben*, in: S/S, § 86a Rn. 1.

511 Siehe *Laufhütte/Kuschel*, in: LK, § 86a Rn. 24; *Steinmetz*, in: MüKo, § 86a Rn. 4.

512 *M. Heinrich*, ZJS 2017, 301, 307; *Laufhütte/Kuschel*, in: LK, § 86a Rn. 4; *Steinmetz*, in: MüKo, § 86a Rn. 5.

513 Dazu und zu weiteren Beispielen *Fischer*, § 86a Rn. 5 ff., und *Laufhütte/Kuschel*, in: LK, § 86a Rn. 6 ff.

514 *Fischer*, § 86a Rn. 3; *M. Heinrich*, ZJS 2017, 301, 307; *Sternberg-Lieben*, in: S/S, § 86a Rn. 3.

sind". Dazu muss das Symbol mit einem Kennzeichen in wesentlichen Vergleichspunkten derart übereinstimmen, dass nach dem Gesamteindruck eines durchschnittlichen Betrachters oder Hörers eine Verwechslung mit dem Kennzeichen möglich ist.[515]

Nach Auffassung des BGH[516] ist der objektive Tatbestand des § 86a StGB nicht erfüllt, wenn eine Abbildung zwar das Kennzeichen einer verfassungswidrigen Organisation zeigt, ihr weiterer Inhalt aber offenkundig die Ablehnung der Organisation zum Ausdruck bringt – zum Beispiel, wenn ein Hakenkreuz auf einer Abbildung von einem stilisierten „Umweltmännchen" in einen Mülleimer geworfen wird[517] oder gut sichtbar durchgestrichen ist[518]. Der BGH begründet diesen Tatbestandsausschluss damit, dass solche Fälle dem Schutzzweck des § 86a StGB nicht zuwiderliefen.[519] Nach herrschender Lehre[520] ist der Tatbestand des § 86a StGB bereits dann ausgeschlossen, wenn die Verwendung des Kennzeichens nach den konkreten Umständen nicht als Bekenntnis des Täters zu den Zielen der Organisation zu verstehen ist.

Die Sozialadäquanzklausel des § 86 III StGB ist gemäß § 86a III StGB auch im Rahmen des § 86a StGB anwendbar. Damit hat der Gesetzgeber eine geeignete Grundlage geschaffen, um Fälle aus dem Tatbestand auszuschließen, welche die Schutzzwecke des § 86a StGB nicht tangieren.[521] § 86 III StGB erfasst neben den genannten Verhaltensweisen nur solche, die „ähnlichen Zwecken" dienen. Der Gesetzgeber wollte also nur Verhaltensweisen einer bestimmten Qualität aus dem Tatbestand ausschließen.[522] Es widerspräche daher dem Willen des Gesetzgebers, den Tatbestand des § 86a StGB zusätzlich bei Verhaltensweisen anderer Qualität einzuschränken.[523] Daraus folgt, dass Fragen des Tatbestandsausschlusses nur im Rah-

---

515 BVerfG NJW 2009, 2805, 2806; BGHSt 54, 61, 63 Rn. 11; *Güntge*, in: S/S/W, § 86a Rn. 6; *Kühl*, in: *Lackner/Kühl*, § 86a Rn. 2a.
516 BGHSt 51, 244, 248 Rn. 12; 25, 133, 136 f. Anmerkungen zu BGHSt 51, 244 ff. *Hörnle*, NStZ 2007, 698 f.; *Schroeder*, JZ 2007, 851 f. Zustimmend *Laufhütte/ Kuschel*, in: LK, § 86a Rn. 15.
517 BGHSt 51, 244, 250 Rn. 17.
518 BGHSt 51, 244, 252 Rn. 22.
519 Siehe BGHSt 51, 244, 248 Rn. 12; 25, 133, 136.
520 *Hörnle*, NStZ 2007, 698 (ebd.); *Paeffgen*, in: NK, § 86a Rn. 14; *Sternberg-Lieben*, in: S/S, § 86a Rn. 6; *Zöller*, in: SK, § 86a Rn. 9. Ähnlich *Schroeder*, JZ 2007, 851 f.
521 *Steinmetz*, in: MüKo, § 86a Rn. 22.
522 Siehe *Güntge*, in: S/S/W, § 86 Rn. 23; *Laufhütte/Kuschel*, in: LK, § 86 Rn. 39; *Zöller*, in: SK, § 86 Rn. 17. Kritisch zur „Ähnlichkeit" der genannten Verhaltensweisen *Fischer*, § 86 Rn. 24.
523 Zum Willen des Gesetzgebers als Auslegungsziel 2. Kap.

men des § 86 III StGB zu diskutieren sind.[524] (Das gilt ebenso bei § 86 StGB und bei allen Tatbeständen die auf § 86 III StGB verweisen!)

Stellt man allein auf § 86 III StGB ab, kommt man zu den gleichen Ergebnissen wie der BGH, da Abbildungen, die eindeutig die Ablehnung einer verfassungswidrigen Organisation zum Ausdruck bringen, die von § 86a StGB geschützten Rechtsgüter nicht gefährden, sondern stärken und damit der staatsbürgerlichen Aufklärung, der Kunst oder ähnlichen Zwecken im Sinne des § 86 III StGB dienen.[525] In der Regel dürften die Ergebnisse auch mit denen der herrschenden Lehre übereinstimmen. Zu einem anderen Ergebnis als die herrschende Lehre kommt man allerdings dann, wenn Kennzeichen ohne einen bestimmten Zweck gebraucht werden; zum Beispiel, weil sie als wertungsfreier „Scherz" gemeint sind. Dann besteht nämlich kein legitimierender „Zweck" im Sinne des § 86 III StGB, der Täter *bekennt* sich aber auch nicht zu den Zielen der verfassungswidrigen Organisation, so dass die herrschende Lehre zu einem Tatbestandsausschluss kommt.[526] Der Gesetzgeber wollte aber auch solche Fälle nach § 86a StGB unter Strafe stellen, denn schließlich war sein Ziel, den Gebrauch der Kennzeichen in der Öffentlichkeit zu verhindern (siehe oben!).[527]

In den Kommentierungen zu § 86a StGB wird das „Verbreiten von Kennzeichen" überwiegend gleichgesetzt mit dem „Verbreiten von Schriften" und auf die Definition dazu verwiesen – das geschieht meistens ohne Diskussion darüber, ob § 86a StGB denselben Verbreitensbegriff enthält.[528] Das „Verbreiten von Schriften" ist nach der häufig verwendeten Definition „die mit einer körperlichen Weitergabe einer Schrift verbundene Tätigkeit, die darauf gerichtet ist, die Schrift der Substanz nach einem größeren Personenkreis zugänglich zu machen, wobei dieser nach Zahl und Individualität so groß sein muss, dass er für den Täter nicht mehr kontrollierbar

---

524 So im Ergebnis auch *Steinmetz*, in: MüKo, § 86a Rn. 22. Ähnlich *Fischer*, § 86a Rn. 19.

525 Vgl. *Güntge*, in: S/S/W, § 86a Rn. 12 f.; *Steinmetz*, in: MüKo, § 86 Rn. 37 ff.

526 Vgl. *Sternberg-Lieben*, in: S/S, § 86a Rn. 6.

527 BGHSt 25, 30, 32; *Laufhütte/Kuschel*, in: LK, § 86a Rn. 14 f.; vgl. *Fischer*, § 86a Rn. 19.

528 Siehe *Fischer*, § 86a Rn. 15a; *Kühl*, in: Lackner/Kühl, § 86a Rn. 4, verweist auf *Heger*, in: Lackner/Kühl, § 74d Rn. 5; *Paeffgen*, in: NK, § 86a Rn. 12 i.V.m. § 86 Rn. 24 ff.; *Steinmetz*, in: MüKo, § 86a Rn. 25 i.V.m. § 86 Rn. 26 ff.; *Sternberg-Lieben*, in: S/S, § 86a Rn. 8, verweist auf *Eisele*, in: S/S, § 184b Rn. 5 f. [sic, gemeint ist Rn. 20 f.]; *Zöller*, in: SK, § 86a Rn. 11, verweist auf *Wolters*, in: SK, § 74d Rn. 5. Differenzierend dagegen *Gercke*, in: Gercke/Brunst, Rn. 374, und *Laufhütte/Kuschel*, in: LK, § 86a Rn. 11.

ist".[529] Das sich aus dieser Definition ergebende Körperlichkeitskriterium wird zum Teil nach Maßgabe des „internetspezifischen" Verbreitensbegriffs des BGH[530] überspielt und entsprechend die „Verbreitung" von Kennzeichen via Internet für möglich gehalten.[531] Manche Autoren, die den „internetspezifischen" Verbreitensbegriff ablehnen, meinen, das Körperlichkeitskriterium schließe das „Verbreiten von Kennzeichen" via Internet ebenso aus wie das „Verbreiten von Schriften".[532] Für eine unterschiedliche Behandlung der beiden Handlungsformen bestehe „nicht der geringste Grund".[533] Diese Auffassung missachtet, dass der Verbreitensbegriff vom Handlungsobjekt abhängt: Ist das Handlungsobjekt körperlich, muss es der Substanz nach weitergegeben werden, ist es unkörperlich, genügt die unkörperliche Übertragung.[534] Da „Schriften" immer körperlich sind, können sie nur körperlich verbreitet werden.[535] Dasselbe gilt für Kennzeichen, die verkörpert sind, zum Beispiel Flaggen oder Anstecker.[536] Sind Kennzeichen dagegen unkörperlich, können sie via Internet „verbreitet" werden.[537] Werden körperliche Kennzeichen digital abfotografiert oder gefilmt, sind die dabei entstehenden Daten selbst Kennzeichen, die unkörperlich „verbreitet" werden können.

Die im letzten Absatz wiedergegebene Definition erfasst alle Handlungen als „Verbreiten", die mit der Weitergabe lediglich „verbunden" sind; sie verwischt damit die Grenze zwischen Vollendung und dem bei § 86a StGB straflosen Versuch. Denn mit dem Verbreiten „verbunden" sind auch Handlungen, die zwar auf das Verbreiten abzielen, dem eigentlichen Überlassen des Kennzeichens aber weit vorgelagert sind – wie etwa das Einrichten eines E-Mail-Kontos. Um die Kontur des Verbreitensbegriffs zu schärfen, ist er auf das Überlassen des Kennzeichens zu beschränken. Das „Verbreiten" via Internet ist daher erst *vollendet*, wenn ein größerer Personenkreis die Möglichkeit hat, das Kennzeichen wahrzunehmen.[538]

---

529 BGH NStZ 2012, 564 (ebd.); BGH NJW 2005, 689, 690; vgl. *Eisele*, in: S/S, § 184b Rn. 20; *Fischer*, § 86a Rn. 15a; *M. Heinrich*, ZJS 2016, 569, 570.

530 Entwickelt in BGHSt 47, 55, 58 ff. Fortgeführt in BGH NStZ-RR 2014, 47 (ebd.).

531 *Hörnle*, NStZ 2002, 113, 118; *Steinmetz*, in: MüKo, § 86a Rn. 25.

532 *M. Heinrich*, ZJS 2017, 301, 308; *Paeffgen*, in: NK, § 86a Rn. 12.

533 *Paeffgen*, in: NK, § 86a Rn. 12. Zustimmend *M. Heinrich*, ZJS 2017, 301, 308.

534 Vgl. *Gercke*, in: Gercke/Brunst, Rn. 374; *Laufhütte/Kuschel*, in: LK, § 86a Rn. 11.

535 Siehe 4. Kap. V 2 a cc.

536 In dieser Hinsicht zutreffend *M. Heinrich*, ZJS 2017, 301, 308.

537 Siehe *Gercke*, in: Gercke/Brunst, Rn. 374; *Laufhütte/Kuschel*, in: LK, § 86a Rn. 11.

538 Vgl. *Gercke*, in: Gercke/Brunst, Rn. 374; *Steinmetz*, in: MüKo, § 86a Rn. 25.

Nach herrschender Auffassung[539] soll es für die Vollendung bereits genügen, dass der Täter das Kennzeichen nur einer Person oder einer kleinen Gruppe von Personen überlässt, wenn er damit rechnet, dass das Kennzeichen anschließend mehrmals weitergegeben wird (Kettenverbreitung), oder wenn er plant, es zusätzlich an eine Vielzahl weiterer Personen zu verteilen (Mengenverbreitung). Diese Auffassung ist abzulehnen,[540] denn auch bei Ketten- und Mengenverbreitung kann man Versuch und Vollendung nur abgrenzen, indem man darauf abstellt, ob das Kennzeichen für einen großen Personenkreis wahrnehmbar ist. Solange das Kennzeichen nur für wenige Personen wahrnehmbar ist, liegt nur ein strafloser Versuch des § 86a StGB vor.

„Verwenden" im Sinn des § 86a I Nr. 1 StGB ist jeder Gebrauch, der das Kennzeichen optisch oder akustisch wahrnehmbar macht.[541] Gemäß § 86a I Nr. 1 StGB ist erforderlich, dass die Verwendung öffentlich, in einer Versammlung oder in vom Täter verbreiteten Schriften erfolgt. Wird das Kennzeichen in Schriften verwendet, ist wie beim „Verbreiten von Schriften" das Körperlichkeitskriterium zu beachten, so dass diese Variante nicht via Internet begehbar ist. Die beiden Tathandlungen „Verbreiten" und „Verwenden" überschneiden sich zum Teil, sind aber nicht deckungsgleich.[542] Anders als das „Verwenden" muss das „Verbreiten" nicht „öffentlich" geschehen.[543] Werden Kennzeichen nacheinander an eine Vielzahl von Personen gesendet, liegt ein „Verbreiten" vor, aber kein „öffentliches Verwenden".[544] In diesen Fällen hängt die Strafbarkeit daher davon ab, ob man das Versenden unkörperlicher Kennzeichen via Internet als „Verbreiten" einordnet. Die in § 86a I Nr. 2 StGB genannten Vorbereitungshand-

---

539 BGH NStZ 2017, 405, 406; BGH NStZ 2002, 258, 259 Rn. 5; *Laufhütte/Kuschel*, in: LK, § 86 Rn. 23; *Wolters*, in: SK, § 74d Rn. 5. BVerfG NJW 2012, 1498, 1499 f. Rn. 24 f., BGH NStZ 2012, 564 (ebd.), und *Fischer*, § 86a Rn. 15a, verlangen, dass die Weiterverbreitung „feststehen" müsse. Für ein absichtliches Handeln hinsichtlich der Weiterverbreitung RGSt 16, 245, 246; 7, 113, 115, und *Eisele*, in: S/S, § 184b Rn. 23.

540 So auch *Paeffgen*, in: NK, § 86 Rn. 29. *Franke*, GA 1984, 452, 470 f., verlangt für das „Verbreiten" den Zugang bei mindestens drei Personen.

541 BGH NStZ 2015, 81, 83 Rn. 17; *Paeffgen*, in: NK, § 86a Rn. 13; *Steinmetz*, in: MüKo, § 86a Rn. 19.

542 Vgl. *Laufhütte/Kuschel*, in: LK, § 86a Rn. 12; *Steinmetz*, in: MüKo, § 86a Rn. 25.

543 *Paeffgen*, in: NK, § 86a Rn. 30. So auch bereits RGSt 7, 113, 114.

544 Vgl. *Hörnle*, NStZ 2002, 113, 118; *Steinmetz*, in: MüKo, § 86a Rn. 23. Anders *Schäfer*, in: MüKo, § 130 Rn. 83.

lungen beziehen sich auf „Gegenstände". Sie sind daher nicht einschlägig im Hinblick auf digitale Kennzeichen.[545]

ff) Das „Auffordern zu einer rechtswidrigen Tat" (§ 111 I StGB)

Bei der Öffentlichen Aufforderung zu Straftaten (§ 111 StGB) verlangt das „Auffordern zu einer rechtswidrigen Tat", dass der Täter gegenüber Dritten ausdrücklich oder konkludent den Willen äußert, eine beliebige andere Person solle einen Straftatbestand durch Tun oder Unterlassen verwirklichen.[546] Die Äußerung muss Appellcharakter haben, das heißt, sie muss erkennbar darauf abzielen, ihre Adressaten zu motivieren, bestimmte Straftaten zu begehen.[547] Gemäß § 111 I StGB sind nur Äußerungen erfasst, die öffentlich erfolgen, in einer Versammlung oder durch Verbreitung von Schriften. Da das „Verbreiten von Schriften" die körperliche Weitergabe der Schriften verlangt, kann diese Tatvariante nicht via Internet begangen werden.[548] Wenn der Täter via Internet handelt, kann die Äußerung aber öffentlich geschehen oder in einer Versammlung.[549] Die Vollendung der Bezugstat ist zwar gemäß § 111 II S. 1 StGB für die Strafe des Täters von Bedeutung, spielt aber für die Vollendung der Aufforderung keine Rolle.[550] Die Formulierung „bleibt die Aufforderung ohne Erfolg" meint nicht den Fall, dass die Aufforderung an sich nicht vollendet wird, sondern dass die (vollendete) Aufforderung weder zum Versuch noch zur Vollendung der Bezugstat führt.[551] § 111 StGB ist *vollendet*, sobald die Aufforderung für die Adressaten *wahrnehmbar* ist; tatsächlich wahrnehmen müssen die Adressaten die Aufforderung nicht.[552]

---

545 *Gercke*, in: Spindler/Schuster, § 86a StGB Rn. 7.
546 *N. Bosch*, in: MüKo, § 111 Rn. 6; *Fahl*, in: S/S/W, § 111 Rn. 2; *Rosenau*, in: LK, § 111 Rn. 17.
547 *N. Bosch*, in: MüKo, § 111 Rn. 7; *Rosenau*, in: LK, § 111 Rn. 18.
548 Siehe 4. Kap. V 2 cc.
549 Zum „öffentlichen" Begehen 4. Kap. V 2 a aa. Zum Begehen „in einer Versammlung" 4. Kap. V 2 a bb.
550 *M. Heinrich*, ZJS 2017, 518, 522 f.; *Rosenau*, in: LK, § 111 Rn. 52.
551 Siehe *N. Bosch*, in: MüKo, § 111 Rn. 26; *ders.*, JURA 2016, 381, 389; *M. Heinrich*, ZJS 2017, 518, 523.
552 Siehe *Heger*, in: Lackner/Kühl, § 111 Rn. 3; *M. Heinrich*, ZJS 2017, 518, 522; *Rosenau*, in: LK, § 111 Rn. 18. *Paeffgen*, in: NK, § 111 Rn. 28, meint, der Adressat müsse die Aufforderung inhaltlich verstanden haben und die Bezugstat müsse in ein strafbares Stadium gelangt sein.

gg) Die „Beleidigung" (§ 185 StGB)

Geschütztes Rechtsgut der Beleidigung (§ 185 StGB) ist die Ehre.[553] Der von der herrschenden Auffassung vertretene *normative Ehrbegriff* definiert die Ehre als den Geltungswert, der einem Menschen aufgrund seiner Personenwürde *und* seiner sozialen Geltung zukommt.[554] § 185 StGB erfasst ehrkränkende Tatsachenbehauptungen gegenüber dem Betroffenen sowie ehrkränkende Werturteile gegenüber dem Betroffenen oder Dritten.[555] Nach der üblichen Kurzformel ist „Beleidigung" die Kundgabe eigener Missachtung, Geringschätzung oder Nichtachtung.[556] Die Äußerung muss eine andere Person in ihrer Ehre *verletz*en[557] – § 185 StGB ist daher ein *Verletzungsdelikt*[558]. Ob eine Äußerung die Ehre verletzt, richtet sich nach ihrem *objektiven* Sinngehalt.[559] Keine Rolle spielt, wie der Empfänger die Äußerung empfindet (er muss ihren ehrkränkenden Inhalt aber verstehen – dazu sogleich).[560] Der objektive Sinngehalt der Äußerung ergibt sich aus den konkreten Umständen.[561] Bei Äußerungen via Internet können unter anderem Gefühlssymbole (Emoticons) Anhaltspunkte für die Auslegung bieten.[562] Außerdem kommt es darauf an, welcher Umgangston im jeweiligen Zusammenhang üblich ist:[563] So ist ein anderer Maßstab anzulegen bei Äußerungen, die in E-Mails gegenüber Arbeitskollegen getätigt werden, als bei Äußerungen im Diskussions-Forum eines Fußballvereins. Eine eindeutig ehrkränkende Äußerung verliert allerdings nicht ihren strafba-

---

553 *Kühl*, in: Lackner/Kühl, Vorb. §§ 185 ff. Rn. 1; *Regge/Pegel*, in: MüKo, Vorb. § 185 Rn. 7.
554 *Eisele/Schittenhelm*, in: S/S, Vorb. §§ 185 ff. Rn. 1; *Momsen*, in: Maurach/Schroeder/Maiwald/Hoyer/Momsen, BT I, § 24 Rn. 5; *Zaczyk*, in: NK, Vorb. §§ 185 ff. Rn. 1. Gegen die Einbeziehung der sozialen Geltung *Hirsch*, in: FS-Wolff, S. 125, 138 ff., *ders.*, S. 90.
555 *Kühl*, in: Lackner/Kühl, § 185 Rn. 2; *Rengier*, BT II, § 28 Rn. 4; *Zaczyk*, in: NK, § 185 Rn. 1. Zur Abgrenzung von Tatsachenbehauptung und Werturteil *Regge/Pegel*, in: MüKo, § 185 Rn. 5 ff.
556 BGHSt 36, 145, 148; *Regge/Pegel*, in: MüKo, § 185 Rn. 8.
557 Vgl. BGHSt 36, 145, 148; *Momsen*, in: Maurach/Schroeder/Maiwald/Hoyer/Momsen, BT I, § 24 Rn. 25 f.; *Sinn*, in: S/S/W, § 185 Rn. 3.
558 *Regge/Pegel*, in: MüKo, § 185 Rn. 3; *Sinn*, in: S/S/W, § 185 Rn. 3. Für eine Einordnung als *konkretes* Gefährdungsdelikt *Fischer*, § 185 Rn. 1.
559 *Hilgendorf*, in: LK, § 185 Rn. 17; *Kühl*, in: Lackner/Kühl, § 185 Rn. 4.
560 *Rengier*, BT II, § 29 Rn. 25; vgl. *Hirsch*, S. 22.
561 *Hilgendorf*, in: LK, § 185 Rn. 17; *Rengier*, BT II, § 29 Rn. 25.
562 *Hilgendorf/Valerius*, Rn. 353.
563 *Hilgendorf/Valerius*, Rn. 354; vgl. *Momsen*, in: Maurach/Schroeder/Maiwald/Hoyer/Momsen, BT I, § 25 Rn. 6.

ren Charakter, wenn sie auf einer Internetseite getätigt wird, auf der solche Äußerungen üblich sind.[564]

Voraussetzung für die *Vollendung* der Beleidigung ist zunächst, dass die Äußerung vom Betroffenen oder von einem Dritten *wahrgenommen* wird.[565] Zum Teil wird vertreten, die sinnliche Wahrnehmung müsse für die Vollendung genügen, da andernfalls Kinder und Geisteskranke nicht ausreichend geschützt seien.[566] Mit der herrschenden Auffassung[567] ist zu verlangen, dass der Betroffene oder ein Dritter den ehrkränkenden *Sinn* der Beleidigung auch *versteht*. Denn der Geltungswert des Betroffenen wird nicht verletzt, wenn (bis auf den Äußernden) niemand die Beleidigung als solche auffasst.[568]

Da § 185 StGB im Unterschied zu den §§ 186 und 187 StGB eine eigene Missachtung verlangt, fällt die *Weitergabe* fremder ehrkränkender Äußerungen nur dann unter § 185 StGB, wenn sich der Weitergebende deren Inhalt zu eigen macht.[569] Es besteht weitgehend Einigkeit, dass ehrkränkende Äußerungen über Dritte straflos sind, wenn sie im engsten Familienkreis oder im Rahmen anderer besonderer Vertrauensverhältnisse getätigt werden.[570] Straflos sind daher beispielsweise ehrkränkende Äußerungen über Dritte in einer *WhatsApp*-Gruppe der engsten Familie.

hh) Das „Behaupten" und das „Verbreiten" von Tatsachen (§§ 186 und 187 StGB)

Die Üble Nachrede (§ 186 StGB) betrifft die Behauptung und Verbreitung solcher ehrkränkender *Tatsachen* gegenüber Dritten, die nicht erweislich

---

564 *Hilgendorf/Valerius*, Rn. 354; *Zaczyk*, in: NK, Vorb. §§ 185 ff. Rn. 22a.
565 Siehe *Hilgendorf*, in: LK, § 185 Rn. 26; *Rogall*, in: SK, § 185 Rn. 18.
566 Siehe *Schramm*, in: FS-Lenckner, S. 539, 560 ff. Früher war das die h.M., siehe BGH NJW 1951, 368 (ebd.); *Lenckner*, in: S/S²⁷, § 185 Rn. 16 m.w.N.
567 BGHSt 9, 17, 19; *Eisele/Schittenhelm*, in: S/S, § 185 Rn. 16; *Fischer*, § 185 Rn. 14; *Geppert* NStZ 2013, 553, 556; *Hilgendorf*, in: LK, § 185 Rn. 10, 26; *Regge/Pegel*, in: MüKo, § 185 Rn. 35; *Rengier*, BT II, § 28 Rn. 22; *Rogall*, in: SK, § 185 Rn. 18; *Zaczyk*, in: NK, § 185 Rn. 13. So auch schon RGSt 65, 21, und *Kern*, S. 25.
568 Vgl. *Regge/Pegel*, in: MüKo, § 185 Rn. 35; *Rengier*, BT II, § 28 Rn. 22.
569 *Hilgendorf*, in: LK, § 185 Rn. 16; vgl. *Rengier*, BT II, § 29 Rn. 21.
570 Siehe BVerfG NJW 2007, 1194, 1195; *Fischer*, § 185 Rn. 12b; *Zaczyk*, in: NK, Vorb. §§ 185 Rn. 37. Zur dogmatischen Einordnung *Momsen*, in: Maurach/Schroeder/Maiwald/Hoyer/Momsen, BT I, § 24 Rn. 32. Vgl. zur „beleidigungsfreien Sphäre" im Zivilrecht OLG Frankfurt (Z) MMR 2019, 381, 382 Rn. 17 ff.

wahr sind.[571] Die Verleumdung (§ 187 StGB) enthält zwei Tatbestände: den Tatbestand der Verleumdung, der eine Qualifikation der Üblen Nachrede ist und wie diese die Ehre schützt,[572] sowie den Tatbestand der Kreditgefährdung, der das Vertrauen schützt, das jemand hinsichtlich der Erfüllung seiner Verbindlichkeiten genießt[573]. Der Tatbestand der Verleumdung unterscheidet sich von der Üblen Nachrede im Wesentlichen dadurch, dass bei ihm die Unwahrheit der Tatsache Tatbestandsmerkmal ist, das bedeutet: Die verschärfte Strafdrohung des § 187 StGB kommt nur zum Zuge, wenn die Unwahrheit der behaupteten Tatsache festgestellt werden kann.[574] Der Täter muss bei § 187 StGB außerdem „wider besseres Wissen" handeln, also sichere Kenntnis von der Unwahrheit der behaupteten Tatsache haben.

Die §§ 186 und 187 StGB verlangen das Behaupten oder das Verbreiten von „Tatsachen". Tatsachen sind äußere Geschehnisse, Zustände oder Verhältnisse, die Gegenstand der Wahrnehmung sein können, aber auch innere Sachverhalte, sofern sie zu äußeren Erscheinungen in Beziehung treten, sowie der Erkenntnisprozess an sich.[575] Das „Behaupten" bedeutet, etwas als nach *eigener* Überzeugung geschehen oder vorhanden hinstellen.[576] Ein „Verbreiten" von Tatsachen liegt vor, wenn der Täter eine Tatsache als Gegenstand *fremden* Wissens weitergibt, ohne sie sich zu eigen zu machen;[577] die Weitergabe an eine Person genügt[578]. Zwischen der Eignung, den Betroffenen „verächtlich" zu machen, und der Eignung, ihn in der öffentlichen Meinung „herabzuwürdigen", besteht kein sachlicher Unterschied: Beide Tatvarianten setzen einen ehrkränkenden Charakter der Tatsache voraus.[579]

Da die Tatsachenbehauptung bei den §§ 186 und 187 StGB nur „geeignet" sein muss, den Betroffenen verächtlich zu machen oder in der öffentlichen Meinung herabzuwürdigen oder (bei der Kreditgefährdung) seinen

---

571 *Rengier*, BT II, § 28 Rn. 4. Zum Wahrheitsbeweis *Momsen*, in: Maurach/Schroeder/Maiwald/Hoyer/Momsen, BT I, § 26 Rn. 9 ff.

572 *Rogall*, in: SK, § 187 Rn. 2; *Sinn*, in: S/S/W, § 187 Rn. 2.

573 Siehe *Rogall*, in: SK, § 187 Rn. 10.

574 *Momsen*, in: Maurach/Schroeder/Maiwald/Hoyer/Momsen, BT I, § 25 Rn. 32; dort auch zum folgenden Satz.

575 *Fischer*, § 186 Rn. 2; *Hilgendorf*, in: LK, § 185 Rn. 4; vgl. BVerfG NJW 2008, 358, 359; dort auch zum folgenden Satz.

576 *Eisele/Schittenhelm*, in: S/S, § 186 Rn. 7; *Hilgendorf*, in: LK, § 186 Rn. 7.

577 *Fischer*, § 186 Rn. 9; *Rengier*, BT II, § 29 Rn. 6.

578 Siehe *Fischer*, § 186 Rn. 9; *Regge/Pegel*, in: MüKo, § 186 Rn. 18.

579 Siehe *Heinrich*, in: LK, § 186 Rn. 10; *Rogall*, in: SK, § 186 Rn. 10.

Kredit zu gefährden, ist für die Vollendung (anders als bei § 185 StGB) keine *Verletzung* der Angriffsobjekte erforderlich.[580] Das Merkmal der Eignung bezieht sich nach dem Wortlaut der §§ 186 und 187 StGB nur auf die Tatsache und nicht darauf, wie und unter welchen Umständen sie im Einzelfall behauptet oder verbreitet wird.[581] Es kommt daher nicht darauf an, ob die Äußerung nach den konkreten Umständen geeignet ist, die Ehre des Betroffenen zu verletzen oder seinen Kredit zu gefährden[582] (die §§ 186 und 187 StGB sind also *abstrakte Gefährdungsdelikte*[583]). Die *Vollendung* der §§ 186 und 187 StGB erfordert die *Wahrnehmung* der Äußerung durch einen Dritten.[584] Da nicht die konkrete Äußerung, sondern nur die Tatsache allgemein zur Ehrverletzung oder Kreditgefährdung geeignet sein muss, ist nicht erforderlich, dass ein Dritter den ehrkränkenden Sinn der Äußerung versteht.[585]

ii) Das „Verunglimpfen" (§§ 90, 90a, 90b und 189 StGB)

Das „Verunglimpfen" ist Tathandlung der Verunglimpfung des Bundespräsidenten (§ 90 I StGB), der Verunglimpfung des Staates und seiner Symbole (§ 90a I Nr. 2 StGB), der Verfassungsfeindlichen Verunglimpfung von Verfassungsorganen (90b I StGB) sowie der Verunglimpfung des Andenkens Verstorbener (§ 189 StGB). Es verlangt eine nach Form, Inhalt, Begleitumständen oder Beweggrund erhebliche Ehrkränkung im Sinne der §§ 185 ff. StGB.[586]

§ 90 StGB schützt den Bundespräsidenten sowohl als Privatperson als auch in seiner Funktion als Staatsoberhaupt.[587] Denn jeder Angriff auf die

---

580 Siehe *Fischer*, § 186 Rn. 5; *Hilgendorf*, in: LK, § 186 Rn. 10; *Kühl*, in: Lackner/Kühl, § 186 Rn. 4. Anders *Zaczyk*, in: NK, § 186 Rn. 6.

581 Vgl. *Eisele/Schittenhelm*, in: S/S, § 186 Rn. 5.

582 *Kühl*, in: Lackner/Kühl, § 186 Rn. 4; *Eisele/Schittenhelm*, in: S/S, § 186 Rn. 5; *Regge/Pegel*, in: MüKo, § 186 Rn. 15. Anders *Fischer*, § 186 Rn. 5.

583 Siehe *Hilgendorf*, in: LK, § 186 Rn. 10; *Kühl*, in: Lackner/Kühl, § 186 Rn. 4; *Regge/Pegel*, in: MüKo, § 186 Rn. 2. *Fischer*, § 186 Rn. 1, ordnet § 186 StGB als *konkretes* Gefährdungsdelikt ein.

584 *Eisele/Schittenhelm*, in: S/S, § 186 Rn. 17; *Regge/Pegel*, in: MüKo, § 186 Rn. 23.

585 Siehe *Eisele/Schittenhelm*, in: S/S, § 186 Rn. 17; *Regge/Pegel*, in: MüKo, § 186 Rn. 23. Dagegen *Zaczyk*, in: NK, § 186 Rn. 20.

586 Siehe *Laufhütte/Kuschel*, in: LK, § 90 Rn. 3, § 90a Rn. 9, § 90b Rn. 4; *Rogall*, in: SK, § 189 Rn. 12; *Zöller*, in: SK, § 90 Rn. 4.

587 Siehe *Last*, S. 99 ff.; *Schroeder*, in: Maurach/Schroeder/Maiwald, BT II, § 84 Rn. 84; *ders.*, S. 474; *Steinmetz*, in: MüKo, § 90, Rn. 1.

private Ehre des Bundespräsidenten betrifft auch seine Autorität als Staatsoberhaupt.[588] Bei § 90 StGB steht der Ehrenschutz des Bundespräsidenten im Vordergrund[589] und nicht der Schutz „abstrakter" Gemeinschaftsgüter. Das „Verunglimpfen" setzt voraus, dass die Ehre des Bundespräsidenten *verletzt* wird – § 90 StGB ist also ein *Verletzungsdelikt.*[590] Die *Vollendung* des § 90 StGB verlangt nach herrschender Auffassung, dass ein anderer die ehrkränkende Äußerung zur Kenntnis nimmt.[591] Unklar ist, was die herrschende Auffassung mit der „Kenntnisnahme" genau meint. Wie bei § 185 StGB ist auch beim Tatbestand des § 90 StGB zu verlangen, dass der andere den ehrkränkenden *Sinn* der Äußerung *versteht,* denn nur dann wird die Ehre des Bundespräsidenten verletzt.

§ 90a StGB bestraft Angriffe auf das Ansehen Deutschlands, der Bundesländer und bestimmter Staatssymbole.[592] Dabei handelt es sich um einen vorgelagerten Schutz.[593] Eigentliches Ziel des § 90a StGB ist es, den Bestand der Bundesrepublik Deutschland, ihrer Bundesländer und ihrer verfassungsgemäßen Ordnung zu gewährleisten.[594] Diese Rechtsgüter werden durch die Beeinträchtigung ihres Ansehens nicht verletzt, sondern nur mittelbar gefährdet.[595] § 90a StGB ist also ein *abstraktes Gefährdungsdelikt.*[596] Die Tathandlungen des § 90a I StGB müssen „öffentlich", „in einer Versammlung" oder durch „Verbreiten von Schriften" begangen werden. Die letztgenannte Tatvariante scheidet aus, wenn der Täter via Internet handelt, da Schriften nicht unkörperlich „verbreitet" werden können.[597] Für die *Vollendung* des § 90a I StGB kommt es nicht darauf an, ob andere die Äußerung wahrnehmen;[598] das „öffentliche" Begehen und das Begehen

---

588 Siehe *Schroeder,* S. 474 f.; *Zöller,* in: SK, § 90 Rn. 1; vgl. *Heinrich,* in: LK, § 90 Rn. 1.

589 *Güntge,* in: S/S/W, § 90 Rn. 1; vgl. *Schroeder,* S. 474.

590 Siehe *Rogemann,* JZ 1992, 934, 938. Für die Einordnung als *abstraktes Gefährdungsdelikt Steinmetz,* in: MüKo, § 90 Rn. 2.

591 Siehe *Fischer,* § 90 Rn. 3; *Steinmetz,* in: MüKo, § 90 Rn. 8; *Zöller,* in: SK, § 90 Rn. 4.

592 Vgl. *Kühl,* in: Lackner/Kühl, § 90a Rn. 1 ff.; *Sternberg-Lieben,* in: S/S, § 90a Rn. 1.

593 Siehe *Fischer,* § 90a Rn. 2; *Laufhütte/Kuschel,* in: LK, § 90a Rn. 1; *Schroeder,* JR 1979, 89, 90; *ders.,* S. 337. Kritisch zu Schutzzweck und Tatbestandsweite *Paeffgen,* in: NK, § 90a Rn. 2.

594 *Laufhütte/Kuschel,* in: LK, § 90a Rn. 1; *Schroeder,* JR 1979, 89, 90 f.; *Steinmetz,* in: MüKo, § 90a Rn. 1.

595 Siehe *Last,* S. 118; *Rogemann,* JZ 1992, 934, 938.

596 *Laufhütte/Kuschel,* in: LK, § 90a Rn. 1; *Steinmetz,* in: MüKo, § 90a Rn. 2; *Zöller,* in: SK, § 90a Rn. 1.

597 Zum „Verbreiten von Schriften" 4. Kap. V 2 a cc.

598 *Steinmetz,* in: MüKo, § 90a Rn. 2.

„in einer Versammlung" verlangen lediglich die *Wahrnehmbarkeit* der Äußerungen für diese Adressatenkreise.[599]

§ 90b StGB schützt den Bestand der Bundesrepublik Deutschland und der in § 92 II StGB genannten Verfassungsgrundsätze.[600] Unter diesem Aspekt soll § 90b StGB das Ansehen bestimmter Verfassungsorgane und ihrer Mitglieder bewahren.[601] § 90b StGB hat nicht die Aufgabe, die persönliche Ehre der betroffenen Personen zu schützen.[602] Die Verunglimpfung muss das Ansehen des „Staates" *konkret* gefährden, was allerdings kaum feststellbar ist.[603] „Staat" meint die Bundesrepublik Deutschland als freiheitliche Demokratie.[604]

Das OLG Düsseldorf[605] hat im Jahr 1979 eine Gefährdung des Ansehens der Bundesrepublik Deutschland in folgendem Fall bejaht: Mitglieder des *Kommunistischen Bundes Westdeutschland* hatten eine Ausgabe der „Kommunistischen Volkszeitung" an Passanten als Flugblatt verteilt. Darin zeigte eine Karikatur den damaligen Bundeskanzler Helmut Schmidt, den damaligen bayerischen Ministerpräsidenten Franz Josef Strauß und den damaligen Bundesminister für Arbeit und Sozialordnung Herbert Ehrenberg. Darunter stand in großen Druckbuchstaben: „Wer will behaupten, Ehrenberg sei kein Schreibtischmörder, Versicherungsschwindler, Dieb, Hehler, Zwangsarbeitsminister, Erpresser und Lohndrücker, Endlöser und Sterbehelfer des Finanzkapitals?"

Für die *Vollendung* des § 90b StGB muss die Verunglimpfung von einer Vielzahl von Personen *wahrgenommen* werden, da nur dann eine konkrete Gefahr eintreten kann für das Ansehen der Bundesrepublik Deutschland als freiheitliche Demokratie.

Welches Rechtsgut § 189 StGB schützt, ist umstritten.[606] Manche Autoren meinen, geschützt sei die „Ehre" des Toten.[607] Zum Teil wird angenommen, das Rechtsgut des § 189 StGB bestehe aus einem gegenüber der

---

599 Siehe 4. Kap. V 2 a aa und bb.

600 *Laufhütte/Kuschel*, in: LK, § 90b Rn. 1; *Steinmetz*, in: MüKo, § 90b Rn. 1.

601 *Steinmetz*, in: MüKo, § 90b Rn. 1; vgl. *Paeffgen*, in: NK, § 90b Rn. 2.

602 *Kühl*, in: Lackner/Kühl, § 90b Rn. 1; *Laufhütte/Kuschel*, in: LK, § 90b Rn. 1; *Zöller*, in: SK, § 90b Rn. 1.

603 *Laufhütte/Kuschel*, in: LK, § 90b Rn. 5; *Schroeder*, in: Maurach/Schroeder/ Maiwald, BT II, § 84 Rn. 85; *Paeffgen*, in: NK, § 90b Rn. 6.

604 *Schroeder*, in: Maurach/Schroeder/Maiwald, BT II, § 84 Rn. 85; *ders.*, S. 404 f.; vgl. *Paeffgen*, in: NK, § 90b Rn. 6.

605 OLG Düsseldorf NJW 1980, 603 f.; dort auch zum restlichen Absatz.

606 Ausführlich zum Streitstand *Regge/Pegel*, in: MüKo, § 189 Rn. 1 ff.; *Rogall*, in: SK, § 189 Rn. 2 ff.

607 *Heinrich*, in: LK, § 189 Rn. 2; *Hirsch*, S. 143.

Ehre eingeschränkten „Persönlichkeitsrecht eigener Art", das eine Nachwirkung des Schutzes der Persönlichkeit sei.[608] Gegen beide Auffassungen spricht, dass ein Toter nicht Träger eines (eingeschränkten) Rechtsgutes sein kann.[609] Nur wer Anerkennung durch andere noch *erleben* kann, kann in seiner Ehre verletzt werden.[610] Häufig wird daher das Pietätsgefühl der Angehörigen[611] oder der Allgemeinheit[612] als das von § 189 StGB geschützte Rechtsgut eingeordnet. Das weist in die richtige Richtung, greift aber zu kurz, da das „Andenken" mehr ist als ein Gefühl.[613]

Wer das Andenken an einen Toten bewahrt, vollzieht eine moralische Leistung, die von anderen anzuerkennen ist und Teil seiner Ehre wird.[614] Indem der Täter das Andenken an einen Toten verunglimpft, diskreditiert er diese Leistung und verletzt die Ehre der Andenkenden. Geschütztes Rechtsgut des § 189 StGB ist damit das Andenken an einen Toten als Aspekt der Ehre der Andenkenden.[615] Dass nur Angehörige gemäß § 194 II S. 1 StGB antragsberechtigt sind, bedeutet nicht, dass nur sie Rechtsgutträger des § 189 StGB sein können,[616] denn eine solche Einschränkung ergibt sich nicht aus dem Tatbestand des § 189 StGB, und der Strafantrag ist nur Voraussetzung der Verfolgbarkeit, nicht der Strafbarkeit.[617] Die Äußerung muss die Andenkensleistung eines anderen verletzen (§ 189 StGB ist deshalb ein Verletzungsdelikt).[618] Erfasst sind daher nur Äußerungen, die den

---

608 *Eisele/Schittenhelm*, in: S/S, § 189 Rn. 1; *Regge/Pegel*, in: MüKo, § 189 Rn. 12 f.; vgl. *Hilgendorf*, in: LK, § 189 Rn. 2. In BGHSt 40, 97, 105, zeigte der BGH Sympathie für diese Auffassung, ließ die Streitfrage aber offen.

609 *Momsen*, in: Maurach/Schroeder/Maiwald/Hoyer/Momsen, BT I, § 25 Rn. 37 f.; *Rogall*, in: SK, § 189 Rn. 8; *Rüping*, GA 1977, 299, 304; *Wolff*, ZStW 81 (1969), 883, 904.

610 *Rogall*, in: SK, § 189 Rn. 8; *Zaczyk*, in: NK, § 189 Rn. 2.

611 *Bloy*, in: FS-Eser, S. 233, 240; *Momsen*, in: Maurach/Schroeder/Maiwald/Hoyer/Momsen, BT I, § 25 Rn. 38.

612 OLG Düsseldorf NJW 1967, 1142, 1143; *Kühl*, in: Lackner/Kühl, § 189 Rn. 1.

613 Vgl. *Kindhäuser/Schramm*, BT I, § 26 Rn. 1; *Wolff*, ZStW 81 (1969), 886, 904 Fn. 30. *Rogall*, in: SK, § 189 Rn. 6, und *Zaczyk*, in: NK, § 189 Rn. 3, sind der Auffassung, Gefühle könnten generell keine strafrechtlich geschützten Rechtsgüter sein.

614 *Kleszewski*, BT, § 4 Rn. 40; vgl. *Kindhäuser/Schramm*, BT I, § 26 Rn. 1; *Zaczyk*, in: NK, § 189 Rn. 1; dort auch zum folgenden Satz.

615 Vgl. *Kindhäuser/Schramm*, BT I, § 26 Rn. 1; *Kleszewski*, BT, § 4 Rn. 40; *Wolff*, ZStW 81 (1969), 886, 904 Fn. 30; *Zaczyk*, in: NK, § 189 Rn. 1.

616 So aber *Kleszewski*, BT, § 4 Rn. 41.

617 Zum rein verfahrensrechtlichen Charakter des Strafantrages *Mitsch*, in: MüKo, Vorb. § 77 Rn. 10 f.

618 Vgl. *Kleszewski*, BT, § 4 Rn. 42; *Zaczyk*, in: NK, § 189 Rn. 1.

Toten als jemanden beschreiben, dessen Leben keines guten Erinnerns würdig ist.[619]

Nach herrschender Auffassung[620] kann die Verunglimpfung auch unter einer Kollektivbezeichnung erfolgen und sich auf eine Gruppe von Personen beziehen, deren Gemeinsamkeit sich aus den Umständen ihres Todes ergibt. Danach fällt die Leugnung des Holocaust auch unter § 189 StGB.[621] Dieser Auffassung ist zuzustimmen, da durch die falsche Schilderung der Todesumstände die Andenkensleistung diskreditiert wird. Voraussetzung für die *Vollendung* des § 189 StGB ist wie bei § 185 StGB, dass irgendeine andere Person den ehrverletzenden *Sinn* der Äußerung *versteht*.[622]

jj) Die Tathandlungen des § 130 StGB (Volksverhetzung)

Die Volksverhetzung (§ 130 StGB) schützt in erster Linie den öffentlichen Frieden, daneben aber auch die Würde der einzelnen Menschen.[623] Der öffentliche Frieden bezeichnet sowohl einen Zustand, in dem Rechtssicherheit herrscht und die Bürger frei von Furcht voreinander gemeinsam leben können, als auch das Vertrauen der Bevölkerung darauf, in Frieden leben zu können.[624]

Bei § 130 I StGB müssen sich die Tathandlungen gegen bestimmte Gruppen, Teile der Bevölkerung oder gegen Einzelpersonen als Mitglieder solcher Personenmehrheiten richten. Erfasst sind nur Personen, die in Deutschland leben, da es bei § 130 I StGB auf die Eignung zur Friedensstörung in Deutschland ankommt.[625] Die Nationalität der betroffenen Personen spielt keine Rolle[626].

---

619 Siehe *Klesczewski*, BT, § 4 Rn. 42; *Zaczyk*, in: NK, § 189 Rn. 4.

620 BGHSt 40, 97, 105; *Fischer*, § 189 Rn. 3; *Kühl*, in: Lackner/Kühl, § 189 Rn. 2; *Momsen*, in: Maurach/Schroeder/Maiwald/Hoyer/Momsen, BT I, § 25 Rn. 41.

621 BGHSt 40, 97, 105; BayObLG JR 1997, 341 ff.; *Fischer*, § 189 Rn. 3; *Kühl*, in: Lackner/Kühl, § 189 Rn. 2; *Momsen*, in: Maurach/Schroeder/Maiwald/Hoyer/ Momsen, BT I, § 25 Rn. 41. Kritisch *Jakobs*, JR 1997, 344 f. Ablehnend *Regge/ Pegel*, in: MüKo, § 189 Rn. 20.

622 Siehe *Rogall*, in: SK, § 189 Rn. 14; *Zaczyk*, in: NK, § 189 Rn. 6.

623 *Kühl*, in: Lackner/Kühl, § 130 Rn. 1; *Maiwald*, in: Maurach/Schroeder/Maiwald, BT II, § 60 Rn. 57; vgl. *Schäfer*, in: MüKo, § 130 Rn. 1 ff.

624 *Hilgendorf/Valerius*, Rn. 382; *Krauß*, in: LK, § 130 Rn. 63.

625 BT-Drs. 12/6853, S. 24; *Fischer*, § 130 Rn. 4; *Schäfer*, in: MüKo, § 130 Rn. 31; vgl. BT-Drs. 17/3124, S. 10 f.

626 *Schäfer*, in: MüKo, § 130 Rn. 31; *Sternberg-Lieben/Schittenhelm*, in: S/S, § 130 Rn. 3.

Tathandlungen des § 130 I Nr. 1 StGB sind das „Aufstacheln zum Hass" sowie das „Auffordern zu Gewalt- oder Willkürmaßnahmen". „Gewalt- oder Willkürmaßnahmen" sind diskriminierende Handlungen, die den elementaren Geboten der Menschlichkeit widersprechen.[627] Das „Aufstacheln zum Hass" ist jede Einwirkung auf die Gefühle anderer, die objektiv geeignet und subjektiv dazu bestimmt ist, eine feindselige Haltung gegen die Betroffenen zu erzeugen oder zu steigern, die über die bloße Ablehnung und Verachtung hinausgeht.[628] Darunter fällt zum Beispiel die wahrheitswidrige Behauptung, Flüchtlinge hätten ein Mädchen entführt und vergewaltigt.[629] Es kommt nicht darauf an, ob die Äußerung tatsächlich Hass hervorruft.[630] Wie bei § 111 StGB verlangt das „Auffordern" ein ausdrückliches oder konkludentes Einwirken auf andere mit dem Ziel, bei diesen den Entschluss zu bestimmten Handlungen hervorzurufen.[631]

§ 130 I Nr. 2 StGB bestraft Angriffe auf die Menschenwürde anderer durch „Beschimpfen", „böswilliges Verächtlichmachen" oder „Verleumden". Erfasst sind nur solche Diskriminierungen und Diffamierungen, welche die Betroffenen als minderwertig hinstellen und ihnen das Lebensrecht in der Gemeinschaft abstreiten.[632] Das „Beschimpfen" ist eine nach Inhalt oder Form besonders verletzende Kundgabe der Missachtung.[633] Das „Verächtlichmachen" betrifft Äußerungen, die andere als verachtenswert, minderwertig oder unwürdig hinstellen.[634] Der Täter handelt „böswillig", wenn er sich aus feindseliger Gesinnung und mit Kränkungsabsicht äußert.[635] Beim „Verleumden" geht es um bewusst wahrheitswidrige Tatsachenbehauptungen gegenüber Dritten, die geeignet sind, die Betrof-

---

627 Mit Beispielen *Schäfer*, in: MüKo, § 130 Rn. 47, und *Sternberg-Lieben/Schittenhelm*, in: S/S, § 130 Rn. 5b.

628 BGH StV 2018, 80 (ebd.); *Hilgendorf/Valerius*, Rn. 379; *Kühl*, in: Lackner/Kühl, § 130 Rn. 4; *Sternberg-Lieben/Schittenhelm*, in: S/S, § 130 Rn. 5a.

629 Zu diesem und weiteren Beispielen *Sternberg-Lieben/Schittenhelm*, in: S/S, § 130 Rn. 5b.

630 *Krauß*, in: LK, § 130 Rn. 39.

631 *Schäfer*, in: MüKo, § 130 Rn. 46; *Sternberg-Lieben/Schittenhelm*, in: S/S, § 130 Rn. 5b.

632 Siehe BT-Drs. 12/6853, S. 24; BVerfG NJW 2008, 2907, 2909; BGHSt 40, 97, 100; *M. Heinrich*, ZJS 2017, 625, 628; *Krauß*, in: LK, § 130 Rn. 52; *Schäfer*, in: MüKo, § 130 Rn. 55.

633 BGH StV 2018, 80 (ebd.); *Fischer*, § 130 Rn. 11; *Sternberg-Lieben/Schittenhelm*, in: S/S, § 130 Rn. 5d.

634 BGH StV 2018, 80 (ebd.); *Fischer*, § 130 Rn. 11; *Hilgendorf/Valerius*, Rn. 381.

635 OLG Stuttgart NStZ 2010, 453, 454 Rn. 7; *Hilgendorf/Valerius*, Rn. 381.

fenen in ihrem Ansehen herabzuwürdigen.[636] Die Äußerung muss sich zwar gegen die Menschenwürde richten, die Betroffenen müssen aber nicht in ihrer Menschenwürde verletzt werden.[637] Verbreitet der Täter fremde Äußerungen, können ihm diese im Rahmen des § 130 I StGB nur dann täterschaftlich zugerechnet werden, wenn er sich deren volksverhetzenden Inhalt erkennbar zu eigen macht.[638]

Die Tathandlungen des § 130 III StGB müssen sich beziehen auf eine unter der Herrschaft des Nationalsozialismus begangene Handlung gemäß § 6 I VStGB (Völkermord). „Unter der Herrschaft" bedeutet, dass die Völkermordtat während des Dritten Reichs entweder staatlich angeordnet oder toleriert wurde und dem Nationalsozialismus als staatlicher Macht zuzurechnen ist.[639] Das „Billigen" verlangt ein ausdrückliches oder konkludentes Gutheißen.[640] „Leugnen" meint das Bestreiten; Zweifel zu äußern genügt nicht.[641] Ein „Verharmlosen" liegt vor, wenn der Täter eine nationalsozialistische Völkermordtat herunterspielt, beschönigt oder in ihrem Gewicht verschleiert.[642] Die drei Tathandlungen überschneiden sich.[643] § 130 III StGB verlangt, dass die Tat „öffentlich" oder „in einer Versammlung" begangen wird; beide Tatvarianten können via Internet verwirklicht werden.[644]

Die §§ 130 I und 130 III StGB müssen in einer Weise begangen werden, die „geeignet" ist, den öffentlichen Frieden zu stören. Erforderlich ist, dass die konkreten Umstände die Besorgnis rechtfertigen, die Äußerung werde das Vertrauen in die öffentliche Rechtssicherheit erschüttern.[645] Da sich die Eignung zur Friedensstörung zwar nach den *konkreten* Umständen

---

636 BGH StV 2018, 80 (ebd.); *Schäfer*, in: MüKo, § 130 Rn. 53; *Sternberg-Lieben/Schittenhelm*, in: S/S, § 130 Rn. 5d.

637 Siehe *Fischer*, § 130 Rn. 12; *Stein*, in: SK, § 130 Rn. 21. Siehe die Beispiele von *Schäfer*, in: MüKo, § 130 Rn. 57 ff.

638 BGH NStZ 2015, 512, 513; *Krauß*, in: LK, § 130 Rn. 37; *Sternberg-Lieben/Schittenhelm*, in: S/S, § 130 Rn. 5.

639 *Fischer*, § 130 Rn. 27; vgl. *Stein*, in: SK, § 130 Rn. 43.

640 *Lohse*, in: S/S/W, § 130 Rn. 34; *Sternberg-Lieben/Schittenhelm*, in: S/S, § 130 Rn. 18.

641 *Fischer*, § 130 Rn. 30; *Kühl*, in: Lackner/Kühl, § 130 Rn. 8; *Schäfer*, in: MüKo, § 130 Rn. 80.

642 BGHSt 46, 36, 40; *Hilgendorf/Valerius*, Rn. 386; *Sternberg-Lieben/Schittenhelm*, in: S/S, § 130 Rn. 21. Ausführlich *Rackow*, ZIS 2010, 366 ff.

643 *Hilgendorf/Valerius*, Rn. 386; *Schäfer*, in: MüKo, § 130 Rn. 78; vgl. BT-Drs. 10/1286, S. 9; BT-Drs. 9/2090, S. 7.

644 Siehe 4. Kap. V 2 a aa und bb.

645 Siehe BGH NStZ 2007, 216, 217 Rn. 11; BGHSt 46, 212, 219; *Lohse*, in: S/S/W, § 130 Rn. 9; *Schäfer*, in: MüKo, § 130 Rn. 23.

richtet, der öffentliche Frieden aber nicht gestört oder konkret gefährdet werden muss, sind die §§ 130 I und 130 III StGB „abstrakt-konkrete" Gefährdungsdelikte.[646] Kriterien für die Eignungsprüfung sind unter anderem der Inhalt der Äußerung, die Empfänglichkeit der Öffentlichkeit für die Äußerung und die Breitenwirkung der Äußerung.[647] Die Eignung zur Friedensstörung erfordert keine Äußerung gegenüber der Öffentlichkeit.[648] Entscheidend ist, dass nach den konkreten Umständen damit zu rechnen ist, dass die Äußerung einer breiten Öffentlichkeit bekannt wird.[649] Unter dieser Voraussetzung kann auch eine Äußerung an eine Einzelperson erfasst sein oder eine Äußerung an einen eingeschränkten Kreis von Personen.[650] So etwa, wenn der Täter eine E-Mail mit volksverhetzendem Inhalt an eine Redaktion sendet[651] oder den Empfänger dazu auffordert, die E-Mail weiterzuleiten.[652] Stellt der Täter eine volksverhetzende Äußerung frei zugänglich ins Internet, spricht das hinsichtlich der Breitenwirkung dafür, dass die Äußerung zur Störung des öffentlichen Friedens geeignet ist.[653] Vorausgesetzt, eine Äußerung nach § 130 I StGB oder nach § 130 III StGB eignet sich inhaltlich zur Störung des öffentlichen Friedens, ist der entsprechende Tatbestand der Volksverhetzung *vollendet*, sobald die Äußerung über internetfähige Geräte mittelbar im Internet *wahrnehmbar* ist und damit zu rechnen ist, dass sie in der Öffentlichkeit bekannt wird.[654]

---

646 Vgl. BGHSt 46, 212, 218; *M. Heinrich*, ZJS 2017, 625, 626; *Hilgendorf/Valerius*, Rn. 382; *Kühl*, in: Lackner/Kühl, § 130 Rn. 1.

647 Zu diesen und den weiteren Kriterien *Krauß*, in: LK, § 130 Rn. 66, und *Lohse*, in: S/S/W, § 130 Rn. 9.

648 Siehe BGHSt 29, 26, 27; *Krauß*, in: LK, § 130 Rn. 68; *Lohse*, in: S/S/W, § 130 Rn. 9.

649 BGHSt 29, 26, 27; OLG Celle NStZ 1998, 88, 89; *Krauß*, in: LK, § 130 Rn. 68; *Lohse*, in: S/S/W, § 130 Rn. 9; *Schäfer*, in: MüKo, § 130 Rn. 25; *Sternberg-Lieben/Schittenhelm*, in: S/S, § 130 Rn. 11.

650 Siehe *Lohse*, in: S/S/W, § 130 Rn. 9; *Sternberg-Lieben/Schittenhelm*, in: S/S, § 130 Rn. 11.

651 Vgl. *Krauß*, in: LK, § 130 Rn. 68, 70. Zum Versand volksverhetzender Inhalte per Post BGHSt 29, 26, 27; *Maiwald*, in: Maurach/Schroeder/Maiwald, BT II, § 60 Rn. 66.

652 Vgl. *Lohse*, in: S/S/W, § 130 Rn. 9; *Sternberg-Lieben/Schittenhelm*, in: S/S, § 130 Rn. 11.

653 Siehe BGHSt 46, 212, 219; *Hilgendorf/Valerius*, Rn. 383; *Lohse*, in: S/S/W, § 130 Rn. 9; *Krauß*, in: LK, § 130 Rn. 70. Zurückhaltend BGH NStZ 2007, 216, 217 Rn. 11.

654 Vgl. BGHSt 46, 212, 219; *Hilgendorf/Valerius*, Rn. 383; *Krauß*, in: LK, § 130 Rn. 70; *Sternberg-Lieben/Schittenhelm*, in: S/S, § 130 Rn. 11.

Während § 130 I StGB bestimmte volksverhetzende Äußerungen unter Strafe stellt, erfasst § 130 II StGB die Vermittlung solcher Inhalte mittels Schriften (§ 130 II Nr. 1 StGB) und via Rundfunk oder Telemedien (§ 130 II Nr. 2 StGB) sowie bestimmte Vorbereitungshandlungen (§ 130 II Nr. 3 StGB).[655] § 130 II StGB setzt keine Eignung zur Störung des öffentlichen Friedens voraus (es handelt sich daher um ein rein abstraktes Gefährdungsdelikt).[656] Die Tathandlungen des § 130 II StGB müssen sich wie bei § 130 I StGB gegen bestimmte Gruppen, Teile der Bevölkerung oder gegen Einzelpersonen als Mitglieder solcher Personenmehrheiten richten. § 130 II StGB erfasst auch Personen, die sich im Ausland aufhalten, da § 130 II StGB keine Eignung zur Störung des öffentlichen Friedens in Deutschland voraussetzt.[657] Wenn sich der Täter via Internet äußert, können sich §§ 130 I und 130 II StGB überschneiden.[658] Anders als § 130 I StGB ist § 130 II StGB aber auch dann anwendbar, wenn der Täter eine fremde Äußerung weitergibt, ohne sich deren Inhalt zu eigen zu machen.[659]

Das „Verbreiten" und das „Überlassen" von Schriften gemäß § 130 II Nr. 1 StGB setzen voraus, dass die Schrift *körperlich* weitergegeben wird.[660] Diese beiden Tatvarianten können daher nicht via Internet begangen werden. Das „Anbieten" in § 130 II Nr. 1 StGB verlangt, dass sich der Täter gegenüber einem *bestimmten* Minderjährigen bereit erklärt, ihm eine Schrift mit volksverhetzendem Inhalt körperlich zu überlassen.[661] Das kann auch via Internet geschehen; vorausgesetzt, die Schrift befindet sich in der Verfügungsgewalt des Täters.[662] Das „Anbieten" des § 130 II Nr. 1 StGB ist *vollendet*, sobald der Minderjährige das Angebot *wahrnimmt*.[663]

---

655 Vgl. *M. Heinrich*, ZJS 2017, 625, 629; *Hilgendorf/Valerius*, Rn. 384.
656 Siehe *Kühl*, in: Lackner/Kühl, § 130 Rn. 1; *Schäfer*, in: MüKo, § 130 Rn. 12.
657 Siehe BT-Drs. 17/3124, S. 11; BT-Drs. 12/6853, S. 24; *Kühl*, in: Lackner/Kühl, § 130 Rn. 10; *Schäfer*, in: MüKo, § 130 Rn. 63.
658 Vgl. *M. Heinrich*, ZJS 2017, 625, 629.
659 Siehe *M. Heinrich*, ZJS 2017, 625, 630; *Hörnle*, NStZ 2002, 113, 116 f.; *Krauß*, in: LK, § 130 Rn. 37.
660 Zum „Verbreiten von Schriften" 4. Kap. V 2 a cc. Zum „Überlassen von Schriften" *Eisele*, in: S/S, § 184 Rn. 15, und *Stein*, in: SK, § 130 Rn. 35.
661 *M. Heinrich*, ZJS 2017, 25, 27. Zum entsprechenden „Anbieten" pornografischer Schriften gemäß § 184 I Nr. 1 StGB *Eisele*, in: S/S, § 184 Rn. 14, und *Hörnle*, in: MüKo, § 184 Rn. 31.
662 *M. Heinrich*, ZJS 2017, 25, 27 f.; vgl. *Eisele*, in: S/S, § 184 Rn. 14.; *Wolters/Greco*, in: SK, § 184 Rn. 28.
663 Vgl. *Hörnle*, in: MüKo, § 184 Rn. 31; *Wolters/Greco*, in: SK, § 184 Rn. 28.

Da es für das „Zugänglichmachen von Schriften" auch ausreicht, deren Inhalt wahrnehmbar zu machen, könnte diese Tatvariante des § 130 II Nr. 1 StGB auch per Internet verwirklicht werden.[664] Sie wird aber verdrängt durch das „Zugänglichmachen von Inhalten" gemäß § 130 II Nr. 2 StGB, da dies die speziellere Regelung bei der Begehung via Internet ist. Nach § 130 II Nr. 2 StGB muss der Inhalt entweder einem Minderjährigen oder der Öffentlichkeit zugänglich gemacht werden. Die Tat ist *vollendet*, sobald der Inhalt für diese Adressaten *wahrnehmbar* ist.[665]

Die in § 130 II Nr. 3 StGB genannten Vorbereitungshandlungen beziehen sich auf Schriften. Das „Herstellen", „Beziehen", „Liefern", „Vorrätighalten" und das „Ein- oder Ausführen" von Schriften setzen voraus, dass die Schriften *körperlich* erzeugt, übergeben, besessen oder über die Grenze Deutschlands transportiert werden, so dass diese Tatvarianten nicht via Internet verwirklicht werden können.[666] Das „Anbieten" des § 130 II Nr. 3 StGB bestraft das Feilbieten von Schriften an einen *unbestimmten* Personenkreis (es unterscheidet sich damit vom „Anbieten" in § 130 II Nr. 1 StGB).[667] Es genügt, wenn der Täter entsprechend einer *invitatio ad offerendum* eine Mehrzahl noch nicht individualisierter Personen auffordert, ein Kauf- oder Mietangebot zu machen.[668] Durch das 49. Strafrechtsänderungsgesetz wurden die in der früheren Fassung verwendeten Begriffe „ankündigen" und „anpreisen" ohne inhaltliche Änderung mit dem Wort „bewerben" zusammengefasst.[669] Das „Bewerben" verlangt, dass der Täter gegenüber einem unbestimmten Personenkreis eine Schrift empfiehlt oder über ihre Bezugs- oder Betrachtungsmöglichkeiten informiert.[670] Die Tathandlungen „Bewerben" und „Anbieten" müssen sich zwar auf eine „Schrift" beziehen (nicht nur auf deren Inhalt), der Täter muss aber nicht körperlich auf die Schrift einwirken.[671] Daher können beide Tathandlun-

---

664 Siehe 4. Kap. V 2 a cc; dort auch zum folgenden Satz.
665 Zum „Zugänglichmachen von Inhalten" 4. Kap. V 2 a cc. Zum öffentlichen Begehen 4. Kap. V 2 a aa.
666 Zu diesen Tathandlungen *M. Heinrich*, ZJS 2017, 25, 28 ff.; vgl. *Wolters/Greco*, in: SK, § 184 Rn. 79.
667 Siehe *M. Heinrich*, ZJS 2017, 25, 31. Zum gleichbedeutenden „Anbieten" in § 184 I Nr. 5 *Eisele*, in: S/S, § 184 Rn. 45.
668 *M. Heinrich*, ZJS 2017, 25, 31; *Hörnle*, in: MüKo, § 184 Rn. 55; vgl. *Eisele*, in: S/S, § 184 Rn. 45.
669 Siehe BT-Drs. 18/2601, S. 24.
670 Vgl. *Hilgendorf*, in: S/S/W, § 184 Rn. 39; *Hörnle*, in: MüKo, § 184 Rn. 55.
671 Vgl. *Eisele*, in: S/S, § 184 Rn. 45 f.; *M. Heinrich*, ZJS 2017, 25, 31.

gen via Internet begangen werden.[672] Das „Bewerben" und das „Anbieten" sind *vollendet*, sobald sie für einen unbestimmten Personenkreis *wahrnehmbar* sind; beispielsweise auf einer frei abrufbaren Internetseite.

Tathandlungen des § 130 IV StGB sind das „Billigen", Verherrlichen" sowie „Rechtfertigen" der nationalsozialistischen Gewalt- und Willkürherrschaft. Die Tathandlungen müssen öffentlich begangen werden oder in einer Versammlung. „Billigen" meint wie in §§ 130 III und 140 Nr. 2 StGB ausdrückliches oder konkludentes Gutheißen.[673] Ausreichend ist, wenn schwerwiegende Verbrechen, welche die nationalsozialistische Gewalt- und Willkürherrschaft charakterisieren, als bedauerlich, aber unvermeidbar hingestellt werden. „Verherrlichen" setzt voraus, dass der Täter die nationalsozialistischen Gewalt- und Willkürherrschaft als etwas Großartiges, Imponierendes oder Heldenhaftes rühmt.[674] Dafür genügt es, die nationalsozialistische Gewalt- und Willkürherrschaft in einen positiven Bewertungszusammenhang zu bringen oder bei ihrer Schilderung positive Akzente zu setzen. Das „Rechtfertigen" verlangt, dass der Täter Menschrechtsverletzungen, die kennzeichnend für die nationalsozialistische Gewaltherrschaft waren, als notwendige Maßnahmen verteidigt; etwa indem er das Handeln eines für die Menschenrechtsverletzungen Verantwortlichen als richtig oder gerechtfertigt hinstellt.[675] § 130 IV StGB setzt voraus, dass alle Tathandlungen in einer Weise begangen werden, welche die Würde der Opfer verletzt.[676] Das ist nach dem Willen des Gesetzgebers in der Regel anzunehmen, wenn der Täter die nationalsozialistische Gewalt- und Willkürherrschaft billigt, verherrlicht oder rechtfertigt.[677]

Nach dem Wortlaut des § 130 IV StGB müssen die Tathandlungen nicht nur zur Störung des öffentlichen Friedens geeignet sein, vielmehr müssen sie ihn tatsächlich „stören"; § 130 IV StGB ist also ein *Verletzungsdelikt*.[678]

---

672 Vgl. *M. Heinrich*, ZJS 2017, 25, 31; *Hörnle*, in: MüKo, § 184 Rn. 55; dort auch zum folgenden Satz.

673 Siehe BT-Drs. 15/5051, S. 5; *Lohse*, in: S/S/W, § 130 Rn. 41; *Schäfer*, in: MüKo, § 130 Rn. 92; dort auch zum folgenden Satz.

674 BT-Drs. 15/5051, S. 5; *Schäfer*, in: MüKo, § 130 Rn. 93; dort auch zum folgenden Satz.

675 BT-Drs. 15/5051, S. 5; *Schäfer*, in: MüKo, § 130 Rn. 93; *Sternberg-Lieben/Schittenhelm*, in: S/S, § 130 Rn. 22b.

676 BT-Drs. 15/5051, S. 5. Zur missverständlichen Formulierung der Regelung *Schäfer*, in: MüKo, § 130 Rn. 97, und *Stein*, in: SK, § 130 Rn. 52.

677 Siehe BT-Drs. 15/5051, S. 5; vgl. BVerfGE 124, 300, 344.

678 *Kühl*, in: Lackner/Kühl, § 130 Rn. 8b; *Sternberg-Lieben/Schittenhelm*, in: S/S, § 130 Rn. 22c.

Das BVerfG[679] hat im Jahr 2009 entschieden, dass eine Störung des öffentlichen Friedens in der Regel zu *vermuten* sei, wenn der Täter die nationalsozialistische Gewalt- und Willkürherrschaft billige, verherrliche oder rechtfertige. Das Tatbestandsmerkmal des öffentlichen Friedens sei nur von Bedeutung, wenn im konkreten Fall gewaltanreizende, einschüchternde oder bedrohende Wirkungen ausgeschlossen werden könnten.[680] Die Vermutungsregel des BVerfG macht die Prüfung, ob eine Rechtsgutverletzung eingetreten ist, im Allgemeinen überflüssig und drängt § 130 IV StGB dadurch in die Rolle eines Gefährdungsdelikts.[681] Das widerspricht dem Willen des Gesetzgebers,[682] der die Verletzung des öffentlichen Friedens bei § 130 IV StGB als (zu prüfende!) Voraussetzung der Strafbarkeit einordnet, und überschreitet außerdem die Grenze des Wortlauts.[683] Die Störung des öffentlichen Friedens muss bei § 130 IV StGB in jedem Fall festgestellt werden.[684] Eine Störung des öffentlichen Friedens und damit eine *Vollendung* des § 130 IV StGB liegt nur vor, wenn ein erheblicher Teil der Bevölkerung die Äußerung inhaltlich *verstanden* hat und aufgrund der Äußerung nicht mehr darauf vertraut, in Frieden und ohne Furcht voreinander zusammenleben zu können.[685] Da häufig kaum feststellbar sein dürfte, ob eine Handlung den öffentlichen Frieden tatsächlich stört oder ob sie ihn nur (abstrakt oder konkret) gefährdet, wird man die Vollendung des § 130 IV StGB allenfalls in Ausnahmefällen annehmen können.[686]

Gemäß § 130 V S. 2 StGB wird nach § 130 II Nr. 2 StGB auch bestraft, wer Inhalte der in §§ 130 III und 130 IV StGB bezeichneten Art einem

---

679 BVerfGE 124, 300, 344. Anmerkung *Liesching*, MMR 2010, 202 f. Differenzierter zur Eignung den öffentlichen Frieden zu stören BVerfG NJW 2018, 2861, 2862 Rn. 23, und BVerfG NJW 2018, 2858, 2859 Rn. 26. In BVerfG NJW 2005, 3202, 3203, bewertete das BVerfG eine solche Vermutungsregelung noch als „unvereinbar" mit dem Schuldgrundsatz.

680 BVerfGE 124, 300, 344.

681 Vgl. *Fischer*, § 130 Rn. 41; *Liesching*, MMR 2010, 202 f.; *Stegbauer*, NStZ 2012, 79, 84.

682 Siehe BT-Drs. 15/5051, S. 5.

683 Vgl. *Liesching*, MMR 2010, 202 f.; *Lohse*, in: S/S/W, § 130 Rn. 45; *Stegbauer*, NStZ 2012, 79, 84.

684 *Liesching*, MMR 2010, 202, 203; *Stegbauer*, NStZ 2012, 79, 84; *Sternberg-Lieben/Schittenhelm*, in: S/S, § 130 Rn. 22c. In BVerfG NJW 2005, 3202, 3203, vertrat auch das BVerfG noch diese Auffassung.

685 Vgl. *Krauß*, in: LK, § 130 Rn. 120; *Ostendorf*, in: NK, § 130 Rn. 36.

686 Kritisch zur praktischen Anwendbarkeit des § 130 IV StGB auch *Lohse*, in: S/S/W, § 130 Rn. 45, *Schäfer*, in: MüKo, § 130 Rn. 98, und *Sternberg-Lieben/Schittenhelm*, in: S/S, § 130 Rn. 22c. *Fischer*, § 130 Rn. 40, geht von der „fast vollständigen Unanwendbarkeit" des § 130 IV StGB aus.

Minderjährigen oder der Öffentlichkeit zugänglich macht. Aufgrund des Verweises müssen Inhalte nach § 130 III StGB *geeignet* sein, den öffentlichen Frieden zu stören, und Inhalte nach § 130 IV StGB müssen den öffentlichen Frieden tatsächlich *stören*.[687] Nach § 130 VII StGB gilt für die Absätze 2–5 des § 130 StGB die Sozialadäquanz-Klausel des § 86 III StGB, die für bestimmte Fälle die Strafbarkeit ausschließt.[688]

kk) Zwischenergebnis

Die Untersuchung zahlreicher Internetdelikte hat gezeigt, dass es für deren Vollendung meistens genügt, dass der Inhalt *wahrnehmbar* ist; so etwa bei den §§ 86, 86a, 111, 130 I und 130 III StGB. Wahrnehmbarkeit bedeutet die Abrufbarkeit eines Inhalts im Internet. Bei manchen Internetdelikten wie bei den §§ 186 und 187 StGB verlangt die Vollendung, dass die Adressaten den Inhalt tatsächlich *wahrnehmen*. Die §§ 90, 185 und 189 StGB sind erst vollendet, wenn die Adressaten auch den *Sinn* des Inhalts *verstehen*. Bei § 130 IV StGB tritt die Vollendung nur ein, wenn ein erheblicher Teil der Bevölkerung die Äußerung *verstanden* hat *und* aufgrund der Äußerung nicht mehr darauf vertraut, in Frieden und ohne Furcht voreinander zusammenleben zu können.

b) Wo tritt der Erfolg ein?

aa) Der Ort der Wahrnehmbarkeit

Genügt für die Vollendung eines Internetdelikts die Wahrnehmbarkeit, tritt der Erfolg dort ein, wo die Inhalte wahrnehmbar sind. Wahrnehmbarkeit bedeutet die Möglichkeit der sinnlichen Wahrnehmung durch die Adressaten. Bei Internetdelikten geht es um die optische und akustische Wahrnehmbarkeit, also darum, ob die Adressaten bestimmte Inhalte sehen oder hören können (Blinde können über die sogenannte Braillezeile digitale Texte ertasten).

Internetdelikte setzen häufig voraus, dass für eine Vielzahl von Personen die Möglichkeit der Wahrnehmung besteht. Meistens folgt das aus dem

---

687 Vgl. *Lohse*, in: S/S/W, § 130 Rn. 48; *Schäfer*, in: MüKo, § 130 Rn. 99; *Sternberg-Lieben/Schittenhelm*, in: S/S, § 130 Rn. 23.

688 Zur Sozialadäquanzklausel des § 86 III StGB 4. Kap. V 2 a dd.

Tatbestandsmerkmal des „öffentlichen" Begehens.[689] Als Maßstab für die Wahrnehmbarkeit von Delikten, welche die Wahrnehmbarkeit für eine Vielzahl von Personen verlangen, ist abzustellen auf die Wahrnehmungsfähigkeit eines Menschen, der keine Sehschwäche hat und nicht schwerhörig ist. Bei einigen Internetdelikten genügt es, dass Inhalte für bestimmte einzelne Personen wahrnehmbar sind; beispielsweise kommt es bei § 130 II Nr. 2 und V S. 2 StGB darauf an, dass ein Minderjähriger die Inhalte wahrnehmen kann, und bei § 184d I S. 1 StGB reicht es, wenn die Inhalte für „eine andere Person" wahrnehmbar sind. Bei solchen Tatbeständen ist die Wahrnehmungsfähigkeit des konkreten Adressaten maßgeblich.

In der realen Welt sind Inhalte für eine Vielzahl von Personen wahrnehmbar, wenn zahlreiche Menschen sie ohne besondere Hilfsmittel sehen oder hören können. Mit „besonders" meine ich Hilfsmittel, die einem üblicherweise nicht überall zur Verfügung stehen; zum Beispiel ein Fernglas oder ein Richtmikrofon. Keine besonderen Hilfsmittel sind dagegen solche Hilfsmittel, die wie Kontaktlinsen, Brillen und Hörgeräte lediglich eine Seh- oder Hörschwäche ausgleichen.

Zur Möglichkeit der Wahrnehmung folgendes Beispiel: Auf der französischen Rheinseite hissen Neonazis eine acht Quadratmeter große Hakenkreuzflagge. Sofern man die Flagge von Deutschland aus mit bloßem Auge (sowie mit Brille oder Kontaktlinsen) sehen kann, ist sie in Deutschland wahrnehmbar und begründet einen deutschen Erfolgsort. Die Flagge ist dagegen nicht in Deutschland wahrnehmbar, wenn sie soweit im Landesinneren steht, dass sie von Deutschland aus nur mit einem Fernglas oder anderen technischen Hilfsmitteln erkennbar ist. Dasselbe gilt, wenn die Flagge so weit von der deutschen Grenze entfernt ist oder so ungünstig steht, dass man sie von Deutschland aus nur über die Kamera einer Flugdrohne sehen kann.

Wie die Hakenkreuzflagge in der Ausgangsvariante des letzten Falles können auch Internet-Inhalte für eine Vielzahl von Personen am selben Ort wahrnehmbar sein – etwa beim grenznahen „Public Viewing" eines Fußballspiels per Echtzeitübertragung via Internet. Aber solche Fälle sind die Ausnahme. In der Regel werden Internet-Inhalte individuell über einen (kleineren) Monitor abgerufen und sind dann nur für eine Person wahrnehmbar oder für eine kleine Gruppe von Personen.

Entscheidend ist daher, wie die Erkenntnisse zur Wahrnehmbarkeit von Inhalten in der realen Welt zu übertragen sind auf die Wahrnehmbarkeit von Inhalten in der virtuellen Welt des Internets. Würde man die Anforde-

---

689 Siehe 4. Kap. V 2 a aa.

rungen an die Wahrnehmbarkeit von Inhalten in der realen Welt eins zu eins auf Internet-Inhalte übertragen, müsste man bei Internet-Inhalten die Wahrnehmbarkeit immer ablehnen, da Internet-Inhalte nicht unmittelbar sinnlich wahrnehmbar sind, sondern nur über technische Geräte abgerufen werden können. Aber das wäre eine identische Lösung und keine dem Internet entsprechende; keine Lösung *mutatis mutandis*.

Die *ARD/ZDF-Onlinestudie* hat ergeben, dass im Jahr 2019 rund 90 Prozent der Deutschen regelmäßig im Internet waren.[690] Internetfähige Geräte, vor allem Smartphones, sind heute derart weit verbreitet, dass das Internet den meisten Menschen ähnlich ubiquitär zur Verfügung steht wie ihre fünf Sinne. Internetfähige Geräte sind daher nicht wie „besondere" Hilfsmittel zu behandeln, bei deren Gebrauch keine Wahrnehmbarkeit vorliegt, sondern wie Kontaktlinsen, Brillen und Hörgeräte. Internet-Inhalte erfüllen also das Kriterium der Wahrnehmbarkeit.

Bestimmte man den Erfolgsort bei Internetdelikten allein danach, wo die Inhalte abrufbar sind, müsste man meistens von einem weltweiten Erfolgsort ausgehen, da Inhalte im Internet in der Regel in jedem Staat abrufbar sind.[691] Bei den meisten Internetdelikten wäre demnach (auch) deutsches Strafrecht anwendbar. Wenn Internet-Inhalte in jedem Staat verfügbar sind, begründet ihre Abrufbarkeit aber keinen *„genuine link"* im Sinne des Völkerrechts, da dann jeder Staat in gleicher Weise betroffen ist.[692] Für die Begründung eines deutschen Erfolgsorts muss daher zusätzlich zur Abrufbarkeit der Inhalte ein besonderer Bezug zu Deutschland vorliegen.

bb) Die deutsche Sprache, der Serverstandort oder der Vorsatz als Anknüpfungspunkte

Die Verwendung der deutschen Sprache begründet keinen besonderen Bezug zu Deutschland, da auch in anderen Ländern deutsch gesprochen wird (in Österreich, der Schweiz, Belgien, Luxemburg und Liechtenstein ist Deutsch als Amtssprache anerkannt). Der Serverstandort bietet ebenfalls keinen sinnvollen Anknüpfungspunkt, denn bei der Datenübertragung via

---

690 Zu den Ergebnissen der Studie *Beisch/W. Koch/C. Schäfer*, Media Perspektiven 2019, 374 ff.
691 Vgl. *Duesberg*, S. 130.
692 Vgl. *Cornils*, JZ 1999, 394, 395; *Jeßberger*, JR 2001, 429, 434.

Internet hängt es letztlich vom Zufall ab, über welche Server sie erfolgt.[693] Auf *subjektive* Kriterien wie den (direkten) Vorsatz des Täters, strafbare Internet-Inhalte in Deutschland wahrnehmbar zu machen, darf nicht abgestellt werden, da Handlungs- und Erfolgsort objektive Anknüpfungskriterien sind, die nach objektiven Maßstäben zu beurteilen sind.[694]

cc) Die länderspezifische Top-Level-Domain als Anknüpfungspunkt

Das Internet ist nach IP-Adressen geordnet, die aus Zahlenketten bestehen.[695] Jede Internetseite benötigt eine IP-Adresse, um erreichbar zu sein. Zum Beispiel hat die Internetseite der Universität Regensburg die IP-Adresse 194.94.155.125. Damit man sich nicht merken muss, welche Zahlenkette zu einer Internetseite gehört, werden alle IP-Adressen durch das Domain-Name-System (DNS) mit einem Namen übersetzt, der Domain. Die Internetseite der Universität Regensburg lässt sich daher auch über die Domain *www.uni-regensburg.de* abrufen. Basis des DNS ist eine Vielzahl an weltweit verteilten Rechnern, welche die IP-Adressen den Domains zuordnen. Diese Rechner werden als DNS-Server (oder Nameserver) bezeichnet. Ihre Funktion ist mit einem Telefonbuch vergleichbar, das zu den Namen der Personen die passenden Telefonnummern aufführt.

Das DNS ist ein hierarchisch organisierter Namensraum mit baumförmiger Struktur.[696] Die Äste und Blätter des Baumes werden als „Label" bezeichnet. Diese können aus Buchstaben, Ziffern und Bindestrichen bestehen. Punkte grenzen die Label voneinander ab. Die Domain einer Internetseite entsteht durch eine Verkettung der Label eines bestimmten Pfades. So ergeben zum Beispiel die drei Label *www*, *.Bundesgerichtshof* und *.de* die Domain *www.Bundesgerichtshof.de*. Domains werden von rechts nach links aufgelöst. Je weiter rechts ein Label steht, desto höher steht es in der Hierarchie. Ganz rechts steht die Top-Level-Domain (TLD), sie ist damit ganz oben in der Hierarchie. Danach kommt die Second-Level-Domain (SLD). Bei *www.uni-regensburg.de* ist zum Beispiel *.de* die TLD und *uni-re-*

---

693 Siehe *B. Heinrich*, in: FS-Weber, S. 91, 99 f.; *Hilgendorf/Valerius*, Rn. 150; *Werle/Jeßberger*, in: LK, § 9 Rn. 80.

694 Vgl. *Ambos*, in: MüKo, § 9 Rn. 30; *Hilgendorf*, NJW 1997, 1873, 1876; *Roegele*, S. 142 f.

695 Siehe *Haug*, Rn. 420 f.; *Härting*, Rn. 2206 f.; *Herrmann*, S. 12 f.; dort auch zum restlichen Absatz.

696 Zum Aufbau des DNS *Herrmann*, S. 15 ff.; *Mandl*, S. 124 ff.; *Rooney*, S. 144 ff.

gensburg die SLD. Für Domains in tieferen Hierarchie-Ebenen gibt es keine spezifischen Bezeichnungen.

Unter den TLDs sind die generischen Domains von den länderspezifischen zu unterscheiden.[697] Die generischen TLDs beziehen sich auf die inhaltliche Ausrichtung eines Angebotes; Beispiele dafür sind *.com*, *.org* und *.info*. Die länderspezifischen TLDs bestehen aus zweibuchstabigen Abkürzungen, welche die Internationale Organisation für Normung (ISO) in der ISO-Kodierliste 3166-1 den Staaten zugeordnet hat; zum Beispiel steht *.de* für Deutschland und *.uk* für Großbritannien. Die länderspezifischen TLDs könnten die „Grenzen" eines Landes im virtuellen Raum des Internets definieren.

Sonderfälle sind TLDs wie *.ag* (Antigua und Barbuda), *.tv* (Tuvalu) und *.ws* (West-Samoa), sie waren ursprünglich ebenfalls länderspezifische TLDs.[698] Die durch die TLDs bezeichneten Staaten haben ihre TLDs allerdings an amerikanische Unternehmen verkauft, welche die TLDs nun als „Aktiengesellschaft" (*.ag*), „television" (*.tv*) und „website" (*.ws*) vermarkten. Da diese TLDs heute keinen besonderen Bezug mehr zu einem Land haben, sind sie hinsichtlich der Bestimmung des Erfolgsorts als generische TLDs zu behandeln.

Die Entscheidung über die Zulassung von TLDs und darüber, wer die Domains auf der jeweils darunterliegenden SLD-Ebene registrieren und verwalten darf, trifft die gemeinnützige privatrechtliche Organisation *ICANN* mit Sitz in Kalifornien.[699] Die eingetragene Genossenschaft *DENIC* in Frankfurt am Main ist zuständig für die Registrierung und Verwaltung von SLDs unterhalb der TLD *.de*.[700] Die *DENIC* betreibt das DNS für die die TLD *.de* über ein Netzwerk von DNS-Servern.[701] Sobald eine .de-Domain registriert oder gelöscht wird, werden die Daten in die *DENIC*-Datenbank in Frankfurt am Main geschrieben, auf der alle Informationen über .de-Domains zentral zusammenlaufen. Im Stundenrhythmus werden die neuen Informationen der *DENIC*-Datenbank an die DNS-Server der *DENIC* übertragen.

---

697 Siehe *Haug*, Rn. 431 ff.; *Mandl*, S. 125 f.; dort auch zum restlichen Absatz.
698 Siehe *Härting*, Rn. 2212; dort auch zum folgenden Satz.
699 *Haug*, Rn. 447 ff. Zur staats-, europa- und völkerrechtlichen Beurteilung der ICANN *Weigele*, MMR 2013, 16 ff.
700 *Härting*, Rn. 2216.
701 Siehe www.denic.de/service/nameservice, zuletzt abgerufen am 30.07.2020; dort auch zum restlichen Absatz.

Da die *DENIC* für die TLD .*de* verantwortlich ist, sind ihre DNS-Server *autoritativ*.[702] Das heißt, die auf den DNS-Servern der *DENIC* gespeicherten Domain-Informationen sind für anfragende Server *verbindlich*, weil sie aus „erster Hand" kommen.[703] Access-Provider (auch „Internetdienstanbieter" genannt) ermöglichen ihren Kunden den Zugang zum Internet;[704] die *Deutsche Telekom*, *O2* und *Vodafone* sind zum Beispiel Access-Provider. Access-Provider verwenden *nicht-autoritative* DNS-Server,[705] welche die Informationen der *autoritativen* DNS-Server in ihrem Zwischenspeicher ablegen, um bei einer erneuten Anfrage schneller darauf zurückgreifen zu können[706]. Sobald sich die Informationen auf den autoritativen DNS-Servern ändern, sind die zwischengespeicherten Informationen auf den nicht-autoritativen DNS-Servern falsch.[707] Um solche Abweichungen einzuschränken, gibt der autoritative DNS-Server jeder Information ein Verfallsdatum, das nach ihrer Änderungswahrscheinlichkeit berechnet wird.[708] Informationen, die sich häufig ändern, erhalten ein Verfallsdatum, das bereits nach wenigen Minuten abläuft.[709] Dagegen bekommen Informationen, die sich selten ändern, ein Verfallsdatum, das erst nach mehreren Wochen abläuft. Mit Ablauf des Verfallsdatums wird die Information automatisch aus dem Zwischenspeicher des nicht-autoritativen DNS-Servers gelöscht.[710]

Gibt ein Internetnutzer eine .*de*-Domain in einen Browser ein, sendet sein Rechner eine Anfrage nach der passenden IP-Adresse an den DNS-Server seines Access-Providers.[711] Hat der DNS-Server des Access-Providers die passende IP-Adresse in seinem Zwischenspeicher, kann er die Anfrage beantworten und dadurch direkt die Verbindung zu der Internetseite ermöglichen. Wenn der DNS-Server des Access-Providers die Domain keiner IP-Adresse zuordnen kann, weil er die Domain-Informationen noch nicht zuvor abgerufen hat oder weil ihr Verfallsdatum abgelaufen ist, muss er die

---

702 Siehe www.denic.de/fragen-antworten/allgemeine-faqs/#faq-89, zuletzt abgerufen am 30.07.2020; vgl. *Herrmann*, S. 18 f.; *Mandl*, S. 129.
703 Siehe *Herrmann*, S. 18 f.; *Mandl*, S. 129.
704 *Heliosch*, S. 70 f.
705 Siehe *Sieber/Nolde*, S. 129 f.; vgl. *Herrmann*, S. 23.
706 *Mandl*, S. 129; vgl. *Herrmann*, S. 45 f.
707 Zum Zielkonflikt zwischen Konsistenz und Verfügbarkeit der Domain-Informationen *Herrmann*, S. 41 f.
708 *Herrmann*, S. 43 f.; *Mandl*, S. 129.
709 Vgl. *Herrmann*, S. 43 f.; dort auch zum folgenden Satz.
710 *Herrmann*, S. 46; *Mandl*, S. 129.
711 Zur Auflösung von Domains *Baun*, S. 209 ff.; *Mandl*, S. 130 ff.; *Rooney*, S. 145.

Domain-Informationen vom autoritativen DNS-Server der *DENIC* anfordern.

Die Vergabe von Domains mit der TLD *.de* regeln die *DENIC*-Domainrichtlinien (DDRL) und die *DENIC*-Domainbedingungen (DDB), die als Allgemeine Geschäftsbedingungen einzuordnen sind.[712] Domaininhaber können natürliche und juristische Personen sein. Wer eine Domain bei der *DENIC* registrieren möchte, muss eine natürliche Person als administrativen Ansprechpartner (Admin-C) angeben.[713] Der (künftige) Domaininhaber muss den Admin-C dazu bevollmächtigen, verbindlich alle Entscheidungen zu treffen, welche die Domain betreffen. Sofern der Domaininhaber seinen (Wohn-)Sitz im Ausland hat, muss der Admin-C gemäß § 3 IV DDB seinen Wohnsitz in Deutschland haben. Vor der Registrierung überprüft die *DENIC* nur die Domain nach formalen und technischen Gesichtspunkten; nicht dagegen, welche Inhalte auf der betreffenden Internet-Seiten zugänglich gemacht werden.[714] Der Domaininhaber muss jedoch gemäß § 3 I DDB im Registrierungsantrag versichern, dass die Registrierung und Nutzung der Domain weder Rechte Dritter verletzt noch gegen allgemeine Gesetze verstößt.

Da die TLD *.de* Deutschland zugeordnet wird, die *DENIC* ihren Sitz in Deutschland hat und entweder der Domaininhaber seinen (Wohn-)Sitz in Deutschland haben muss oder der Admin-C, ist die TLD *.de* als virtuelles „Grenzschild" zu verstehen, das die Zugehörigkeit zu Deutschland kennzeichnet. Um Internetseiten mit der TLD *.de* wie „Inland" behandeln zu können, müsste die Bundesrepublik Deutschland zusätzlich auch die Herrschaft über diese Internetseiten haben. Es müsste also technisch möglich sein, Internetseiten mit der TLD *.de* zu löschen oder zu sperren und deutsche Behörden müssten dazu befugt sein, dies anzuordnen.

Die Internet-Infrastruktur wird von privaten Anbietern bereitgestellt und betrieben. Deutsche Behörden können daher Internet-Inhalte nicht durch eigenes Personal löschen oder sperren. An wen sie sich wenden können, um die Löschung oder Sperrung bestimmter Internet-Inhalte zu verlangen, hängt von den technischen Möglichkeiten der privaten Anbieter ab.

Wer Inhalte ins Internet stellt (Inhaltsanbieter), kann diese in der Regel wieder löschen. Auch der vom Inhaltsanbieter verwendete Anbieter von Speicherplatzdiensten (Host-Provider) hat meistens Zugriff auf die Inhalte

---

712 *Haug*, Rn. 477; *ders.*, JZ 2011, 1053, 1055.
713 Zur Domainvergabe durch die *DENIC Haug*, Rn. 476 ff.; *Härting*, Rn. 2217 ff.
714 *Haug*, Rn. 486.

und kann sie löschen.[715] Zu den Host-Providern zählen alle Internetdienste, die es Nutzern ermöglichen, Inhalte im Internet zu veröffentlichen; wie etwa soziale Netzwerke, Bild- und Videoportale, Marktplätze sowie Bewertungsportale für Produkte und Dienstleistungen.[716] Nehmen Inhaltsanbieter oder Host-Provider Inhalte von einer Internetseite, sind die Inhalte zumindest dort nicht mehr abrufbar (auf anderen Internetseiten können aber Kopien davon zugänglich sein).

Access-Provider können Internet-Inhalte nicht löschen, aber sperren, indem sie den Zugang zu der Internetseite verhindern, auf der die Inhalte gespeichert sind.[717] Sie können die Einträge auf ihren DNS-Servern so manipulieren, dass Nutzer, die eine bestimmte Domain in ihren Browser eingeben, nicht zu der Internetseite mit der dazugehörigen IP-Adresse gelangen, sondern die Fehlermeldung „host not found" erhalten oder auf andere Internetseiten umgeleitet werden. Wer zum Beispiel die Domain *www.hitler.de* in einen Browser eingibt, wird weitergeleitet zu einem *Wikipedia*-Artikel, der den Holocaust ausführlich schildert. Außerdem können Access-Provider ihre Router[718] so einstellen, dass der Datenverkehr zu Internetseiten mit bestimmten IP-Adressen blockiert wird. Mit Hilfe von Proxy-Servern[719] können Access-Provider Anfragen zu strafbaren Inhalten zudem herausfiltern. Sperrt ein Access-Providern den Zugang zu Internetseiten, können nur seine Kunden nicht mehr auf diese Internetseiten zugreifen; über andere (ausländische) Access-Provider bleiben die Internetseiten abrufbar.[720]

Die *DENIC* kann den Zugang zu Internetseiten mit der TLD *.de* sperren, indem sie die Domain-Informationen auf ihren DNS-Servern manipuliert.[721] Dann können sowohl deutsche als auch ausländische Access-Provider den Zugang zu den betroffenen Internetseiten nur herstellen, wenn sie die Domain-Informationen der Internetseite (noch) im Zwischenspeicher

---

715 Vgl. *Kniesel/Braun/Keller*, Rn. 1754.
716 *Kniesel/Braun/Keller*, Rn. 1752.
717 Zu den technischen Sperrmöglichkeiten *Pfitzmann/Köpsell/Kriegelstein*, S. 52 ff., und *Sieber/Nolde*, S. 49 ff.
718 Router sind Netzwerkgeräte, die Datenpakete zwischen verschiedenen Rechnernetzen weiterleiten.
719 Proxy-Server sind Kommunikationsvermittler in Rechnernetzwerken. Sie leiten über ihre eigene IP-Adresse Anfragen an die Empfänger weiter; etwa zum Aufruf einer Internetseite oder zum Download einer Datei.
720 *Sieber/Nolde*, S. 96.
721 Vgl. Bundestag, WD 10 - 3000 - 007/16, S. 2; *Sieber/Nolde*, S. 49 f.

gespeichert haben.[722] Sobald das Verfallsdatum der Domain-Informationen abgelaufen ist, können die Access-Provider den Zugang zu der Internetseite nicht mehr vermitteln, so dass die Internetseite über ihre ursprüngliche Domain nicht mehr erreichbar ist. Die *DENIC* kann also die Abrufbarkeit von Internetseiten mit der TLD *.de* weltweit blockieren.

Maßnahmen gegen Inhaltsanbieter, Access-Provider oder die *DENIC* sind völkerrechtlich nur zulässig, wenn sie nicht die Gebietshoheit anderer Staaten verletzen. Die Gebietshoheit ist die ausschließliche Zuständigkeit eines Staates, Hoheitsakte für das von ihm beherrschten Territorium zu erlassen.[723] Aus dem Grundsatz der Gebietshoheit folgt, dass Staaten auf fremdem Staatsgebiet nur mit Zustimmung des betroffenen Staates hoheitlich tätig werden dürfen.[724] Das bedeutet auch, dass deutsche Behörden im Ausland keine Verwaltungsakte zustellen dürfen.[725] Deutsche Behörden können daher von solchen Inhaltsanbietern, Host-Providern, Access-Providern und Verwaltern von TLDs, die ihren (Wohn-)Sitz im Ausland haben, nicht verlangen, Internet-Inhalte zu löschen oder Internetseiten zu sperren.[726]

Was gilt aber, wenn deutsche Behörden eine Sperrverfügung gegenüber deutschen Adressaten erlassen und die Umsetzung der Sperrverfügung dazu führt, dass die betroffenen Internet-Inhalte auch in anderen Staaten nicht mehr abgerufen werden können? Der handelnde Staat hat aufgrund seiner Gebietshoheit grundsätzlich das Recht, auf seinem Territorium Hoheitsakte zu erlassen, ohne dass sich andere Staaten einmischen.[727] Die territoriale Souveränität eines Staates kann aber durch das Recht seiner Nachbarstaaten auf territoriale Integrität eingeschränkt werden.[728] Zum Beispiel können grenzüberschreitende Umweltbeeinträchtigungen in die Gebietshoheit der Nachbarstaaten eingreifen.[729] Da die Sperrung von Internet-Inhalten die Informationsfreiheit weltweit einschränkt, wird in der Literatur diskutiert, inwieweit darin ein völkerrechtswidriger Eingriff in die Gebietshoheit anderer Staaten liegt.[730]

---

722 Vgl. *Herrmann*, S. 46; *Mandl*, S. 129; dort auch zum folgenden Satz.
723 *Epping*, in: Ipsen, § 7 Rn. 59; *Stein/v. Buttlar/Kotzur*, Rn. 534.
724 *Epping*, in: Ipsen, § 7 Rn. 60; *Herdegen*, § 23 Rn. 3.
725 *Epping*, in: Ipsen, § 7 Rn. 60.
726 Vgl. *Greiner*, S. 132.
727 *Greiner*, S. 134; vgl. *Epping*, in: Ipsen, § 7 Rn. 59.
728 *Stein/v. Buttlar/Kotzur*, Rn. 542; vgl. *Herdegen*, § 23 Rn. 4.
729 *Stein/v. Buttlar/Kotzur*, Rn. 542. Zum Gebot der Rücksichtnahme im Umweltvölkerrecht *Herdegen*, § 51 Rn. 2 f.
730 Siehe *M. Germann*, S. 641 ff.; *Greiner*, S. 133 ff.

Für die Bundesrepublik Deutschland bedeutete es eine erhebliche Einschränkung ihrer Souveränität, wenn sie deutsche Inhaltsanbieter, Host-Provider oder die *DENIC* nicht dazu auffordern dürfte, Internet-Inhalte zu sperren, die deutsche Rechtsgüter verletzen oder gefährden. Dagegen wird die territoriale Integrität anderer Staaten durch solche Sperrmaßnahmen allenfalls geringfügig beeinträchtigt. Sofern Sperrmaßnahmen im Internet nicht den Zweck haben, andere Staaten zu schikanieren, sondern angeordnet werden, um nationale Rechtsgüter zu schützen, sind sie daher mit dem Völkerrecht zu vereinbaren.[731]

Das Netzwerkdurchsetzungsgesetz (NetzDG)[732] ist am ersten Oktober 2017 in Kraft getreten. Gemäß § 3 I NetzDG sind soziale Netzwerke verpflichtet, ein wirksames und transparentes Verfahren für den Umgang mit Beschwerden vorzuhalten. Nach § 3 II Nr. 2 NetzDG müssen soziale Netzwerke „offensichtlich" rechtswidrige Inhalte innerhalb von 24 Stunden nach Eingang einer Beschwerde löschen oder sperren. Rechtswidrige Inhalte, bei denen die Rechtswidrigkeit nicht „offensichtlich" ist, müssen in der Regel innerhalb von sieben Tagen gelöscht oder gesperrt werden, vgl. § 3 II Nr. 3 NetzDG. Die Lösch- und Sperrpflichten des NetzDG treffen aber gemäß § 1 II NetzDG nur soziale Netzwerke, die in Deutschland mehr als zwei Millionen registrierte Nutzer haben; dazu gehören zum Beispiel *facebook* und *Twitter*.[733] Für die zahlreichen rechtswidrigen Inhalte, die über kleinere soziale Netzwerke oder auf anderen Internetseiten verbreitet werden, kommt es daher darauf an, ob deutsche Behörden deren Sperrung oder Löschung anordnen können.

Im Jahr 2002 forderte die Bezirksregierung Düsseldorf zahlreiche deutsche Access-Provider auf, bestimmte Internetseiten mit rechtsradikalen Inhalten zu sperren.[734] Die Verwaltungsgerichte[735] hielten diese „Düsseldorfer Sperrverfügungen" für rechtmäßig. Die Bezirksregierung Düsseldorf konnte die Sperrverfügungen noch auf § 22 Mediendienste-Staatsvertrag (MDStV) stützen. Seitdem gab es mehrere Gesetzesänderungen: Am ersten

---

731 *M. Germann*, S. 643 f.; *Greiner*, S. 134 f.; vgl. *Heliosch*, S. 130 f.

732 BGBl 2017 I, S. 3352 ff. Zum NetzDG *Guggenberger*, NJW 2017, 2577 ff. Zur Umsetzung der Vorgaben des NetzDG durch die sozialen Netzwerke *Löber/Roßnagel*, MMR 2019, 71 ff.

733 Vgl. *Löber/Roßnagel*, MMR 2019, 71 (ebd.).

734 *Frey/Rudolph/Oster*, MMR-Beil. 2012, 1, 2. Siehe etwa den Sachverhalt bei VG Düsseldorf ZUM-RD 2006, 150 f.

735 Stellvertretend VG Düsseldorf ZUM-RD 2006, 150 ff.; VG Köln MMR 2005, 399 ff. Zum vorläufigen Rechtsschutz in einem solchen Fall OVG Münster MMR 2003, 348 ff.

März 2007 wurde der MDStV abgelöst durch das Telemediengesetz (TMG) und den Neunten Rundfunkänderungsstaatsvertrag,[736] im Februar 2010 trat das Zugangserschwerungsgesetz[737] in Kraft, das allerdings nach Maßgabe eines von der neuen Bundesregierung abgesegneten Ministerialerlasses nicht angewendet wurde[738] und dann per Aufhebungsgesetz[739] zum 29. Dezember 2011 aufgehoben wurde.

Internetangebote fallen unter den Begriff der Telemedien.[740] Das TMG enthält wirtschaftsbezogene Bestimmungen für Telemedien; beispielsweise zu Informationspflichten, Verantwortlichkeit und Datenschutz.[741] Ordnungsrechtliche Befugnisse für den Bereich der Telemedien regelt der Rundfunkstaatsvertrag (RStV). Die Bestimmungen des RStV werden ergänzt durch bereichsspezifische Regelungen im Jugendmedienschutz-Staatsvertrag (JMStV) und im Glücksspielstaatsvertrag (GlüStV).

Gemäß § 54 I S. 2 RStV gilt für die Angebote der Telemediendienstanbieter die „verfassungsmäßige Ordnung". Der Begriff erfasst wie in Art. 2 I GG die Gesamtheit aller Rechtsnormen, die formell und materiell mit der Verfassung übereinstimmen.[742] Dazu gehören auch die allgemeinen Gesetze sowie die Bestimmungen zum Schutz der persönliche Ehre, die in § 54 I S. 3 RStV gesondert genannt werden.[743] „Allgemein" sind Gesetze, die sich nicht gegen bestimmte Telemedieninhalte richten; das StGB gehört zu den allgemeinen Gesetzen.[744]

Zentrale Vorschrift für den Bereich der Internetregulierung ist § 59 RStV. Die Norm gehört zum besonderen Ordnungsrecht.[745] Nach § 59 I S. 1 RStV sind die Datenschutzbehörden des Bundes und der Länder zuständig für die Kontrolle der Datenschutzgesetze. Gemäß § 59 II RStV obliegt den durch Landesrecht festgelegten Aufsichtsbehörden die Aufsicht darüber, ob die übrigen Bestimmungen für Telemedien einschließlich der „allgemeinen Gesetze" und der gesetzlichen Bestimmungen zum Schutz der persönlichen Ehre eingehalten werden. Die meisten Bundesländer ha-

---

736 Siehe *Pursch/Bär*, Bundestag WD 10 - 3000 - 010/2009, S. 15 f.
737 BGBl. 2010 I, S. 78 ff.
738 *Frey/Rudolph/Oster*, MMR-Beil. 2012, 1 (ebd.).
739 BGBl 2011 I, S. 2958.
740 *Kniesel/Braun/Keller*, Rn. 1725.
741 *Kniesel/Braun/Keller*, Rn. 1726; dort auch zum folgenden Satz.
742 Siehe *Smid*, in: Spindler/Schuster, § 54 RStV Rn. 4 f. Zum Begriff der verfassungsmäßigen Ordnung BVerfGE 6, 32.
743 *Kniesel/Braun/Keller*, Rn. 1728; *Smid*, in: Spindler/Schuster, § 54 RStV Rn. 5.
744 *Smid*, in: Spindler/Schuster, § 54 RStV Rn. 5.
745 *Schulz*, in: Binder/Vesting, § 59 RStV Rn. 30.

ben für alle diese Aufgaben ihre Landesmedienanstalten für zuständig erklärt.[746] Nur Bayern und Bremen haben die Aufgaben auf verschiedene Behörden verteilt: Ihre Landesmedienanstalten überwachen nur, dass die *speziellen* Vorschriften des RStV eingehalten werden; ob die *allgemeinen* Gesetze einschließlich der Ehrschutzbestimmungen beachtet werden, prüft in Bayern die Regierung von Mittelfranken, in Bremen ist dafür die allgemein mit der Überwachung eines Gesetzes befasste Behörde zuständig.[747]

Örtlich zuständig ist nach § 59 VI S. 1 RStV die Aufsichtsbehörde des Bundeslandes, in dem der Telemedienanbieter seinen Sitz oder seinen ständigen Aufenthalt hat. Da die *DENIC* ihren Sitz in Frankfurt am Main hat, ist die Hessische Landesanstalt für privaten Rundfunk und neue Medien zuständig für die Anordnung von Sperrmaßnahmen gegenüber der *DENIC*.[748]

Bei einem Verstoß gegen die für die Telemedien geltenden Bestimmungen – die bloße Gefahr eines Verstoßes genügt nicht[749] – kann die zuständige Aufsichtsbehörde gemäß § 59 III S. 1 RStV die „zur Beseitigung des Verstoßes erforderlichen Maßnahmen" treffen; gemäß § 59 III S. 2 RStV kann sie vor allem Angebote untersagen und anordnen, sie zu sperren. § 59 III S. 1 RStV nennt mehrere Vorschriften des RStV, bei deren Verletzung die Ermächtigung nach dem Wortlaut nicht einschlägig ist. Dass § 59 III S. 1 RStV auch auf § 54 RStV verweist und damit dem Wortlaut nach auch Verstöße gegen die „allgemeinen Gesetze" im Sinne des § 54 I S. 3 RStV von der Ermächtigung ausschließt, ist ein Redaktionsversehen, das dem Gesetzgeber unterlaufen ist, als er § 22 MDStV in den RStV übertragen hat.[750] Die Begründung zum Neunten Rundfunkänderungsstaatsvertrag macht klar, dass der Gesetzgeber die Regelung des § 22 II MDStV in § 59 III S. 1 RStV ohne eine solche Einschränkung übernehmen wollte: „Absatz 3 Satz 1 bis 5 übernehmen die bisherige Regelung aus § 22 Abs. 2 des Mediendienste-Staatsvertrages. Sie enthalten damit die speziellen Eingriffsbefugnisse für sämtliche Verstöße bei Telemedien."[751] § 59 III RStV

---

746 Siehe die Übersicht bei *Fiedler*, in: BeckOK Informations- und Medienrecht, § 59 RStV Rn. 6.

747 *Kniesel/Braun/Keller*, Rn. 1735.

748 Siehe *Fiedler*, in: BeckOK Informations- und Medienrecht, § 59 Rn. 6.

749 *Kniesel/Braun/Keller*, Rn. 1729.

750 VG Gelsenkirchen ZUM-RD 2008, 377, 380 f.; *Fiedler*, in: BeckOK Informations- und Medienrecht, § 59 RStV Rn. 14; *Schulz*, in: Binder/Vesting, § 59 RStV Rn. 42; *Volkmann*, in: Spindler/Schuster, § 59 RStV Rn. 31.

751 BW LT-Drs. 14/558, S. 40, und NRW LT-Drs. 14/3130, S. 31.

ist daher auch anwendbar, wenn gegen Vorschriften des StGB verstoßen wird, indem im Internet verbotene Inhalte bereitgestellt werden.[752]

Die zuständige Aufsichtsbehörde muss nach § 59 III S. 1 RStV vorrangig gegen den Inhaltsanbieter vorgehen. Nur wenn Maßnahmen gegenüber dem Inhaltsanbieter „nicht durchführbar" oder „nicht Erfolg versprechend" sind, darf die Aufsichtsbehörde gemäß § 59 IV S. 1 RStV auch von den Dienstanbietern *fremder* Inhalte im Sinne der §§ 8–10 TMG verlangen, Internet-Inhalte zu sperren. Access-Provider fallen unter § 8 TMG und Host-Provider unter § 10 TMG.[753] Die *DENIC* ist ein Dienstanbieter gemäß § 8 TMG, da sie durch die Zuordnung der Domainnamen den Zugang zu Internetseiten mit der TLD *.de* ermöglicht[754] (Linksetzer, Suchmaschinenbetreiber und Admin-C sind dagegen nicht von den §§ 8–10 TMG erfasst)[755].

Eine Maßnahme ist gegenüber dem Inhaltsanbieter „nicht durchführbar" im Sinne des § 59 IV S. 1 RStV, wenn sie aufgrund tatsächlicher oder rechtlicher Hindernisse nicht möglich ist;[756] zum Beispiel wenn die Identität des Inhaltsanbieters nicht ermittelt werden kann oder wenn er seinen Sitz in einem anderen Staat hat und dieser nicht bereit ist, die Löschung der Inhalte anzuordnen.[757] „Nicht Erfolg versprechend" ist eine Maßnahme etwa dann, wenn in der Vergangenheit Amtshilfeersuchen bei vergleichbaren Sachverhalten erfolglos waren und daher auch nicht zu erwarten ist, dass die ausländische Behörde die strafbaren Inhalte im konkreten Fall sperren lässt.[758] Deutsche Behörden dürfen von Inhaltsanbietern, die ihren Sitz im Ausland haben, nicht selbst verlangen, die Inhalte zu löschen, da das die Gebietshoheit des betroffenen Staates verletzen würde.[759]

Da § 59 RStV nur die vorrangige Verantwortlichkeit des Inhaltsanbieters im Verhältnis zu den Anbietern fremder Inhalte im Sinne der §§ 8–10 TMG regelt, nicht aber, wie die Verantwortlichkeit zwischen den verschie-

---

752 Vgl. VG Gelsenkirchen ZUM-RD 2008, 377, 382; *Volkmann*, in: Spindler/Schuster, § 59 RStV Rn. 31. *Kniesel/Braun/Keller*, Rn. 1737, meinen, bei Verstößen gegen die allgemeinen Gesetze sei abzustellen auf die ordnungsrechtlichen Generalklauseln.

753 Siehe *Fiedler*, in: BeckOK Informations- und Medienrecht, § 59 Rn. 41.

754 Siehe VG Düsseldorf MMR 2012, 846, 848.

755 *Volkmann*, in: Spindler/Schuster, § 59 RStV Rn. 39.

756 *Volkmann*, in: Spindler/Schuster, § 59 RStV Rn. 41; vgl. VG Düsseldorf ZUM-RD 2006, 150, 156.

757 *Volkmann*, in: Spindler/Schuster, § 59 RStV Rn. 41.

758 *Volkmann*, in: Spindler/Schuster, § 59 RStV Rn. 42; vgl. *Sieber/Nolde*, S. 152.

759 *Greiner*, S. 132 f.

denen Anbietern fremder Inhalte untereinander abgestuft ist, sind diesbezüglich die allgemeinen Grundsätze der Störerauswahl maßgebend.[760] Host-Provider sind in der Regel Zustandsstörer, da sie unmittelbar Zugriff auf die störenden Inhalte haben und diese löschen können.[761] Access-Provider sind Nichtstörer und dürfen als solche nur subsidiär gegenüber Host-Providern in Anspruch genommen werden.[762] Da die *DENIC* ebenfalls als Nichtstörerin einzuordnen ist, gilt für sie dasselbe.[763]

Werden verbotene Inhalte über einen Host-Provider veröffentlicht, der seinen Sitz im Inland hat, müssen die Aufsichtsbehörden vorrangig gegen diesen vorgehen und dürfen die Access-Provider und die *DENIC* daher in der Regel nicht in Anspruch nehmen.[764] Hat der Host-Provider seinen Sitz dagegen im Ausland, dürfen deutsche Behörden aufgrund der Gebietshoheit des anderen Staates keine Sperrverfügung gegen den Host-Provider erlassen.[765] In solchen Fällen können deutsche Behörden lediglich die zuständige ausländische Behörde bitten, gegenüber dem Host-Provider eine Lösch- oder Sperrverfügungen zu erlassen.[766] Ausländische Behörden werden solchen Bitten in der Regel nur dann nachkommen, wenn die Internet-Inhalte auch gegen ihr nationales Recht verstoßen. Sofern die ausländischen Behörden nicht gegen den Host-Provider vorgehen, dürfen die deutschen Behörden Sperrverfügungen gegen deutsche Access-Provider oder die *DENIC* erlassen.[767]

Deutsche Behörden können deutsche Access-Provider zur Sperrung aller Internetseiten mit verbotenen Inhalten auffordern – die TLDs der Internetseiten spielen dabei keine Rolle. Sperrmaßnahmen eines deutschen Access-Providers wirken aber nicht weltweit, sondern betreffen nur seine Nutzer – über andere (ausländische) Access-Provider bleiben die Internetseiten abrufbar.[768]

---

760 *Volkmann*, in: Spindler/Schuster, § 59 RStV Rn. 43; vgl. *Kniesel/Braun/Keller*, Rn. 1756; *Fiedler*, in: BeckOK Informations- und Medienrecht, § 59 Rn. 42.

761 Siehe *Kniesel/Braun/Keller*, Rn. 1753 f.

762 *Heliosch*, S. 122; *Volkmann*, in: Spindler/Schuster, § 59 RStV Rn. 43. Zur Vorgängervorschrift § 22 MDStV *Spindler/Volkmann*, K&R 2002, 398, 403 f.

763 Siehe VG Düsseldorf MMR 2012, 846, 847 f.

764 *Fiedler*, in: BeckOK Informations- und Medienrecht, § 59 Rn. 42.

765 *Greiner*, S. 132 f.;

766 *Greiner*, S. 132 f.; dort auch zum folgenden Satz.

767 Vgl. *Fiedler*, in: BeckOK Informations- und Medienrecht, § 59 Rn. 48; *Greiner*, S. 133.

768 *Sieber/Nolde*, S. 96.

Die *DENIC* kann Internetseiten mit der TLD *.de* dagegen über ihre *autoritativen* DNS-Server weltweit blockieren.[769] Da deutsche Behörden gegenüber der *DENIC* Sperrverfügungen erlassen dürfen, hat die Bundesrepublik Deutschland eine Art „Gebietshoheit" über alle Inhalte auf Internetseiten mit der TLD *.de*. Die durch die TLD *.de* gekennzeichneten virtuellen „Grenzen" werden somit ausgefüllt von der Herrschaftsmacht der Bundesrepublik Deutschland. Deshalb ist die TLD *.de* ein sinnvoller Anknüpfungspunkt für die Anwendbarkeit deutschen Strafrechts. Wenn verbotene Inhalte über Internetseiten mit der TLD *.de* abrufbar sind, liegt der Erfolgsort daher in Deutschland, so dass deutsches Strafrecht anwendbar ist. Gleiches gilt, wenn die Inhalte an eine E-Mail-Adresse mit der TLD *.de* gesendet werden.

Nach dem Grundsatz der souveränen Gleichheit der Staaten darf jeder Staat seine Hoheitsgewalt grundsätzlich unabhängig von anderen Staaten ausüben, muss aber berücksichtigen, dass diese in gleicher Weise über ihren Jurisdiktionsbereich herrschen dürfen.[770] Anderen Staaten muss daher ebenfalls das Recht zugestanden werden, ihre Strafgewalt auf Internetseiten mit ihrer länderspezifischen TLD zu erstrecken. Werden Inhalte auf Internetseiten mit der länderspezifischen TLD eines anderen Staates veröffentlicht, ist daher von einem ausländischen Erfolgsort auszugehen.

dd) Die generische Top-Level-Domain mit geografischer Bezeichnung als Anknüpfungspunkt

Seit der Einführung neuer TLDs durch die *ICANN* im Jahr 2012 können auch die Namen von Städten und Bundesländern als TLDs angemeldet werden; es gibt zum Beispiel die TLDs *.berlin*, *.koeln* und *.bayern*. Dabei handelt es sich um generische TLDs mit geografischen Bezeichnungen, nicht um länderspezifische TLDs. Die Verwaltung der neuen TLDs erfolgt durch dezentrale Registrierstellen.[771] Diese Registrierstellen müssen ihren Sitz nicht in der Region haben, die von der TLD bezeichnet wird, die sie verwalten. So hat etwa die Registrierstelle der TLD *.koeln* ihren Sitz in Wien.

Unter welchen Voraussetzungen TLDs mit geografischen Bezeichnungen vergeben werden, ist nicht einheitlich geregelt. Manche Registrierstel-

---

769 Siehe *Herrmann*, S. 43 ff.; *Mandl*, S. 129 f.
770 *Stein/v. Buttlar/Kotzur*, Rn. 522; vgl. *Herdegen*, § 33 Rn. 1.
771 Siehe *Holznagel/Hartmann*, NVwZ 2012, 665, 666.

len verlangen eine besondere Verbindung des (künftigen) Domaininhabers zur Region – so zum Beispiel die Registrierstelle der TLD *.berlin*.[772] Die Registrierstellen anderer TLDs mit geografischen Bezeichnungen verzichten dagegen explizit auf eine besondere regionale Verbindung. So heißt es etwa auf der Internetseite der TLD *.bayern*: „Bayern ist weltoffen und sollte es auch mit der eigenen TLD sein (...) .BAYERN kann also von jedem Interessenten registriert werden."[773] Da die Registrierstellen der generischen TLDs mit geografischer Bezeichnung nicht einheitlich verlangen, dass der Domaininhaber eine besondere Verbindung zu der durch die Domain bezeichneten Region hat, bieten solche TLDs keinen sinnvollen Anknüpfungspunkt für die Begründung eines nationalen Erfolgsorts.

ee) Die Ländervorwahl als Anknüpfungspunkt

Die Internationale Fernmeldeunion hat in ihrer Richtlinie E.164 jedem Staat eine internationale Telefonvorwahl zugeordnet. Danach ist zum Beispiel die Vorwahl Ecuadors +593 und die Vorwahl Deutschlands +49. Werden Inhalte über Instant-Messaging-Dienste gesendet, zum Beispiel über *WhatsApp* oder *iMessage*, bei denen die Zuordnung der Nachrichten über Telefonnummern erfolgt, bietet die internationale Telefonvorwahl des Empfängers einen sinnvollen Anknüpfungspunkt für die Bestimmung des Erfolgsorts.

ff) Zwischenergebnis

Für die Begründung eines deutschen Erfolgsorts muss zusätzlich zur Abrufbarkeit der Inhalte ein besonderer Bezug zu Deutschland als sinnvoller Anknüpfungspunkt vorliegen. Die deutsche Sprache, der Serverstandort oder der Vorsatz sind keine sinnvollen Anknüpfungspunkte.

Die TLD *.de* markiert, dass eine Internetseite zu Deutschland gehört, da sie Deutschland zugeordnet wird, die für sie verantwortliche *DENIC* ihren Sitz in Deutschland hat und entweder der Domaininhaber seinen (Wohn-)Sitz in Deutschland haben muss oder der Admin-C. Weil deutsche Behörden die *DENIC* durch Sperrverfügungen dazu verpflichten können, Internetseiten mit der TLD *.de* weltweit zu sperren, hat die Bundesrepu-

---

772 Siehe 5.1 der Registrierungsrichtlinie für *.berlin*.
773 Siehe www.nic.bayern/faq/, zuletzt abgerufen am 30.07.2020.

blik Deutschland eine Art „Gebietshoheit" über diese Internetseiten. Deshalb bietet die TLD .*de* einen sinnvollen Anknüpfungspunkt für die Bestimmung eines deutsches Erfolgsorts.

Sind rechtswidrige Inhalte auf Internetseiten mit der TLD .*de* abrufbar, liegt somit ein deutscher Erfolgsort vor, so dass deutsches Strafrecht anwendbar ist. Gleiches gilt, wenn die Inhalte an eine E-Mail-Adresse mit der TLD .*de* gesendet werden. Der Erfolgsort liegt im Ausland, wenn strafbare Inhalte über Internetseiten abrufbar sind, welche die TLD eines anderen Landes haben, oder wenn die Inhalte an E-Mail-Adressen mit der länderspezifischen TLD eines anderen Landes gesendet werden.

Generische TLDs mit geografischer Bezeichnung wie zum Beispiel .*Bayern* bieten dagegen keinen sinnvollen Anknüpfungspunkt. Sendet der Täter rechtswidrige Inhalte über einen Instant-Messaging-Dienst, welcher die Nachrichten den Empfängern über die Telefonnummer zuordnet, kann zur Bestimmung des Erfolgsorts an die internationale Telefonvorwahl des Empfängers angeknüpft werden.

gg) Der Erfolgsort bei Internetdelikten, die erst durch die Wahrnehmung oder durch das Verstehen des Inhalts vollendet werden

Meine bisherigen Ausführungen beziehen sich auf die zahlreichen Internetdelikte, für deren Vollendung die bloße Wahrnehmbarkeit des Inhalts genügt. Bei Internetdelikten, die erst vollendet sind, wenn der Inhalt tatsächlich wahrgenommen wird (wie zum Beispiel die §§ 186 und 187 StGB[774]), liegt der Erfolgsort in Deutschland, wenn die Inhalte von Deutschland aus abgerufen werden. Dass die Inhalte in Deutschland wahrgenommen werden, begründet einen sinnvollen Anknüpfungspunkt, so dass es keine Rolle spielt, welche TLD die Internetseite hat, auf der die Inhalte verfügbar sind. Entsprechend liegt der Erfolgsort bei Internetdelikten, die erst vollendet sind, wenn der Inhalt verstanden wird (wie etwa die §§ 90, 185 und 189 StGB[775]), in Deutschland, wenn jemand in Deutschland den Inhalt versteht.

---

774 Siehe 4. Kap. V. 2 a hh.
775 Siehe 4. Kap. V. 2 a gg und ii.

3.) Zwischenergebnis

Bei allen Delikten besteht ein (zumindest kurzer) Kausalverlauf zwischen Handlung und Vollendung, deshalb gibt es keine „Tätigkeitsdelikte", sondern nur Erfolgsdelikte. Der Erfolg liegt in der Vollendung, die stets eine Außenwirkung hat. Auch abstrakte Gefährdungsdelikte haben daher einen „Erfolg" im Sinne des § 9 I StGB.

Bei den meisten Internetdelikten genügt für die Vollendung, dass der Inhalt *wahrnehmbar* ist; so zum Beispiel bei den §§ 86, 86a, 111, 130 I und 130 III StGB. Wahrnehmbarkeit bedeutet die Abrufbarkeit eines Inhalts im Internet. Manche Internetdelikte verlangen für die Vollendung, dass der Inhalt tatsächlich *wahrgenommen* wird; bei einzelnen Internetdelikten muss der Adressat den *Sinn* des Inhalts zudem *verstehen*.

Die länderspezifische TLD bietet einen sinnvollen Anknüpfungspunkt, um den Erfolgsort bei Internetdelikten bestimmen zu können. Stellt der Täter strafbare Inhalte auf eine Internetseite mit der TLD *.de*, liegt daher ein deutscher Erfolgsort vor, so dass gemäß § 9 I 3. Var. StGB deutsches Strafrecht anwendbar ist. Wenn der Täter strafbare Inhalte auf einer Internetseite abrufbar macht, welche die länderspezifische TLD eines anderen Landes hat, liegt der Erfolgsort im Ausland.

Unter welchen Voraussetzungen deutsches Strafrecht auf rechtswidrige Inhalte anwendbar ist, die über Internetseiten mit generischen TLDs verbreitet werden, kläre ich im nächsten Kapitel.

5. Kapitel: Das passive und das aktive Personalitätsprinzip bei Internetdelikten

Das in § 7 I StGB verankerte *passive* Personalitätsprinzip knüpft an die deutsche Staatsangehörigkeit des *Opfers* an.[776] Es erfasst Taten, die sich unmittelbar gegen das Individualrechtsgut eines bestimmten oder bestimmbaren Deutschen richten;[777] darunter kann zum Beispiel die Verwirklichung der §§ 185, 186, 187 und 189 StGB fallen, da diese Tatbestände das Individualrechtsgut Ehre schützen[778]. Werden Tatbestände verwirklicht, die in erster Linie dem Schutz von Allgemeinrechtsgütern dienen, ist das passive Personalitätsprinzip nicht einschlägig.[779] Deshalb kann das passive Personalitätsprinzip nicht weiterhelfen bei den zahlreichen Internetdelikten, die hauptsächlich Allgemeinrechtsgüter schützen, wie zum Beispiel die §§ 86, 86a und 130 StGB.

Anknüpfungspunkt des *aktiven* Personalitätsprinzips ist die deutsche Staatsangehörigkeit des *Täters*, vgl. § 7 II Nr. 1 1. Var. StGB.[780] Es erfasst alle Straftaten, die ein Deutscher im Ausland begeht. Die „Neubürgerklausel" des § 7 II Nr. 1 2. Var. StGB bezieht sich auf Auslandstaten solcher Ausländer, die *nach* der Tat Deutsche werden (das ist im Hinblick auf das Rückwirkungsverbot problematisch)[781]. Eine weitere Ausnahme von der Anknüpfung an die deutsche Nationalität des Täters ergibt sich gemäß § 7 II Nr. 2 StGB für ausländische Täter, die im Inland betroffen werden und aus bestimmten Gründen nicht ausgeliefert werden.

Das passive und das aktive Personalitätsprinzip sowie die §§ 7 II Nr. 1 2. Var. und § 7 II Nr. 2 StGB gelten nur eingeschränkt: die Tat muss entwe-

---

776 *Safferling*, § 3 Rn. 40. Ausführlich zum passiven Personalitätsprinzip *A. Henrich*, S. 25 ff. und passim, sowie *Oehler*, Rn. 632 ff.

777 *Ambos*, in: MüKo, § 7 Rn. 25; *Heger*, in: Lackner/Kühl, § 7 Rn. 3; *Reinbacher* ZJS 2018, 142, 148.

778 Zur Ehre als Schutzgut der §§ 185, 186, 187 und 189 siehe 4. Kap. V 2 a gg, hh und ii.

779 *Ambos*, in: MüKo, § 7 Rn. 25; *Eser/Weißer*, in: S/S, § 7 Rn. 11; vgl. BGHSt 39, 54, 60.

780 *Rengier*, AT, § 6 Rn. 20. Ausführlich zum aktiven Personalitätsprinzip *Oehler*, Rn. 702 ff., sowie *Schmitz*, S. 175 ff. und passim.

781 Siehe *Ambos*, in: MüKo, § 7 Rn. 26; *T. Walter*, JuS 2006, 967, 969.

der auch am ausländischen Tatort „mit Strafe bedroht" sein oder der Tatort darf „keiner Strafgewalt unterliegen".

I. Strafandrohung am Tatort

Die Tat ist am Tatort „mit Strafe bedroht", wenn die konkrete Tat nach
dem Recht des Tatorts einen Straftatbestand erfüllt; die Verwirklichung
einer Ordnungswidrigkeit genügt nicht.[782] Auch bei § 7 StGB richtet sich
die Lage des Tatorts nach § 9 I StGB;[783] maßgebend sind also Handlungs-
und Erfolgsort. Der Handlungsort befindet sich dort, wo der Täter körperlich anwesend ist, während er die strafbaren Inhalte ins Internet stellt.[784]
Werden Inhalte über Internetseiten mit länderspezifischen TLDs abrufbar
gemacht, liegt der Erfolgsort in dem Land, das durch die TLD bezeichnet
wird.[785] Leugnet zum Beispiel ein Deutscher auf einer Internetseite mit der
TLD .ch den Holocaust, während er sich in der Schweiz aufhält, liegen
Handlungs- und Erfolgsort in der Schweiz, so dass es auf die Strafbarkeit
in der Schweiz ankommt. Dort fällt die Holocaustleugnung unter den Tatbestand der Rassendiskriminierung (Art. 261bis IV des Schweizerischen
StGB), also ist deutsches Strafrecht anwendbar.[786]

Befindet sich der Täter beim Hochladen der Inhalte nicht in dem Land,
das durch die länderspezifische TLD der Internetseite bezeichnet wird, fallen Handlungs- und Erfolgsort auseinander, so dass zu unterscheiden ist
zwischen dem Tatort, der durch den Handlungsort begründet wird (Handlungs-Tatort), und dem Tatort, der durch den Erfolgsort begründet wird
(Erfolgs-Tatort).[787] In solchen Konstellationen genügt es für die Anwendbarkeit des deutschen Strafrechts, wenn die Tat an einem der beiden Tatorte strafbar ist.

---

782 *Eser/Weißer*, in: S/S, § 7 Rn. 3; *Heger*, in: Lackner/Kühl, § 7 Rn. 2.
783 *Böse*, in: NK, § 7 Rn. 6.
784 Siehe 3. Kap. V 5.
785 Siehe 4. Kap V 2 b cc.
786 Vgl. BGH NStZ 2017, 146, 147.
787 Zum Auseinanderfallen von Handlungsort- und Erfolgsort bei klassischen Dis-
     tanzdelikten *Eser/Weißer*, in: S/S, § 9 Rn. 3.

II. Internetseiten mit generischen Top-Level-Domains als terra nullius

Auf die Unterscheidung zwischen Handlungs-Tatort und Erfolgs-Tatort kommt es auch an, wenn der Täter verbotene Inhalte auf Internetseiten mit generischen TLDs abrufbar macht. Dann liegt der Handlungs-Tatort ebenfalls dort, wo sich der Täter während der Tat befindet. Der Erfolgs-Tatort könnte in solchen Fällen „keiner Strafgewalt" im Sinne des § 7 I und II StGB unterliegen. Keiner Strafgewalt unterliegen hoheitsfreie Gebiete, die auch als „Niemandsland" (*terra nullius*) bezeichnet werden.[788] Darunter fallen zum Beispiel die Hohe See, der Weltraum und der Mond.[789]

Generische TLDs wie zum Beispiel *.com* oder *.org* bieten im Gegensatz zu länderspezifischen TLDs keinen sinnvollen Anknüpfungspunkt für die Begründung eines nationalen Erfolgsorts bei Internetdelikten, weil sie keinen besonderen Bezug zu einem bestimmten Land haben. Deshalb liegen generische TLDs außerhalb der virtuellen „Staatsgebiete" des Internets, die sich aus den länderspezifischen TLDs ergeben. Das führt zu dem Schluss, dass der Erfolgs-Tatort in solchen Fällen in hoheitsfreiem „Gebiet" liegt, im *terra nullius* des Internets. Da der Erfolgs-Tatort dann „keiner Strafgewalt unterliegt", muss nicht geprüft werden, ob die Tat dort strafbar ist.

Ist diese Lösung mit dem Wortlaut des § 7 StGB zu vereinbaren? Der mögliche Wortsinn des Gesetzes markiert im Strafrecht nach dem in Art. 103 II GG und § 1 StGB verankerten Analogieverbot die Grenze der zulässigen Auslegung.[790] Entscheidend ist dabei der allgemeine Sprachgebrauch der Gegenwart.[791] Internetseiten müssten als „Tatorte" bezeichnet werden können. Im allgemeinen Sprachgebrauch ist zwar mit dem Begriff „Ort" häufig ein geografischer Punkt gemeint.[792] „Orte" müssen nach allgemeinem Sprachgebrauch aber nicht körperlich sein. Wenn zum Beispiel jemand sagt „hier ist nicht der richtige Ort, um darüber zu diskutieren", hält er in der Regel die Gelegenheit für unpassend, nicht die geografischen Koordinaten. Weitere Beispiele dafür, dass ein „Ort" nach allgemeinem Sprachgebrauch nicht körperlich sein muss, liefern der Begriff „Erinnerungsorte", der Buchtitel „Zukunft ist ein guter Ort"[793] und – speziell für

---

788 *Fischer*, § 7 Rn. 8; *Hoyer*, in: SK, § 7 Rn. 7.
789 *Böse*, in: NK, § 7 Rn. 9; *Fischer*, § 7 Rn. 8.
790 BVerfGE 92, 1, 12; BVerfG NJW 2007, 1193 (ebd.); *Roxin/Greco*, AT I, § 5 Rn. 26 ff.
791 *Fischer*, § 1 Rn. 21; vgl. BVerfG NJW 2007, 1193 (ebd.).
792 Vgl. Duden, Stichwort „Ort".
793 *Sina Trinkwalder*, München 2019.

den Bereich des Internets – der Titel der philologischen Dissertation „Orte politischer Bildung im Netz"[794]. Nach allgemeinem Sprachgebrauch ist der Begriff „Ort" also weit und kann auch unkörperliche Punkte in unkörperlichen Räumen erfassen.[795] Daher verstößt es nicht gegen den Wortlaut des § 7 StGB, Internetseiten mit generischen TLDs als „Tatorte" einzuordnen, die keiner Strafgewalt unterliegen.

III. Zwischenergebnis

Stellt jemand rechtswidrige Inhalte auf eine Internetseite mit der länderspezifischen TLD eines anderen Landes, ist deutsches Strafrecht anwendbar, sofern die konkrete Tat am Handlungs-Tatort und/oder in dem durch die TLD bezeichneten Land (Erfolg-Tatort) einen Straftatbestand erfüllt und die Tat sich zudem entweder unmittelbar gegen das Individualrechtsgut eines Deutschen richtet (was nur bei wenigen Internetdelikten der Fall ist) oder der Täter Deutscher ist (oder nach der Tat Deutscher wird sowie im Falle des § 7 II Nr. 2 StGB).

Werden rechtswidrige Inhalte auf Internetseiten mit generischen TLDs abrufbar gemacht, ist deutsches Strafrecht anwendbar, wenn die Tat sich unmittelbar gegen das Individualrechtsgut eines Deutschen richtet oder der Täter Deutscher ist (oder nach der Tat Deutscher wird sowie im Falle des § 7 II Nr. 2 StGB). Da der Erfolgs-Tatort dann „keiner Strafgewalt unterliegt", muss nicht geprüft werden, ob die Tat dort strafbar ist.

---

794 *Carolin Hagl*, Frankfurt a.M. u.a. 2013.
795 Vgl. Wahrig, Stichwort „Ort".

6. Kapitel: Die Zurechnung des Erfolgs

Hinsichtlich der Anwendbarkeit des deutschen Strafrechts darf nur auf die dem Täter zurechenbare Vollendung abgestellt werden. Zurechnungsfragen stellen sich bei Internetdelikten etwa dann, wenn sich jemand in der realen Welt äußert und die Äußerung anschließend von einem anderen im Internet wahrnehmbar gemacht wird.

Ein Beispiel dafür ist der Fall des britischen Piusbruders Richard Williamson.[796] Am ersten November 2008 befand sich Williamson im Priesterseminar Herz Jesu in Zaitzkofen (Bayern). Dort weihte er einen schwedischen Pastor zum Diakon. Im Anschluss an die Diakonatsweihe bat ein Journalist eines schwedischen Fernsehteams Williamson um ein Interview für die Sendung *Uppdrag granskning* („Auftrag Nachforschung"). Williamson sagte zu und ging mit drei Mitarbeitern des Fernsehteams für das Interview in einen Nebenraum des Klosters. Im Rahmen des Interviews behauptete Williamson unter Berufung auf den pseudowissenschaftlichen Leuchter-Report, dass während der Herrschaft der Nationalsozialisten keine Juden vergast worden seien. Das Interview wurde am 21. Januar 2009 von dem schwedischen Fernsehsender *SVT1* ausgestrahlt. Der Fernsehsender stellte das Interview anschließend auf seine Internetseite, auf der es 30 Tage lang abrufbar war. Spätestens am 23.01.2009 hatten mehrere Internetnutzer das Interview bei *YouTube* zum Abruf bereitgestellt.

Das Amtsgericht Regensburg erließ gegen Williamson aufgrund seiner Äußerungen einen Strafbefehl über eine Geldstrafe in Höhe von 12.000,00 Euro wegen Volksverhetzung (§ 130 III StGB).[797] Dagegen legte Williamson Einspruch ein. Die auf den Einspruch folgenden Urteile des Amtsgerichts Regensburg und des Landgerichts Regensburg, welche die Strafe lediglich reduzierten, wurden 2012 vom Oberlandesgericht Nürnberg[798] aufgrund von Verfahrensmängeln aufgehoben. Das Oberlandesgericht Nürnberg stellte das Verfahren ein, da es der Auffassung war, dass der vom

---

796 Zu diesem Fall LG Regensburg BeckRS 2014, 15900, und *T. Walter*, Der Spiegel, 47/2009, S. 19.

797 Zum Verfahrensgang *J. Henrich*, MMR-Aktuell, 2019, 415060, und *Stegbauer*, NStZ 2015, 201, 205.

798 OLG Nürnberg, BeckRS 2012, 5180; dort auch zum folgenden Satz.

Amtsgericht Regensburg erlassene Strafbefehl kein strafbares Verhalten schildere und der Umgrenzungsfunktion nicht gerecht werde.

Danach beantragte die Staatsanwaltschaft wegen desselben Sachverhalts erneut den Erlass eines Strafbefehls. Das Amtsgericht Regensburg erließ daraufhin gegen Williamson einen neuen Strafbefehl, diesmal über eine Geldstrafe in Höhe von 6.500,00 Euro. Nachdem Williamson auch gegen diesen Strafbefehl Einspruch eingelegt hatte, verurteilte ihn das Amtsgericht Regensburg[799] 2013 zu einer Geldstrafe in Höhe von 1.800,00 Euro. In der Berufung bestätigte das Landgericht Regensburg[800] dieses Urteil. Die dagegen von Williamson eingelegte Revision verwarf das Oberlandesgericht Nürnberg 2014[801], womit das Urteil des Amtsgerichts Regensburg rechtskräftig wurde. Das Bundesverfassungsgericht entschied 2017, die von Williamson in dieser Sache eingereichte Klage nicht zur Entscheidung anzunehmen. Der Europäische Gerichtshof für Menschenrechte[802] wies die Klage von Williamson 2019 ab.

Die deutschen Gerichte gingen in diesem Fall von der Anwendbarkeit des deutschen Strafrechts aus. Das Landgericht Regensburg[803] nahm etwa einen deutschen Handlungsort an, da dadurch, dass Williamson das Interview in Deutschland gegeben habe, der „Schwerpunkt der Tathandlung" in Deutschland liege. Außerdem sei auch der zum Tatbestand gehörende Erfolg in Deutschland eingetreten.

Der Handlungsort liegt nach herrschender Auffassung[804] dort, wo der Täter eine tatbestandsmäßige Ausführungshandlung vornimmt. Erfasst sind Ausführungshandlungen, welche die Schwelle zum Versuch überschreiten.[805] An Vorbereitungshandlungen darf nur angeknüpft werden, wenn sie als Beteiligung einzuordnen sind.[806]

Da das Interview nicht in Echtzeit übertragen wurde und während des Interviews nur drei andere Personen anwesend waren, hat sich Williamson

---

799 Siehe LTO, 17.01.2013, www.lto.de/persistent/a_id/7992/, zuletzt abgerufen am 30.07.2020.

800 LG Regensburg BeckRS 2014, 15900.

801 Siehe LTO, 11.04.2014, www.lto.de/persistent/a_id/11685/, zuletzt abgerufen am 30.07.2020.

802 Siehe LTO, 31.01.2019, www.lto.de/persistent/a_id/33573/, zuletzt abgerufen am 30.07.2020.

803 LG Regensburg BeckRS 2014, 15900; dort auch zum folgenden Satz.

804 *Böse*, in: NK, § 9 Rn. 3; *Eser/Weißer*, in: S/S, § 9 Rn. 4; *Heger*, in: Lackner/Kühl, § 9 Rn. 2.

805 BGHSt 34, 101, 106; *Böse*, in: NK, § 9 Rn. 3; vgl. *Ambos*, in: MüKo, § 9 Rn. 8 f.

806 *Böse*, in: NK, § 9 Rn. 3; vgl. *Ambos*, in: MüKo, § 9 Rn. 9; *Eser/Weißer*, in: S/S, § 9 Rn. 4.

in dieser Situation nicht „öffentlich" oder „in einer Versammlung" im Sinne des § 130 III StGB geäußert.

Die Ausstrahlung des Interviews im schwedischen Fernsehen war zwar öffentlich. Trotzdem wurde § 130 III StGB dadurch nicht verwirklicht, weil es auf die Eignung zur Friedensstörung in Deutschland ankommt und damit auf eine deutsche Öffentlichkeit.[807] Auch wenn man darauf abstellt, dass die Mitarbeiter des schwedischen Fernsehsenders die Aufnahmen des Interviews nach der Ausstrahlung auf die Internetseite *www.svtplay.se* gestellt haben, ist zweifelhaft, ob man die Eignung zur Friedensstörung in Deutschland annehmen kann, da diese Internetseite von Deutschland aus vermutlich nur selten abgerufen wird.

Angenommen, die Eignung zur Friedensstörung in Deutschland bestand, müsste Williamson das Verhalten der Mitarbeiter des Fernsehsenders zugerechnet werden können. Mittäterschaft liegt nicht vor, da ein gemeinsamer Tatentschluss fehlt. Mittelbare Täterschaft setzt beim Ausführenden in der Regel ein Strafbarkeitsdefizit voraus.[808] Das ergibt sich für die Mitarbeiter des Fernsehsenders aus der Sozialadäquanzklausel des § 86 III StGB, die über § 130 VII StGB anwendbar ist.[809] Zudem muss der Hintermann die für die Täterschaft allgemein erforderliche Tatherrschaft besitzen.[810] Bei einer Echtzeitübertragung via Fernsehen oder Internet ist eine Wissensherrschaft des Äußernden denkbar, wenn diejenigen, welche die Äußerungen übertragen, „überrumpelt" werden.[811] Da das mit Williamson geführte Interview aber nicht in Echtzeit übertragen wurde, hatten es die Mitarbeiter des Fernsehsenders in der Hand, die volksverhetzenden Äußerungen Williamsons auszustrahlen und ins Internet zu stellen. Normativ lässt sich keine Tatherrschaft Williamsons begründen, da keinerlei wie auch immer überlegene Stellung von Wissen vorliegt und die Situation auch nicht mit Taten vergleichbar ist, die durch Ausnutzung „organisatorischer Machtapparate" begangen werden. Mittelbare Täterschaft scheidet also aus. Für Beihilfe und Anstiftung fehlt es an der Haupttat, da die Mitarbeiter aufgrund der Sozialadäquanzklausel den Tatbestand der Volksverhetzung nicht verwirklicht haben. Das Verhalten der Mitarbeiter des Fernsehsenders kann Williamson daher nicht zugerechnet werden.

---

807 Vgl. BT-Drs. 12/6853, S. 24; *Schäfer*, in: MüKo, § 130 Rn. 5.
808 *Rengier*, AT, § 43 Rn. 2.
809 Zur Sozialadäquanzklausel *Güntge*, in: S/S/W, § 86 Rn. 17 ff.
810 Vgl. *Rengier*, AT, § 43 Rn. 5.
811 Vgl. *T. Walter*, JuS 2006, 870, 872, zu KG NJW 1999, 3500 ff.

Spätestens nachdem mehrere Internetnutzer das Interview bei *YouTube* hochgeladen hatten, war es auch für die deutsche Öffentlichkeit wahrnehmbar und damit zur Friedensstörung in Deutschland geeignet. Ein solches Verbreiten einer fremden Erklärung ist nicht als eigene Äußerung des Verbreitenden einzuordnen, es sei denn, er macht sich den Inhalt der fremden Erklärung erkennbar zu eigen;[812] zum Beispiel indem er diese mit der Funktion „gefällt mir" markiert. Erst recht ist dem Verbreitenden die Äußerung nicht objektiv zurechenbar, sofern er sich ihren Inhalt nicht zu eigen macht.

Die Gerichte haben nicht festgestellt, ob diejenigen, die das Interview hochgeladen haben, sich die volksverhetzenden Äußerungen Williamsons zu eigen gemacht haben. In diesem Fall wären die von Williamson getätigten Äußerungen während des Interviews als Beihilfehandlung zur Volkverhetzung einzuordnen, da sie die Verbreitung der Aussagen objektiv gefördert und erleichtert haben. Allerdings hätte man Williamson für eine Verurteilung wegen Beihilfe zur Volksverhetzung zusätzlich den Gehilfenvorsatz nachweisen müssen.

---

812 Vgl. BGH NStZ 2015, 512, 513; *Hörnle*, NStZ 2002, 113, 116; *Sternberg-Lieben/ Schittenhelm*, in: S/S, § 130 Rn. 5.

7. Kapitel: Irrtümer

Überwiegend werden die Regeln des Internationalen Strafrechts materiell-rechtlich als objektive Bedingung der Strafbarkeit qualifiziert und Irrtümer über die Anwendbarkeit des deutschen Strafrechts grundsätzlich für unbeachtlich gehalten.[813] Nur wenn der Tatbestand unmittelbar einen inländischen Tatort voraussetze, sei das ein Tatbestandsmerkmal – so etwa bei § 86 StGB.[814] Dieser Auffassung liegt die Überlegung zu Grunde, dass die Regeln des Internationalen Strafrechts nicht zum Unrechtstatbestand (auch „Verbotstatbestand" genannt) gehörten.[815]

Da das Internationale Strafrecht den Geltungsbereich des deutschen Strafrechts definiert, ist die Anwendbarkeit des deutschen Strafrechts jedoch als Teil des Verbots zu betrachten.[816] Denn ein Verbot ist nur dann ein Verbot, wenn es gilt, und die Geltung eines Verbots hängt von seiner Anwendbarkeit ab. Die Regeln des Internationalen Strafrecht betreffen also nicht nur die Reichweite der Sanktionskompetenz, sondern wirken unmittelbar strafbarkeitsbegründend.[817]

Wenn der Täter weiß, dass seine Handlung gegen eine Bestimmung des geltenden Rechts verstößt, diese Bestimmung aber irrtümlich für ungültig hält (weil er beispielsweise davon ausgeht, sie würde gegen höherrangiges Recht verstoßen oder sei ohne Gesetzgebungskompetenz erlassen), so wird ein Verbotsirrtum in Gestalt eines sogenannten Gültigkeitsirrtums angenommen.[818] Ebenso ist von einem Verbotsirrtum auszugehen, wenn der Täter bei vollständiger Sachverhaltskenntnis irrtümlich davon ausgeht,

---

813 Siehe *Ambos*, in: MüKo, Vorb. § 3 Rn. 3; *Eser/Weißer*, in: S/S, Vorb. §§ 3–9 Rn. 6; *Fischer*, Vorb. §§ 3–7 Rn. 30; *Jescheck/Weigend*, S. 180. Vgl. BGHSt 45, 97, 101.

814 Siehe *Sternberg-Lieben*, in: S/S, § 86 Rn. 15.

815 Siehe *Ambos*, in: MüKo, Vorb. § 3 Rn. 3; *Jescheck/Weigend*, S. 180.

816 Vgl. *Böse*, in: FS-Maiwald, S. 61, 69 ff.; *Jakobs*, AT, 5. Abschn. Rn. 12; *Jeßberger*, S. 126 f.; *Neumann*, in: FS-Müller-Dietz, S. 589, 603 f.; *Werle/Jeßberger*, in: LK, Vorb. § 3 Rn. 472; *Zieher*, S. 38.

817 *Jeßberger*, S. 127; vgl. *Zieher*, S. 38.

818 Siehe etwa *Joecks/Kulhanek*, in: MüKo, § 17 Rn. 34; *Roxin/Greco*, AT I, § 21 Rn. 25. *Jakobs*, AT, 19. Abschn. Rn. 25, nimmt in solchen Fällen nur dann einen Verbotsirrtum an, wenn der Täter davon ausgeht, dass die zuständigen Gerichte in seinem Sinne entscheiden werden.

deutsches Strafrecht sei nicht anwendbar, so dass es in diesen Fällen auf die Vermeidbarkeit des Irrtums ankommt.[819]

Die sich aus dem Internationalen Strafrecht ergebenden Voraussetzungen für die Anwendung deutschen Strafrechts sind „vor die Klammer" gezogene Teile der strafrechtlichen Bewertungs- und Verhaltensnormen und als solche Tatbestandsmerkmale.[820] Das gilt jedoch nur, soweit die Strafbarkeit eines Verhaltens vom Begehungsort abhängt, nicht aber, wenn ein bestimmtes Verhalten (wie zum Beispiel Mord) weltweit strafbar ist.[821] Wenn sich der Täter über anwendbarkeitsbegründende Umstände irrt, kann deshalb (je nach Tat) ein vorsatzausschließender Irrtum über Tatumstände im Sinne des § 16 StGB vorliegen.[822]

Meint der Täter zum Beispiel, er handle auf Schweizer Staatsgebiet, befindet sich tatsächlich aber in Deutschland, macht er sich nach deutschem Recht nicht wegen vorsätzlichen Handelns strafbar (sofern die Tat nicht weltweit strafbar ist).[823] Dasselbe gilt für Internetdelikte: Leugnet etwa ein US-Amerikaner auf einer Internetseite mit der Top-Level-Domain .de den Holocaust, macht er sich nicht nach § 130 III StGB strafbar, wenn er meint, .de sei die länderspezifische Top-Level-Domain Dänemarks, da er sich dann über den Erfolgsort im Sinne des § 9 I StGB irrt.

---

819 Vgl. *Jeßberger*, S. 133 f.; *Neumann*, in: FS-Müller-Dietz, S. 589, 605 f.; *Papathanasiou*, in: Normtheorie, S. 245, 267 f.
820 *Neumann*, in: FS-Müller-Dietz, S. 589, 604; *Papathanasiou*, in: Normtheorie, S. 245, 267; *Pawlik*, ZIS 2006, 274, 283.
821 Vgl. *Jakobs*, AT, 5. Abschn. Rn. 13.
822 *Böse*, in: FS-Maiwald, S. 61, 72; *Jeßberger*, S. 133 f.; *Neumann*, in: FS-Müller-Dietz, S. 589, 605; *Papathanasiou*, in: Normtheorie, S. 245, 267 f.; *Pawlik*, ZIS 2006, 274, 283 f. Fn. 85.
823 Vgl. *Jakobs*, AT, 5. Abschn. Rn. 13; *Jeßberger*, S. 133.

Ergebnis

I. Zusammenfassung

Gegenstand dieser Arbeit sind Verbreitungs- und Äußerungsdelikte, bei denen das Internet als Träger krimineller Inhalte dient, wie zum Beispiel die Volksverhetzung (§ 130 StGB) und das Verwenden von Kennzeichen verfassungswidriger Organisationen (§ 86a StGB). Ich bezeichne diese Delikte als „Internetdelikte".

Der Handlungsort im Sinne des § 9 I StGB liegt bei Internetdelikten ausschließlich an dem Ort, an dem der Täter körperlich anwesend ist, während er die rechtswidrigen Inhalte ins Internet stellt. Auf die Wirkung der Handlung und die Standorte der Server, über welche die Inhalte übertragen werden, darf zur Bestimmung des Handlungsorts nicht abgestellt werden.

Es gibt keine „Tätigkeitsdelikte", sondern nur Erfolgsdelikte, da Handlung und Vollendung bei allen Delikten durch einen (zumindest kurzen) Kausalverlauf getrennt werden. Die Vollendung ist der Erfolg. Bei allen Delikten gibt es daher einen Erfolgsort im Sinne des § 9 I StGB – auch bei abstrakten Gefährdungsdelikten.

Für die Vollendung (und damit für den Erfolg) genügt bei den meisten Internetdelikten, dass der Inhalt wahrnehmbar ist; so zum Beispiel bei den §§ 86, 86a, 111 und 130 I StGB. Wahrnehmbarkeit bedeutet die Abrufbarkeit eines Inhalts im Internet. Manche Internetdelikte verlangen für die Vollendung, dass der Inhalt tatsächlich wahrgenommen wird. Bei einzelnen Internetdelikten muss der Adressat den Sinn des Inhalts zudem verstehen.

Das territoriale Denken der gegenständlichen Welt ist nach Maßgabe eines digitalen Territorialitätsprinzips auf die virtuelle Welt des Internets zu übertragen. Soweit es um Delikte geht, die lediglich die Wahrnehmbarkeit des Inhalts verlangen, bietet die länderspezifische Top-Level-Domain (TLD) einen *„genuine link"* im Sinne des Völkerrechts, um den Erfolgsort zu bestimmen. Stellt der Täter strafbare Inhalte auf eine Internetseite mit der länderspezifischen TLD *.de*, liegt ein deutscher Erfolgsort vor, so dass gemäß § 9 I 3. Var. StGB deutsches Strafrecht anwendbar ist. Macht der Täter strafbare Inhalte auf einer Internetseite abrufbar, welche die länderspezifische TLD eines anderen Landes hat, liegt der Erfolgsort im Ausland.

Deutsches Strafrecht ist gemäß § 7 StGB anwendbar, wenn die konkrete Tat in dem Land, das durch die länderspezifische TLD bezeichnet wird, einen Straftatbestand erfüllt und die Tat sich entweder unmittelbar gegen das Individualrechtsgut eines Deutschen richtet (was nur bei wenigen Internetdelikten der Fall ist) oder der Täter Deutscher ist (oder nach der Tat Deutscher wird sowie im Falle des § 7 II Nr. 2 StGB).

Werden rechtswidrige Inhalte auf Internetseiten mit generischen TLDs abrufbar gemacht, unterliegt der Erfolgs-Tatort „keiner Strafgewalt", so dass im Rahmen des § 7 StGB die Strafbarkeit am Erfolgs-Tatort nicht geprüft werden muss. In solchen Fällen ist deutsches Strafrecht anwendbar, wenn die Tat sich unmittelbar gegen das Individualrechtsgut eines Deutschen richtet oder der Täter Deutscher ist (oder nach der Tat Deutscher wird sowie im Falle des § 7 II Nr. 2 StGB).

Bei der Prüfung der Anwendbarkeit deutschen Strafrechts darf nur auf die dem Täter zurechenbare Vollendung abgestellt werden.

Wenn der Täter bei vollständiger Sachverhaltskenntnis irrtümlich davon ausgeht, deutsches Strafrecht sei nicht anwendbar, ist von einem Verbotsirrtum auszugehen, so dass es in solchen Fällen auf die Vermeidbarkeit des Irrtums ankommt. Die sich aus dem Internationalen Strafrecht ergebenden Voraussetzungen für die Anwendung deutschen Strafrechts sind als Tatbestandsmerkmale einzuordnen (soweit ein Verhalten nicht weltweit strafbar ist). Deshalb kann ein vorsatzausschließender Tatbestandsirrtum vorliegen, wenn sich der Täter über anwendbarkeitsbegründende Umstände irrt.

II. Reformvorschläge

In dieser Arbeit habe ich gezeigt, dass sich *de lege lata* die Anwendbarkeit des deutschen Strafrechts bei allen Internetdelikten nach sinnvollen Kriterien bestimmen lässt. Es ist daher nicht zwingend erforderlich, die Regeln des Internationalen Strafrechts für Internetdelikte anzupassen.

De lege ferenda wäre eine Überarbeitung aber hilfreich, um Rechtsklarheit zu schaffen. Ausgehend von den Ergebnissen meiner Arbeit empfehle ich daher folgende drei Änderungen des StGB:

§ 7 StGB sollte folgenden dritten Absatz erhalten: „Der durch den Erfolgseintritt begründete Tatort unterliegt keiner Strafgewalt, wenn ein Äußerungs- oder Verbreitungsdelikt über eine Internetseite mit einer generischen Top-Level-Domain begangen wird."

In § 9 StGB sollte ein dritter Absatz mit folgendem Wortlaut eingefügt werden: „Wird ein Äußerungs- oder Verbreitungsdelikt über eine Internetseite begangen, die eine länderspezifische Top-Level-Domain hat, tritt der zum Tatbestand gehörende Erfolg in dem Land ein, das durch die Top-Level-Domain bezeichnet wird.

§ 11 I StGB sollte ergänzt werden durch eine Nr. 6a mit dem Inhalt: „Erfolg: die Vollendung einer Tat."

Literaturverzeichnis

Abegg, Julius: Über die Bestrafung der im Ausland begangenen Verbrechen. Ein Versuch, Landshut 1819.

Achenbach, Hans / Ransiek, Andreas / Rönnau, Thomas (Hrsg.): Handbuch Wirtschaftsstrafrecht, 5. Aufl., Heidelberg 2019 (zit.: *Bearbeiter*, in: Achenbach/Ransiek/Rönnau).

Allfeld, Philipp: Lehrbuch des deutschen Strafrechts. Allgemeiner Teil, 9. Aufl., Leipzig 1934.

Ambos, Kai: Internationales Strafrecht. Strafanwendungsrecht, Völkerstrafrecht, Europäisches Strafrecht. Rechtshilfe, 5. Aufl., München 2018.

Anastasopoulou, Ioanna: Deliktstypen zum Schutz kollektiver Rechtsgüter, München 2005.

Arzt, Gunther: Erfolgsdelikt und Tätigkeitsdelikt, in: Schweizerische Zeitschrift für Strafrecht 107 (1990), S. 168–183 (zit.: *Arzt*, SchwZStrR 107 (1990)).

Baecker, Dirk: Studien zur nächsten Gesellschaft, Frankfurt a.M. 2007.

von Bar, Ludwig: Gesetz und Schuld im Strafrecht. Fragen des geltenden deutschen Strafrechts und seiner Reform, Band II: Die Schuld nach dem Strafgesetze, Berlin 1907.

Baumann, Jürgen / Weber, Ulrich / Mitsch, Wolfgang / Eisele, Jörg: Strafrecht Allgemeiner Teil, Bielefeld 2016 (zit.: *Bearbeiter*, in: Baumann/Weber/Mitsch/Eisele).

Baumann, Jürgen / Weber, Ulrich: Strafrecht Allgemeiner Teil, 9. Aufl., Bielefeld 1985.

Baumann, Jürgen u.a.: Alternativentwurf eines Strafgesetzbuches, Band 1, Allgemeiner Teil, Tübingen 1966 (zit.: *Baumann u.a.*, Alternativentwurf).

Baun, Christian: Computernetze kompakt. Eine an der Praxis orientierte Einführung für Studium und Berufspraxis, 5. Aufl., Berlin 2020.

Beck, Susanne: Internetbeleidigung de lege lata und de lege ferenda. Strafrechtliche Aspekte des „spickmich"-Urteils, in: MMR 2009, S. 736–740.

Becker, Christian: Anmerkung zu BGH, Beschluss vom 19.08.2014, 3 StR 88/14 (NStZ 2015, S. 81 ff.), in: NStZ 2015, S. 83–84.

BeckOK Informations- und Medienrecht: Kommentar, hrsg. v. Hubertus Gersdorf und Boris Paal, Stand: 01.02.2020 (zit.: *Bearbeiter*, in: BeckOK Informations- und Medienrecht).

Beisch, Natalie / Koch, Wolfgang / Schäfer, Carmen: ARD/ZDF-Onlinestudie 2019: Mediale Internetnutzung und Video-on-Demand gewinnen weiter an Bedeutung, in: Media Perspektiven 2019, S. 374–388.

von Beling, Ernst: Das internationale Strafrecht im Vorentwurf zu einem schweizerischen Strafgesetzbuch (Kommissionalentwurf 1896), in: ZStW 17 (1897), S. 303–373.

ders.: Die Lehre vom Verbrechen, Tübingen 1906 (zit.: *v. Beling*, Verbrechen).

ders.: Grundzüge des Strafrechts, 11. Aufl., Tübingen 1930 (zit.: *v. Beling*, Grundzüge).

Bergmann, Lothar: Der Begehungsort im internationalen Strafrecht Deutschlands, Englands und der Vereinigten Staaten von Amerika, Berlin 1966.

Berner, Albert Friedrich: Lehrbuch des Deutschen Strafrechts, Leipzig 1866.

Binder, Reinhart / Vesting, Thomas (Hrsg.): Beck'scher Kommentar zum Rundfunkrecht, 4. Aufl., München 2018 (zit.: *Bearbeiter*, in: Binder/Vesting).

Binding, Karl: Die Schuld im deutschen Strafrecht. Vorsatz, Irrtum Fahrlässigkeit, Leipzig 1919 (zit.: *Binding*, Schuld).

ders.: Handbuch des Strafrechts. Erster Band, Leipzig 1885 (zit.: *Binding*, Handbuch 1. Bd.).

Birkmeyer, Karl: Die Lehre von der Teilnahme und die Rechtsprechung des Deutschen Reichsgerichts, Berlin 1890.

Birnbaum, Niels u.a.: A spelling device for the paralysed, in: Nature 398 (1999), S. 297–298.

Bloy, René: Der strafrechtliche Schutz der psychischen Integrität, in: Festschrift für Albin Eser, hrsg. v. Jörg Arnold u.a., München 2005, S. 233–255.

Bochmann, Johannes: Strafgewaltkonflikte und ihre Lösungen, Frankfurt a.M. u.a. 2015.

Bornemann, Roland: Der „Verbreitensbegriff" bei Pornografie in audiovisuellen Mediendiensten straferweiternd im Internet und strafverkürzend im Rundfunk?, in: MMR 2012, S. 157–161.

Bosch, Nikolaus: Hassbotschaften und Hetze im Internet als Aufforderung zu Straftaten?, in: JURA 2016, S. 381–389.

Bosch, Sebastian: Straftaten in virtuellen Welten. Eine materiellrechtliche Untersuchung, Berlin 2018.

Böse, Martin: Die Stellung des sog. Internationalen Strafrechts im Deliktsaufbau und ihre Konsequenzen für den Tatbestandsirrtum, in: Festschrift für Manfred Maiwald, hrsg. v. René Bloy u.a., Berlin 2010, S. 61–77.

Breuer, Barbara: Anwendbarkeit des deutschen Strafrechts auf exterritorial handelnde Internet-Benutzer, in: MMR 1998, S. 141–145.

Bundeskriminalamt: Cybercrime Bundeslagebild 2018, www.bka.de/DE/AktuelleInformationen/StatistikenLagebilder/Lagebilder/Cybercrime/cybercrime_node.html, zuletzt abgerufen am 30.07.2020 (zit.: BKA, Cybercrime Bundeslagebild 2018).

Busching, Michael: Der Begehungsort von Äußerungsdelikten im Internet. Grenzüberschreitende Sachverhalte und Zuständigkeitsprobleme, in: MMR 2015, S. 295–299.

Clauß, Felix: Anmerkung zu BGH, Urteil vom 12.12.2000, 1 StR 184/00 (MMR 2001, S. 228 ff.), in: MMR 2001, S. 232–233.

Collardin, Markus: Straftaten im Internet, in: CR 1995, S. 618–622.

Cornils, Karin: Der Begehungsort von Äußerungsdelikten im Internet, in: JZ 1999, S. 394–398.

dies.: Die territorialen Grenzen der Strafgerichtsbarkeit und Internet, in: Recht und Internet, hrsg. v. Gerhard Hohloch, Baden-Baden, 2001, S. 71–84.

Dahm, Georg / Delbrück, Jost / Wolfrum, Rüdiger: Völkerrecht. Die Grundlagen. Die Völkerrechtssubjekte, Band I/1, 2. Aufl., Berlin und New York 1989.

Decker, Hanna: Lenken mit Gedanken, in: Frankfurter Allgemeine Woche, 02.02.2018, S. 59–60.

Doehring, Horst: Der Begriff der Öffentlichkeit im reichsdeutschen und österreichischen Strafrecht sowie im Entwurf eines Allgemeinen Deutschen Strafgesetzbuches, Leipzig 1931.

Graf zu Dohna, Alexander: Der Aufbau der Verbrechenslehre, 4. Aufl., Bonn 1950.

Dombrowski, Nadine: Extraterritoriale Strafrechtsanwendung im Internet, Berlin 2014.

Duden: Deutsches Universalwörterbuch. Das umfassende Bedeutungswörterbuch der deutschen Gegenwartssprache, 9. Aufl., Berlin 2019.

Duesberg, Erik: Der Tatbegriff in §§ 3 und 9 Abs. 1 StGB. Erkenntnisse aus einer Analyse der Anwendbarkeit deutschen Glücksspielstrafrechts auf virtuelle Offshore-Glücksspielangebote, Berlin 2017.

Eckstein, Ken: Ist das „Surfen" im Internet strafbar? Anmerkung zu OLG Hamburg, Urteil vom 15.02.2010, 2 - 27/09 (REV) (MMR 2010, S. 342), in: NStZ 2011, S. 18–22.

Eisele, Jörg: Computer- und Medienstrafrecht, München 2013.

Engelsing, Herbert: Eigenhändige Delikte. Eine Untersuchung über die Grenzen mittelbarer Täterschaft, Breslau 1926.

Eser, Albin: Das „Internationale Strafrecht" in der Rechtsprechung des Bundesgerichtshofs, in: 50 Jahre Bundesgerichtshof. Festgabe aus der Wissenschaft, Band IV., hrsg. v. Claus Roxin u.a., München 2000, S. 3–28 (zit.: *Eser*, in: 50 Jahre BGH).

ders.: Die Entwicklung des Internationalen Strafrechts im Lichte des Werkes von Hans-Heinrich Jescheck, in: Festschrift für Hans-Heinrich Jescheck, hrsg. v. Theo Vogler u.a., Berlin 1985, S. 1353–1377.

ders.: Internet und internationales Strafrecht, in: Rechtsfragen des Internet und der Informationsgesellschaft, hrsg. v. Dieter Leipold, Heidelberg 2002, S. 303–326 (zit.: *Eser*, in: Rechtsfragen).

Esser, Josef: Vorverständnis und Methodenwahl in der Rechtsfindung. Rationalitätsgrundlagen richterlicher Entscheidungspraxis, Frankfurt a.M. 1972.

Esser, Robert: Strafrechtliche Aspekte der Social Media, in: Rechtshandbuch Social Media, hrsg. v. Gerrit Hornung und Ralf Müller-Terpitz, Heidelberg u.a. 2015, S. 204–321 (zit.: *R. Esser*, in: Rechtshandbuch Social Media).

Fischer, Thomas: Strafgesetzbuch, Kommentar, 67. Aufl., München 2020.

Franck, Johannes / Steigert, Verena: Die strafrechtliche Verantwortlichkeit von Wiki-Leaks. Eine Untersuchung der relevanten Straftatbestände im Umfeld von Wiki-Leaks-Veröffentlichungen, in: CR 2011, S. 380–387.

Franke, Einhard: Strukturmerkmale der Schriftenverbreitungstatbestände des StGB, in: GA 1984, S. 452–471.

Freund, Georg: Actio libera in causa vel omittendo bei Rauschdelikten im Straßenverkehr. Zum Begriff der Tat und zum Zeitpunkt ihrer (fahrlässigen oder vorsätzlichen) Begehung, in: GA 2014, S. 137–159.

Frey, Dieter / Rudolph, Matthias / Oster, Jan: Internetsperren und der Schutz der Kommunikation im Internet. Am Beispiel behördlicher und gerichtlicher Sperrverfügungen im Bereich des Glücksspiel- und Urheberrechts, in: MMR-Beil. 2012, S. 1–26.

Frister, Helmut: Strafrecht Allgemeiner Teil, 8. Aufl., München 2018.

Geppert, Klaus: Zur Frage strafbarer Kollektivbeleidigung der Polizei oder einzelner Polizeibeamter durch Verwendung des Kürzel „a.c.a.b.", in: NStZ 2013, S. 553–559.

Gercke, Marco / Brunst, Phillip: Praxishandbuch Internetstrafrecht, Stuttgart 2009.

Gercke, Marco: Anmerkung zu BGH, Urteil vom 27.06.2001, 1 StR 66/01, (MMR 2001, S. 676 ff.), in: MMR 2001, S. 678–680.

ders.: Lex Edathy? Der Regierungsentwurf zur Reform des Sexualstrafrechts, in: CR 2014, S. 687–691.

Germann, Michael: Gefahrenabwehr und Strafverfolgung im Internet, Berlin 2000.

Germann, Oskar: Rechtsstaatliche Schranken im Internationalen Strafrecht, in: Schweizerische Zeitschrift für Strafrecht 69 (1954), S. 237–252 (zit.: O. Germann, SchwZStrR 69 (1954)).

Gleß, Sabine / Weigend, Thomas: Intelligente Agenten und das Strafrecht, in: ZStW 126 (2014), S. 561–591.

Graff, Bernd: Radikale Roboter, in: Süddeutsche Zeitung, 01.04.2016, S. 11.

Granitza, Axel: Die Dogmengeschichte des Internationalen Strafrechts seit Beginn des 19. Jahrhunderts, Freiburg i.Br. 1961.

Graul, Eva: Abstrakte Gefährdungsdelikte und Präsumtionen im Strafrecht, Berlin 1991.

Greiner, Arved: Die Verhinderung verbotener Internetinhalte im Wege polizeilicher Gefahrenabwehr, Hamburg 2001.

Gropp, Martin: Ich denke, also schreibe ich. Facebook hat eine neue Idee für unsere Gehirne, in: Frankfurter Allgemeine Sonntagszeitung, 23.04.2017, S. 20.

Guggenberger, Nikolas: Das Netzwerkdurchsetzungsgesetz in der Anwendung, in: NJW 2017, S. 2577–2582.

Handel, Timo: Anwendbarkeit des deutschen Strafrechts bei Internetsachverhalten. Anmerkung zu BGH, Beschluss vom 03.05.2016, 3 StR 449/15 (ZUM-RD 2017, S. 198 ff.), in: ZUM-RD 2017, S. 202–205.

ders.: Hate Speech – Gilt deutsches Strafrecht gegenüber ausländischen Anbietern sozialer Netzwerke? Untersuchung der §§ 3, 9 StGB unter Berücksichtigung des Herkunftslandprinzips, in: MMR 2017, S. 227–231.

Härting, Niko: Internetrecht, 6. Aufl., Berlin 2017.

Hassemer, Winfried: Gesetzgebung und Methodenlehre, in: ZRP 2007, S. 213–219.

Haug, Volker: Grundwissen Internetrecht, 3. Aufl., Stuttgart 2016.

ders.: Wer hat das Sagen bei der Domainvergabe? – Legitimationsdefizite von ICANN und DENIC, in: JZ 2011, S. 1053–1058.

Hecker, Bernd: Die Strafbarkeit grenzüberschreitender Luftverunreinigungen im deutschen und europäischen Umweltstrafrecht, in: ZStW 115 (2003), S. 880–905.

ders.: Europäisches Strafrecht, 5. Aufl., Berlin und Heidelberg 2015.

ders.: Internationales Strafrecht: Propagandadelikt im Cyberspace. Anmerkung zu BGH, Beschluss vom 19.08.2014, 3 StR 88/14 (NStZ 2015, S. 81 ff.), in: JuS 2015, S. 274–276.

ders.: Tatortbegründung gem. §§ 3, 9 Abs. 1 Var. 3 StGB durch Eintritt einer objektiven Bedingung der Strafbarkeit, in: ZIS 2011, S. 398–401.

Heghmanns, Michael: §§ 9 I, 130 I, III StGB: Volksverhetzung durch im Ausland erfolgte Kundgabe der Auschwitzlüge. Anmerkung zu BGH, Urteil vom 12.12.2000, 1 StR 184/00 (NStZ 2001, S. 305 ff.), in: JA 2001, S. 276–280.

Heinrich, Bernd: Anmerkung zu KG, Urteil vom 16.03.1999, (5) 1 Ss 7/98 (8/98) (NJW 1999, S. 3500 ff.), in: NStZ 2000, S. 533–534.

ders.: Der Erfolgsort beim abstrakten Gefährdungsdelikt, in: GA 1999, S. 72–84.

ders.: Handlung und Erfolg bei Distanzdelikten, in: Festschrift für Ulrich Weber, hrsg. v. Bernd Heinrich u.a., Bielefeld 2004, S. 91–108.

ders.: Strafrecht Allgemeiner Teil, 6. Aufl., Stuttgart 2019.

Heinrich, Manfred: Die Verbreitung von Pornografie gem. § 184 StGB – Teil 2. Beiträge zum Medienstrafrecht – Teil 3, in: ZJS 2016, S. 297–315.

ders.: Das „Verbreiten" als Tathandlung im Medienstrafrecht. Beiträge zum Medienstrafrecht – Teil 5, in: ZJS 2016, S. 569–588.

ders.: „Zugänglichmachen" und „öffentliches Begehen" als Tathandlungen im Medienstrafrecht. Beiträge zum Medienstrafrecht – Teil 6, in: ZJS 2016, S. 698–710.

ders.: Sonstige häufig wiederkehrende Tathandlunge im Medienstrafrecht. Beiträge zum Medienstrafrecht – Teil 7, in: ZJS 2017, S. 25–39.

ders.: Die Staatsschutzdelikte im Lichte des Medienstrafrechts – Teil 2: Die Gefährdung des demokratischen Rechtsstaats. Beiträge zum Medienstrafrecht – Teil 9, in: ZJS 2017, S. 301–316.

ders.: Die Delikte gegen den öffentlichen Frieden und die öffentliche Ordnung im Lichte des Medienstrafrechts – Teil 1: §§ 111 und 126 StGB. Beiträge zum Medienstrafrecht – Teil 11, in: ZJS 2017, S. 518–528.

ders.: Die Delikte gegen den öffentlichen Frieden und die öffentliche Ordnung im Lichte des Medienstrafrechts – Teil 2: §§ 130 und 130a StGB. Beiträge zum Medienstrafrecht – Teil 12, in: ZJS 2017, S. 625–640.

ders.: Zur Strafbarkeit des Verbreitens von Schriften im Internet, in: Festschrift für Bernd Schünemann, hrsg. v. Roland Hefendehl u.a., Berlin 2014, S. 597–610.

Heldt, Amélie: Terror-Propaganda online: Die Schranken der Meinungsfreiheit in Deutschland und den USA, in: NJOZ 2017, S. 1458–1461.

Heliosch, Alexandra: Verfassungsrechtliche Anforderungen an Sperrmaßnahmen von kinderpornografischen Inhalten im Internet. Unter besonderer Berücksichtigung des Zugangserschwerungsgesetzes, Göttingen 2012.

Henrich, Andreas: Das passive Personalitätsprinzip im deutschen Strafrecht, Freiburg i.Br. 1994.

Henrich, Jan: EGMR: Holocaust-Leugner Williamson scheitert mit Klage, in: MMR-Aktuell 2019, 415060.

Herdegen, Matthias: Völkerrecht, 19. Aufl., München 2020.

Herrmann, Dominik: Beobachtungsmöglichkeiten im Domain Name System. Angriffe auf die Privatsphäre und Techniken zum Selbstschutz, Wiesbaden 2016.

Herzberg, Dietrich: Gedanken zum strafrechtlichen Handlungsbegriff und zur „vortatbestandlichen" Deliktsverneinung, in: GA 1996, S. 1–18.

Hilgendorf, Eric / Valerius, Brian: Computer- und Internetstrafrecht, 2. Aufl., Berlin und Heidelberg 2012.

Hilgendorf, Eric: Die Neuen Medien und das Strafrecht, in: ZStW 113 (2001), S. 650–680.

ders.: Ehrenkränkung („flaming") im Web 2.0. Ein Problemaufriss de lege lata und de lege ferenda, in: ZIS 2010, S. 208–215.

von Hippel, Robert: Lehrbuch des Strafrechts, Berlin 1932.

ders.: Zeit und Ort der Tat, in: ZStW 37 (1916), S. 1–27.

Hirsch, Hans Joachim: Grundfragen von Ehre und Beleidigung, in: Festschrift für Ernst Wolff, hrsg. v. Rainer Zaczyk u.a., Berlin u.a. 1998, S. 125–151.

ders.: Ehre und Beleidigung. Grundfragen des strafrechtlichen Ehrschutzes, Karlsruhe 1967.

Hölzel, Niki: Gibt es „Tätigkeitsdelikte"?, Baden-Baden 2016.

Holznagel, Bernd / Hartmann, Sarah: .gemeinde statt .de – Internet-Domainnamen für deutsche Kommunen, in: NVwZ 2012, S. 665–670.

Horn, Eckhard: Konkrete Gefährdungsdelikte, Köln 1973.

Hörnle, Tatjana: Aktuelle Probleme aus dem materiellen Strafrecht bei rechtsextremistischen Delikten, in: NStZ 2002, S. 113–118.

dies.: Anmerkung zu BGH, Urteil vom 12.12.2000, 1 StR 184/00 (NStZ 2001, S. 305 ff.), in: NStZ 2001, S. 309–311.

dies.: Die Verwendung von NS-Symbolen in offenkundig-eindeutig ablehnender Tendenz. Anmerkung zu BGH, Urteil vom 15.03.2007, 3 StR 486/06 (NStZ 2007, S. 466 ff.), in: NStZ 2007, S. 698–699.

ICMEC: Child Sexual Abuse Material. Model Legislation & Global Review, 9. Aufl., Virginia 2018, www.icmec.org/wp-content/uploads/2018/12/CSAM-Model-Law-9th-Ed-FINAL-12-3-18.pdf, zuletzt abgerufen am 30.07.2020.

Ipsen, Knut: Völkerrecht, 7. Aufl., München 2018 (zit.: *Bearbeiter*, in: Ipsen).

Jakobs, Günther: Anmerkung zu BayObLG, Urteil vom 17.12.1996, 2 St RR 178/96 (JR 1997, S. 341 ff.), in: JR 1997, S. 344–345.

ders.: Der strafrechtliche Handlungsbegriff, München 1992 (zit.: *Jakobs*, Handlungsbegriff).

ders.: Strafrecht Allgemeiner Teil. Die Grundlagen und die Zurechnungslehre, 2. Aufl., Berlin und New York 1991 (zit.: *Jakobs*, AT).

Jansen, Richard: Die Inlandstat. Der Tatbestand des § 9 Abs. 1 Var. 3 StGB, Baden-Baden 2014.

Jeßberger, Florian: Anmerkung zu BGH, Urteil vom 12.12.2000, 1 StR 184/00 (JR 2001, S. 429 ff.), in: JR 2001, S. 432–435.

ders.: Der transnationale Geltungsbereich des deutschen Strafrechts. Grundlagen und Grenzen der Geltung des deutschen Strafrechts für Taten mit Auslandsberührung, Tübingen 2011.

ders.: Transnationales Strafrecht, Internationales Strafrecht, Transnationale Strafrechtsgeltung – eine Orientierung, in: Transnationales Recht, hrsg. v. Gralf-Peter Calliess, Tübingen 2014, S. 527–537 (zit.: *Jeßberger*, in: Transnationales Recht).

Jescheck, Hans-Heinrich / Weigend, Thomas: Lehrbuch des Strafrechts. Allgemeiner Teil, 5. Aufl., Berlin 1996.

Jescheck, Hans-Heinrich, in: Niederschrift über die Sitzungen der Großen Strafrechtskommission, 4. Band, Allgemeiner Teil, Bonn 1958, S. 11–18 (zit.: *Jescheck*, in: Strafrechtskommission).

Jofer, Robert: Strafverfolgung im Internet. Phänomenologie und Bekämpfung kriminellen Verhaltens in internationalen Computernetzen, Frankfurt a.M. u.a. 1999.

Jugendschutz.net: Bericht 2017. Rechtsextremismus im Netz, Mainz 2018, www.ju gendschutz.net/fileadmin/download/pdf/Lagebericht_2017_Rechtsextremismus _im_Netz.pdf, zuletzt abgerufen am 30.07.2020.

Kappel, Jan: Das Ubiquitätsprinzip im Internet. Wie weit reicht das deutsche Strafrecht?, Hamburg 2007.

Kern, Eduard: Die Äußerungsdelikte, Tübingen 1919.

Kielwein, Gerhard, in: Niederschrift über die Sitzungen der Großen Strafrechtskommission, 4. Band, Allgemeiner Teil, Bonn 1958, S. 18–21 (zit.: *Kielwein*, in: Strafrechtskommission).

Kienle, Michael: Internationales Strafrecht und Straftaten im Internet. Zum Erfordernis der Einschränkung des Ubiquitätsprinzips des § 9 Abs. 1 Var. 3 StGB, Konstanz 1998.

Kindhäuser, Urs / Schramm, Edward: Strafrecht Besonderer Teil I. Straftaten gegen Persönlichkeitsrechte, Staat und Gesellschaft, 9. Aufl., Baden-Baden 2020.

Kitzinger, Friedrich: Ort und Zeit der Handlung im Strafrecht. Zugleich eine Betrachtung der Erscheinungsformen des Delikts, München 1902.

ders.: Ort und Zeit der Handlung, in: Vergleichende Darstellung des deutschen und ausländischen Strafrechts, Allgemeiner Teil, I. Band, hrsg. v. Karl Birkmeyer u.a., Berlin 1908, S. 135–228 (zit.: *Kitzinger*, in: Vergleichende Darstellung, AT 1. Bd.).

Klam, Cornelia: Die rechtliche Problematik von Glücksspielen im Internet, Berlin 2002.

Klengel, Jürgen Detlef / Heckler, Andreas: Geltung des deutschen Strafrechts für vom Ausland aus im Internet angebotenes Glücksspiel. Ein Beitrag zur Frage des Erfolgsorts bei abstrakten Gefährdungsdelikten und zugleich eine Besprechung der Entscheidung des BGH v. 12.12.2000 – 1 StR 184/00 (NStZ 2001, S. 305 ff.), in: CR 2001, S. 243–249.

Klesczewski, Diethelm: Strafrecht Besonderer Teil. Lehrbuch zum Strafrecht der Bundesrepublik Deutschland, Tübingen 2016.

Kniesel, Michael / Braun, Frank / Keller, Christoph: Besonderes Polizei- und Ordnungsrecht, Stuttgart 2018.

Koch, Arnd: Zur Strafbarkeit der Ausschwitzlüge im Internet – BGHSt 45, 212. Anmerkung zu BGH, Urteil vom 12.12.2000, 1 StR 184/00 (NStZ 2001, S. 305 ff.), in: JuS 2002, S. 123–127.

Koch, Hans-Joachim / Rüßmann, Helmut: Juristische Begründungslehre: eine Einführung in die Grundprobleme der Rechtswissenschaft, München 1982.

Kohler, Josef: Internationales Strafrecht, Stuttgart 1919.

Kohlrausch, Eduard: Irrtum und Schuldbegriff im Strafrecht, Berlin 1903.

Körber, Florian: Rechtsradikale Propaganda im Internet – der Fall Töben, Berlin 2003.

Koriath, Heinz: Zum Streit um die Gefährdungsdelikte, in: GA 2001, S. 51–74.

Köstlin, Christian Reinhold: System des deutschen Strafrechts. Allgemeiner Theil, Tübingen 1855 (zit.: *Köstlin*, System AT).

Koziol, Helmut: Glanz und Elend der deutschen Zivilrechtsdogmatik. Das deutsche Zivilrecht als Vorbild für Europa?, in: AcP 212 (2012), S. 1–62.

Kramer, Ernst: Juristische Methodenlehre, 6. Aufl., Bern u.a., 2019.

Kudlich, Hans / Berberich, Bernd: Abstrakte Gefährdungsdelikte im Internet und die Anwendbarkeit deutschen Strafrechts, in: NStZ 2019, S. 633–638.

Kudlich, Hans: Anmerkung zu BGH, Urteil vom 12.12.2000, 1 StR 184/00 (StV 2001, S. 395 ff.), in: StV 2001, S. 397–399.

ders.: Anmerkung zu BGH, Urteil vom 27.06.2001, 1 StR 66/01 (JZ 2002, S. 308 ff.), in: JZ 2002, S. 310–312.

ders.: Straftaten und Strafverfolgung im Internet. Zum strafrechtlichen Gutachten für den 69. Deutschen Juristentag 2012, in: StV 2012, S. 560–566.

Kuner, Christopher: Internationale Zuständigkeitskonflikte im Internet, in: CR 1996, S. 453–458.

Lackner, Karl / Kühl, Kristian: Strafgesetzbuch, Kommentar, 29. Aufl., München 2018 (zit.: *Bearbeiter*, in: Lackner/Kühl).

Lagodny, Otto: Anmerkung zu BGH, Urteil vom 12.12.2000, 1 StR 184/00 (JZ 2001, S. 1193 ff.), in: JZ 2001, S. 1198–1200.

Last, Ulrich Martin: Die Staatsverunglimpfungsdelikte: §§ 90–90b StGB, Regensburg 2000.

Lehle, Thomas: Der Erfolgsbegriff und die deutsche Strafrechtszuständigkeit im Internet, Konstanz 1999.

Leipziger Kommentar StGB: Band 1: Einleitung, §§ 1–18 StGB, hrsg. v. Gabriele Cirener u.a., 13. Aufl., Berlin 2020 (zit.: *Bearbeiter*, in: LK).

Leipziger Kommentar StGB: Band 1: Einleitung, §§ 1–79 StGB, hrsg. v. Paulheinz Baldus und Günther Willms, 9. Aufl., Berlin 1974 (zit.: *Bearbeiter*, in: LK[9]).

Leipziger Kommentar StGB: Band 4: §§ 80–109k StGB, hrsg. v. Heinrich Wilhelm Laufhütte u.a., 12. Aufl., Berlin 2007 (zit.: *Bearbeiter*, in: LK).

Leipziger Kommentar StGB: Band 5: §§ 110–145d StGB, hrsg. v. Heinrich Wilhelm Laufhütte u.a., 12. Aufl., Berlin 2009 (zit.: *Bearbeiter*, in: LK).

Leipziger Kommentar StGB: Band 6: §§ 146–210 StGB, hrsg. v. Heinrich Wilhelm Laufhütte u.a., 12. Aufl., Berlin 2010 (zit.: *Bearbeiter*, in: LK).

Lenz, Karl-Friedrich: Strafrecht und Internet, in: Festschrift für Haruo Nishihara, hrsg. v. Albin Eser, Baden-Baden 1998, S. 467–485.

Leupold, Andreas / Bachmann, Peter / Pelz, Christian: Russisches Roulette im Internet? Zulässigkeit von Glücksspielen im Internet unter gewerbe- und strafrechtlichen Gesichtspunkten, in: MMR 2000, S. 648–655.

Liesching, Marc: Anmerkung zu BVerfG, Beschluss vom 04.11.2009, 1 BvR 2150/08 (MMR 2010, S. 199 ff.), in: MMR 2010, S. 202–203.

ders.: Anmerkung zu OLG Stuttgart, Urteil vom 24.04.2006, 1 Ss 449/05 (MMR 2006, S. 387 ff.), in: MMR 2006, S. 390–392.

von Liszt, Franz: Lehrbuch des deutschen Strafrechts, 21. und 22. Aufl., Berlin 1919.

Löber, Lena Isabell / Roßnagel, Alexander: Das Netzwerkdurchsetzungsgesetz in der Umsetzung. Bilanz nach den ersten Transparenzberichten, in: MMR 2019, S. 71–76.

Lüderssen, Klaus: Erfolgszurechnung und „Kriminalisierung". Die Jurisprudenz vor den Toren der Soziologie – Forschungsfragen an die Adresse der Kriminologen, in: Festschrift für Paul Bockelmann, hrsg. v. Arthur Kaufmann u.a., München 1979, S. 181–200.

Mandl, Peter: Internet Internals. Vermittlungsschicht, Aufbau und Protokolle, Wiesbaden, 2019.

Martin, Jörg: Grenzüberschreitende Umweltbeeinträchtigungen im deutschen Strafrecht, in: ZRP 1992, S. 19–27.

ders.: Strafbarkeit grenzüberschreitender Umweltbeeinträchtigungen, Freiburg i.Br. 1989.

Maurach, Reinhart / Schroeder, Friedrich-Christian / Maiwald, Manfred / Hoyer, Andreas / Momsen, Carsten: Strafrecht Besonderer Teil, Teilband 1. Straftaten gegen Persönlichkeits- und Vermögenswerte, 11. Aufl., Heidelberg 2019 (zit.: *Bearbeiter*, in: Maurach/Schroeder/Maiwald/Hoyer/Momsen, BT I).

Maurach, Reinhart / Schroeder, Friedrich-Christian / Maiwald, Manfred: Strafrecht Besonderer Teil, Teilband 2. Straftaten gegen Gemeinschaftswerte, 10. Aufl., Heidelberg 2012 (zit.: *Bearbeiter*, in: Maurach/Schroeder/Maiwald, BT II).

Maurach, Reinhart / Zipf, Heinz: Strafrecht Allgemeiner Teil, Teilband 1. Grundlehren des Strafrechts und Aufbau der Straftat, 8. Aufl., Heidelberg 1992.

Mayer, Max Ernst: Der Allgemeine Teil des deutschen Strafrechts, 2. Aufl., Heidelberg 1923 (zit.: *Mayer*, AT).

Meili, Friedrich: Bartolus als Haupt der ersten Schule des Internationalen Strafrechts, Zürich 1908 (zit.: *Meili*, Bartolus).

ders.: Lehrbuch des Internationalen Strafrechts und Strafprozessrechts, Zürich 1910 (zit.: *Meili*, Internationales Strafrecht).

Mendelssohn Bartholdy, Albrecht: Das räumliche Herrschaftsgebiet des Strafgesetzes, in: Vergleichende Darstellung des deutschen und ausländischen Strafrechts, Allgemeiner Teil, VI. Band, hrsg. v. Karl Birkmeyer u.a., Berlin 1908, S. 85–316 (zit.: *Mendelssohn Bartholdy*, in: Vergleichende Darstellung, AT 6. Bd.).

Mezger, Edmund: Der Geltungsbereich des deutschen Strafrechts, in: DR 1940, S. 1076–1079.

ders.: Deutsches Strafrecht. Ein Grundriss, Berlin 1938 (zit.: *Mezger*, Grundriss).

Milker, Jens: „Social-Bots" im Meinungskampf, in: ZUM 2017, S. 216–222.

Mintas, Laila: Glückspiele im Internet. Insbesondere Sportwetten mit festen Gewinnquoten (Oddset-Wetten) unter strafrechtlichen, verwaltungsrechtlichen und europarechtlichen Gesichtspunkten, Berlin 2009.

Moorstedt, Michael: Maschinenverstand, in: Süddeutsche Zeitung, 09.04.2017, S. 9.

Münchener Kommentar zum Strafgesetzbuch: Band 1: §§ 1–37 StGB, hrsg. v. Wolfgang Joecks und Klaus Miebach, 4. Aufl., München 2020 (zit.: *Bearbeiter*, in: MüKo).

Münchener Kommentar zum Strafgesetzbuch: Band 2: §§ 38–79b StGB, hrsg. v. Wolfgang Joecks und Klaus Miebach, 3. Aufl., München 2016 (zit.: *Bearbeiter*, in: MüKo).

Münchener Kommentar zum Strafgesetzbuch: Band 3: §§ 80–184j StGB, hrsg. v. Wolfgang Joecks und Klaus Miebach, 3. Aufl., München 2017 (zit.: *Bearbeiter*, in: MüKo).

Münchener Kommentar zum Strafgesetzbuch: Band 4: §§ 185–262 StGB, hrsg. v. Wolfgang Joecks und Klaus Miebach, 3. Aufl., München 2017 (zit.: *Bearbeiter*, in: MüKo).

Münchener Kommentar zur Strafprozessordnung: Band 3/2: GVG u.a., hrsg. v. Christoph Knauer, München 2018 (zit.: *Bearbeiter*, in: MüKo-StPO).

Namavicius, Justas: Territorialitätsgrundsatz und Distanzdelikte, Baden-Baden 2012.

Neumann, Ulfrid: Normtheoretische Aspekte der Irrtumsproblematik im Bereich des „Internationalen Strafrechts", in: Festschrift für Heinz Müller-Dietz, hrsg. v. Guido Britz u.a., München 2001, S. 589–607.

Nomos Kommentar zum Strafgesetzbuch: Band 1: §§ 1–79b StGB, hrsg. v. Urs Kindhäuser u.a., 5. Aufl., Baden-Baden 2017 (zit.: *Bearbeiter*, in: NK).

Nomos Kommentar zum Strafgesetzbuch: Band 2: §§ 80–231 StGB, hrsg. v. Urs Kindhäuser u.a., 5. Aufl., Baden-Baden 2017 (zit.: *Bearbeiter*, in: NK).

Nomos Kommentar zum Strafgesetzbuch: Band 3: §§ 232–358 StGB, hrsg. v. Urs Kindhäuser u.a., 5. Aufl., Baden-Baden 2017 (zit.: *Bearbeiter*, in: NK).

Oehler, Dietrich: Internationales Strafrecht, Geltungsbereich des Strafrechts, Internationales Rechtshilferecht, Recht der Gemeinschaften, Völkerstrafrecht, 2. Aufl., Köln u.a. 1983.

Papathanasiou, Konstantina: Das *Binding*sche Modell der „Kompetenz-Kompetenz" – die Normtheorie an der Kreuzung von sog. internationalem Strafrecht und Völkerrecht, in: Normtheorie und Strafrecht, hrsg. v. Anne Schneider und Markus Wagner, Baden-Baden 2018, S. 245–269 (zit. *Papathanasiou*, in: Normtheorie)

dies.: Völkerrechtmäßiges Verhalten und Extraterritorialität der staatlichen Souveränität – zum 90. Jubiläum der Lotus-Entscheidung, in: JM 2018, S. 80–85.

Paramonova, Swetlana: Internationales Strafrecht im Cyberspace. Strafrechtliche Analyse der Rechtslage in Deutschland, Russland und den USA, Wiesbaden 2013.

Park, Tido: Die Strafbarkeit von Internet-Providern wegen rechtswidriger Internet-Inhalte, in: GA 2001, S. 23–36.

Pawlik, Michael: Strafe oder Gefahrenbekämpfung? Die Prinzipien des deutschen Internationalen Strafrechts vor dem Forum der Straftheorien, in: ZIS 2006, S. 274–292.

Pfitzmann, Andreas / Köpsell, Stefan / Kriegelstein, Thomas: Sperrverfügung gegen Access-Provider. Technisches Gutachten, Dresden 2008.

Plöckinger, Oliver: Zur Zuständigkeit österreichischer Gerichte bei Straftaten im Internet, in: Österreichische Juristen-Zeitung 2001, S. 798–804.

Pursch, Günter / Bär, Verena: Sperrverfügung gegen Internet-Provider, Wissenschaftliche Dienste Deutscher Bundestag, WD 10 - 3000 - 010/2009.

Rabl, Kurt: Der Gefährdungsvorsatz, Breslau-Neukirch 1933.

Rackow, Peter: Was ist Verharmlosen? Überlegungen zu § 130 III StGB, in: ZIS 2010, S. 366–375.

Reinbacher, Tobias: Die Anwendbarkeit des deutschen Strafrechts auf Auslandstaten gem. § 7 StGB, in: ZJS 2018, S. 142–149.

Rengier, Rudolf: Strafrecht Allgemeiner Teil, 12. Aufl., München 2020.

ders.: Strafrecht Besonderer Teil I. Vermögensdelikte, 22. Aufl., München 2020.

ders.: Strafrecht Besonderer Teil II. Delikte gegen die Person und die Allgemeinheit, 21. Aufl., München 2020.

Roegele, Peter: Deutscher Strafrechtsimperialismus. Ein Beitrag zu den völkerrechtlichen Grenzen extraterritorialer Strafgewaltausdehnung, Hamburg 2014.

Rogemann, Herwig: Von Bären, Löwen und Adlern – zur Reichweite der §§ 90a und b StGB. Meinungs- und Kunstfreiheit im gesamtdeutschen Verfassungs- und Strafrecht, in: JZ 1992, S. 934–942.

Rönnau, Thomas: Grundwissen – Strafrecht: Erfolgs- und Tätigkeitsdelikte, in: JuS 2010, S. 961–963.

Rooney, Timothy: IP Address Management. Principles and Practice, Hoboken (New Jersey) 2011.

Rotsch, Thomas: „Einheitstäterschaft" statt Tatherrschaft. Zur Abkehr von einem differenzierenden Beiteiligungsformensystem in einer normativ-funktionalen Straftatlehre, Tübingen 2009 (zit.: *Rotsch*, Einheitstäterschaft).

ders.: Handlungsort i.S.d. § 9 Abs. 1 StGB. Zur Anwendung deutschen Strafrechts im Falle des Unterlassens und der Mittäterschaft, in: ZIS 2010, S. 168–174.

ders.: Mythologie und Logos des § 298 StGB, in: ZIS 2014, S. 579–593.

Roxin, Claus / Greco, Luís: Strafrecht Allgemeiner Teil, Band I, 5. Aufl., München 2020.

Rüping, Hinrich: Der Schutz der Pietät, in: GA 1977, S. 299–305.

Rüthers, Bernd / Fischer, Christian / Birk, Axel: Rechtstheorie mit juristischer Methodenlehre, 11. Aufl., München 2020.

Sachs, Michael (Hrsg.): Grundgesetz, Kommentar, 8. Aufl., München 2018 (zit.: *Bearbeiter*, in: Sachs).

Safferling, Christoph: Internationales Strafrecht. Strafanwendungsrecht, Völkerstrafrecht, Europäisches Strafrecht, Berlin und Heidelberg 2011.

Satzger, Helmut / Schluckebier, Wilhelm / Widmaier, Gunter (Hrsg.): Strafgesetzbuch, Kommentar, 4. Aufl., Köln 2019 (zit.: *Bearbeiter*, in: S/S/W).

Satzger, Helmut: Anwendbarkeit des deutschen Strafrechts bei Auslandstaten nach § 130 Abs. 3 StGB. Anmerkung zu BGH, Beschluss vom 03.05.2016, 3 StR 449/15 (NStZ 2017, S. 146 ff.), in: JURA (JK) 2017, S. 361.

ders.: Das deutsche Strafanwendungsrecht (§§ 3 ff. StGB) – Teil 1, in: JURA 2010, S. 108–116.

ders.: Das deutsche Strafanwendungsrecht (§§ 3 ff. StGB) – Teil 2, in: JURA 2010, S. 190–196.

ders: Die Anwendung des deutschen Strafrechts auf grenzüberschreitende Gefährdungsdelikte, in: NStZ 1998, S. 112–117.

ders.: Internationales und Europäisches Strafrecht. Strafanwendungsrecht, Europäisches Straf- und Strafverfahrensrecht, Völkerstrafrecht, 9. Aufl., Baden-Baden 2020.

ders.: Tatort abstrakter Gefährdungsdelikte. Anmerkung zu BGH, Beschluss vom 19.08.2014, 3 StR 88/14 (NStZ 2015, S. 81 ff.), in: JURA (JK) 2015, S. 1011.

von Savigny, Friedrich Carl: System des heutigen römischen Rechts, Band 1, Berlin 1840.

Schiemann, Anja: Inlandsbezug einer Auslandstat bei Auslieferung des Beschuldigten. Anmerkung zu BGH, Beschluss vom 18.03.2015, 2 StR 96/14 (BGH NStZ 2015, S. 568 ff.), in: NStZ 2015, S. 570–571.

Schild, Wolfgang: Strafrechtsdogmatik als Handlungslehre ohne Handlungsbegriff, in: GA 1995, S. 101–120.

Schmitt, Bertram: Zur räumlichen Geltung des deutschen Strafrechts bei Straftaten im Internet, in: Festschrift 600 Jahre Würzbürger Juristenfakultät, hrsg. v. Horst Dreier, Berlin 2002, S. 357–375 (zit.: *Schmitt*, in: FS-Würzbürger Juristenfakultät).

Schmitz, Alexandra: Das aktive Personalitätsprinzip im Internationalen Strafrecht. Zugleich ein kritischer Beitrag zur Legitimation der Ausdehnung der Strafgewalt auf Auslandstaten Deutscher, Frankfurt a.M. u.a. 2002.

Schönke, Adolf / Schröder, Horst: Strafgesetzbuch, Kommentar, 30. Aufl., München 2019 (zit.: *Bearbeiter*, in: S/S).

Schönke, Adolf / Schröder, Horst: Strafgesetzbuch, Kommentar, 29. Aufl., München 2014 (zit.: *Bearbeiter*, in: S/S[29]).

Schönke, Adolf / Schröder, Horst: Strafgesetzbuch, Kommentar, 27. Aufl., München 2006 (zit.: *Bearbeiter*, in: S/S[27]).

Schramm, Edward: Über die Beleidigung von behinderten Menschen, in: Festschrift für Theodor Lenckner, hrsg. v. Albin Eser u.a., München 1998, S. 539–564.

Schroeder, Friedrich-Christian: Anmerkung zu BGH, Urteil vom 15.03.2007, 3 StR 486/06 (JZ 2007, S. 849 ff.), in: JZ 2007, S. 851–852.

ders.: Der Schutz von Staat und Verfassung im Strafrecht. Eine systematische Darstellung, entwickelt aus Rechtsgeschichte und Rechtsvergleichung, München 1970.

ders.: Die Strafvorschriften der Bundesrepublik Deutschland gegen den Nationalsozialismus, in: JA 2010, S. 1–5.

ders.: Die Zusammenrechnung im Rahmen von Quantitätsbegriffen bei Fortsetzungstat und Mittäterschaft (zugleich zum Begriff der Öffentlichkeit im Strafrecht), in: GA 1964, S. 225–236.

ders.: Probleme der Staatsverunglimpfung, in: JR 1979, S. 89–93.

Schumacher, Eckhard: Revolution, Rekursion, Remediation: Hypertext und World Wide Web, in: Einführung in die Geschichte der Medien, hrsg. v. Albert Kümmel u.a., Paderborn 2004, S. 255–274 (zit.: *Schumacher*, in: Geschichte der Medien).

Schünemann, Bernd: Kritische Anmerkung zur geistigen Situation der deutschen Strafrechtswissenschaft, in: GA 1995, S. 201–229.

Sieber, Ulrich / Nolde, Malaika: Sperrverfügung im Internet. Nationale Rechtsdurchsetzung im globalen Cyberspace, Berlin 2008.

Sieber, Ulrich: Internationales Strafrecht im Internet. Das Territorialprinzip der §§ 3, 9 StGB im globalen Cyberspace, in: NJW 1999, S. 2065–2073.

ders.: Verantwortlichkeit im Internet. Technische Kontrollmöglichkeiten und multimediarechtliche Regelungen. Zugleich eine Kommentierung von § 5 TDG und § 5 MDStV, München 1999.

Simon, Eric: Gesetzesauslegung im Strafrecht. Eine Analyse der höchstrichterlichen Rechtsprechung, Berlin 2005.

Spindler, Gerald / Schuster, Fabian (Hrsg.): Recht der elektronischen Medien, Kommentar, 4. Aufl., München 2019 (zit.: *Bearbeiter*, in: Spindler/Schuster).

Spindler, Gerald / Volkmann, Christian: Die öffentlich-rechtliche Störerhaftung der Access-Provider. Zur Sperrung von Internetinhalten durch Access-Provider, in: K&R 2002, S. 398–409.

Spindler, Gerald: Roboter, Automation, künstliche Intelligenz, selbst-steuernde Kfz. Braucht das Recht neue Haftungskategorien?, in: CR 2015, S. 766–776.

Stegbauer, Andreas: Rechtsextremistische Propaganda und das Kennzeichenverbot des § 86a StGB, in: JR 2002, S. 182–188.

ders.: Rechtsprechungsübersicht zu den Propaganda- und Äußerungsdelikten, in: NStZ 2012, S. 79–84.

ders.: Rechtsprechungsübersicht zu den Propaganda- und Äußerungsdelikten, in: NStZ 2015, S. 201–206.

Stein, Torsten / von Buttlar, Christian / Kotzur, Markus: Völkerrecht, 14. Aufl., München 2017.

Stopp, Heike: Hans Welzel und der Nationalsozialismus. Zur Rolle Hans Welzels in der nationalsozialistischen Strafrechtswissenschaft und zu den Auswirkungen der Schuldtheorie in den NS-Verfahren der Nachkriegszeit, Tübingen 2018.

Stratenwerth, Günter / Kuhlen, Lothar: Strafrecht Allgemeiner Teil. Die Straftat, 6. Aufl., München 2011.

Systematischer Kommentar zum Strafgesetzbuch: Band I: §§ 1–37 StGB, hrsg. v. Jürgen Wolter, 9. Aufl., Köln 2017 (zit.: *Bearbeiter*, in: SK).

Systematischer Kommentar zum Strafgesetzbuch: Band II: §§ 38–79b StGB, hrsg. v. Jürgen Wolter, 9. Aufl., Köln 2016 (zit.: *Bearbeiter*, in: SK).

Systematischer Kommentar zum Strafgesetzbuch: Band III: §§ 80–173 StGB, hrsg. v. Jürgen Wolter, 9. Aufl., Köln 2019 (zit.: *Bearbeiter*, in: SK).

Systematischer Kommentar zum Strafgesetzbuch: Band IV: §§ 174–241a StGB, hrsg. v. Jürgen Wolter, 9. Aufl., Köln 2017 (zit.: *Bearbeiter*, in: SK).

Thomas Vormbaum / Jürgen Welp: Das Strafgesetzbuch. Sammlung der Änderungsgesetze und Neubekanntmachungen, Band 1: 1870 bis 1953, Baden-Baden 1999.

Tiedemann, Klaus / Kindhäuser, Urs: Umweltstrafrecht – Bewährung oder Reform?, in: NStZ 1988, S. 337–346.

Valerius, Brian: Anwendbarkeit des deutschen Strafrechts bei Verwenden von Kennzeichen verfassungswidriger Organisationen im Internet. Anmerkung zu BGH, Beschluss vom 19.08.2014, 3 StR 88/14 (NStZ 2015, S. 81 ff.), in: HRRS 2016, S. 186–189.

Vogel, Joachim: Juristische Methodik, Berlin 1998.

Vogler, Theo: Geltungsanspruch und Geltungsbereich der Strafgesetze, in: Aktuelle Probleme des Internationalen Strafrechts. Heinrich Grützner zum 65. Geburtstag, hrsg. v. Dietrich Oehler und Paul-Günter Pötz, Hamburg 1970, S. 149–159 (zit.: *Vogler*, in: FS-Grützner).

Volkmann, Viktor: Hate Speech durch Social Bots. Strafrechtliche Zurechnung von Volksverhetzung gem. § 130 Abs. 1 StGB, in: MMR 2018, S. 58–63.

Wager, Raphael: Das Spiel mit dem Hakenkreuz. (Un-)Zulässigkeit der Verwendung von NS-Symbolik in Computerspielen, in: MMR 2019, S. 80–84.

Wahrig: Deutsches Wörterbuch. Mit einem Lexikon der Sprachlehre, 9. Aufl., Gütersloh und München 2011.

Walter, Tonio: „Kaum nachweisbar", in: Der Spiegel 47/2009, S. 19.

ders.: § 298 StGB und die Lehre von den Deliktstypen, in: GA 2001, S. 131–141.

ders.: Das Märchen von den Tätigkeitsdelikten, in: Festschrift für Werner Beulke, hrsg. v. Christian Fahl u.a., Heidelberg 2015, S. 327–338.

ders.: Der Kern des Strafrechts. Die allgemeine Lehre vom Verbrechen und die Lehre vom Irrtum, Tübingen 2006 (zit.: *T. Walter*, Kern).

ders.: Der Wille des Gesetzgebers als höchstes Auslegungsziel, verdeutlicht anhand des § 42 StAG, in: ZIS 2016, S. 746–755.

ders.: Einführung in das internationale Strafrecht, in: JuS 2006, S. 870–873 und S. 967–969.

ders.: Kleine Rhetorikschule für Juristen, 2. Aufl., München 2017 (zit.: *T. Walter*, Rhetorikschule).

Walther, Klaus: Zur Anwendbarkeit der Vorschriften des strafrechtlichen Jugendmedienschutzes auf im Bildschirmtext verbreitete Mitteilungen, in: NStZ 1990, S. 523–526.

Wank, Rolf: Die juristische Begriffsbildung, München 1985.

Wegner, Arthur: Über den Geltungsbereich des staatlichen Strafens, in: Festgabe für Reinhard von Frank, Band 1, hrsg. v. Ernst von Beling, Tübingen 1930, S. 98–157 (zit.: *Wegner*, in: FG-Frank).

Weigele, Martin: Internet Corporation on Assigned Names and Numbers (ICANN). Staats-, europa- und völkerrechtliche Beurteilung, in: MMR 2013, S. 16–22.

Weigend, Thomas: Strafrechtliche Pornographieverbote in Europa, in: ZUM 1994, S. 133–140.

Welzel, Hans: Das deutsche Strafrecht. Eine Systematische Darstellung, 11. Aufl., Berlin 1969.

ders.: Ein unausrottbares Mißverständnis? Zur Interpretation der finalen Handlungslehre, in: NJW 1968, S. 425–429.

Werle, Gerhard / Jeßberger, Florian: Grundfälle zum Strafanwendungsrecht, in: JuS 2001, S. 35–39.

Werle, Gerhard: Justiz-Strafrecht und polizeiliche Verbrechensbekämpfung im Dritten Reich, Berlin 1989.

Wolff, Ernst: Ehre und Beleidigung. Zugleich eine Besprechung des gleichnamigen Buches von H. J. Hirsch, in: ZStW 81 (1969), S. 886–911.

Ziegenhain, Hans-Jörg: Extraterritoriale Rechtsanwendung und die Bedeutung des Genuine-Link Erfordernisses. Eine Darstellung der deutschen und amerikanischen Staatenpraxis, München 1992.

Zieher, Wolfgang: Das sog. Internationale Strafrecht nach der Reform, Berlin 1977.

Zieschang, Frank: Das Verbandsstrafgesetzbuch. Kritische Anmerkung zu dem Entwurf eines Gesetzes zur Einführung der strafrechtlichen Verantwortlichkeit von Unternehmen und sonstigen Verbänden, in: GA 2014 S. 91–106.

ders.: Die Gefährdungsdelikte, Berlin 1998.

Zimmermann, Frank: NS-Propaganda im Internet, § 86a StGB und deutsches Strafanwendungsrecht. Anmerkung zu BGH, Beschluss vom 19.08.2014, 3 StR 88/14
(NStZ 2015, S. 81 ff.), in: HRRS 2015, S. 441–448.